日東錄

일동록

조사시찰단기록 번역총서

1

日東錄

—

일동록

강진형 지음

구지현 옮김

보고사
BOGOSA

　조사시찰단(朝士視察團)은 수신사 2차 사행과 3차 사행 사이에 이루어진 비공식적인 방문이었으나 책임은 어느 사행보다 막중하였다. 말 그대로 일본의 근대 문물을 시찰하고 돌아오는 것이 목적이었기 때문이다. 12명의 조정 관료, 즉 조사(朝士)들은 각자 맡은 분야를 관찰하고 돌아와 보고서를 작성하여 조정에 제출하였다. 조사들은 전통적인 사행처럼 사행록 외에 문견록 류의 보고서를 작성하는 동시에 별도로 시찰기를 작성해서 보고하였다. 조선 역사상 일본과 외교가 재개된 이래 가장 자세히 일본을 관찰한 때일뿐더러, 관찰 기록을 가장 많이 남긴 비공식적 사행이 된 것이다.

　각 분야를 책임 진 조사들의 이름으로 보고서가 작성되었지만, 조사보다 더 자세히 관찰한 사람은 조사의 수행원들이었다. 수행원들의 기록이 많지 않지만 강진형(姜晉馨)의 『일동록(日東錄)』은 주목할 만한 저작이다. 조사 강문형(姜文馨)의 수행원으로 일본에 다녀왔던 그의 기록은 강문형의 보고서와 내용이 거의 일치한다. 보고서가 가공되어 조정으로 올려지기 전 어떤 형태로 작성되는 지 그대로 보여주는 자료이기 때문이다.

　본서는 74종의 자료의 원문 및 번역이 데이터베이스로 구축하는 〈수신사 및 조사시찰단 자료 DB 구축〉(2015-2018, 연구책임자 : 허경진) 과제의 일환으로 작성되었다. 급하게 번역해 놓고는 미루어 두었다가 출판을 위해 찬찬히 살펴보니, 근대 문물의 관찰이라는 과업을 완수해야 하는 전근대인의 고뇌가 문맥 사이에 느껴진다. 특히 전기와 전신, 화륜을 활용한 기계를 소개한 「문견잡록(聞見雜錄)」은 최신 정보를 전근대적인 문어인 한문으로 표현하기 위해 분투한 그의 노력이 글자마다 배어 있다. 그에게 전신의 원리나 화륜을 이용한 동력의 원리를 이해하는 것은 현대인이 양자역학을 이해하는 것만큼 어려운 일이었을 것이다. 처음 번역할 때 느꼈던 이 부분의 어색한 한문 문투는 다시 보니 표현 도구인 한문이라는 언어의 문제였던 것이지 관찰기록자의 문제는 아니었다.

올해는 조사시찰단이 일본을 방문한지 140년이 되는 해인데, 지금은 뉴스에 우리나라가 주요 경제 지표에서 어느 분야는 일본을 추월하였다는 기사가 보인다. 기계를 앞세운 제조업이 중심이었던 시대는 가고 "4차 산업혁명"이라는 말이 통용되는 시대가 되었다. 19세기 말 한 조선인의 기록이 새로운 전환기를 맞이하는 우리에게 시금석이 될 수 있을 것이다.

수석재에서 구지현

차례

일러두기

1. 규장각 소장 필사본[청구기호 奎7774]을 저본으로 하여 번역하였다.

2. 번역문, 원문, 영인본 순서로 수록하였다.

3. 가능하면 일본의 인명이나 지명을 일본어 발음으로 표기하였다. 단, 시문에 사용된 단어나 한국식 표현, 발음을 고증할 수 없는 고유명사는 한국 한자음으로 표기하였다.

4. 원주는 번역문에 【 】로 표기하고 본문보다 작은 글자로 편집하였다. 원문에서도 동일한 방식으로 편집하였다. 각주 및 간주는 모두 역자주이다.

5. 근대 용어 및 기기의 명칭은 원문표기 그대로 사용하였다.

6. 인물 및 사건 정보는 주로 한국학진흥사업성과포털에서 제공하는 《조선시대 대일외교 용어사전》 및 《한국민족문화대백과사전》을 참고하여 작성하였다.

일동록

1. 기본 서지

표제는 없고 내제는 "日東錄"이다. 필사본. 藍印欄格, 四周雙邊, 半葉匡郭 : 21×14.8㎝, 有界, 10行 20字, 注雙行, 版心은 上藍魚尾. 책 크기 26.8×18.9cm. 1책 94장.

2. 저자

강진형(姜晉馨, 1836~?)의 본관은 진주(晉州), 자는 서삼(書三), 호는 지포(芝圃)이다. 1880년 증광시에 급제하여 생원이 되었다. 자세한 생애는 미상이다. 같은 집안으로 추정되는 강문형(姜文馨, 1831~?)을 수행하여 1881년 일본을 다녀왔다.

3. 구성

강진형이 1881년 조사시찰단의 일원인 강문형을 수행하여 일본에 다녀온 경험을 기록한 일기이다. 「기행일기(紀行日記)」, 「도해노정(渡海路程)」, 「견문잡록(聞見雜錄)」, 「유람조사수행인원(遊覽朝士隨行人員)」, 「부시록

(附詩錄)」의 순서로 구성되어 있으며, 끝에 석하산인(石荷山人)의 발문이
있다.

4. 내용

일기는 1881년 1월 명을 받아 출발하게 된 경위를 설명하는 것으로
시작하여, 2월 29일 동래에 도착하여, 4월 10일 화륜선을 타고 출발,
나가사키, 오사카, 교토, 고베를 거쳐 4월 28일 요코하마에 도착하였
고, 화륜차로 갈아타 도쿄에 도착하였으며 시찰을 마친 후 7월 14일 귀
국 길에 올라 윤7월 2일 부산에 도착하여 8월 1일 집에 갈 때까지 기후,
여정, 사건, 견문 등을 매일 기록한 것이다. 다른 내용이 없더라도 날씨
는 날마다 꼬박꼬박 기록하였다.

「문견잡록」은 일본에서 관찰한 내용을 기록한 것이다. 일본국주(日本
國主), 개항, 외국과의 관계, 관제(官制), 조하(朝賀), 기후, 지세(地勢), 도
(道)·부(府)·현(縣)·호구(戶口)·인구(人口), 지가(地價), 공사 궁실(公私宮
室)의 제도, 학교, 국속(國俗), 가로(街路), 척제(尺制), 거체(車制), 물산,
음식, 인물, 오사카성(大板城), 역체국(驛遞局), 철도국, 광산, 영선국(營繕
局), 전기, 전신, 등대, 공작국, 학교지법(學校之法), 명승, 지진, 병원, 사
대부, 수전포(水雷砲), 혼례, 만국공법, 화륜선제(火輪船製), 유구국(琉求
國), 교빙통상(交聘通商), 개항통상(開港通商), 일본독자지음(日本讀字之
音) 등의 항목을 기술하였다.

「유람조사수행인원」은 조사시찰단에 참여한 12명의 조사와 수행원
을 기록하였다. 조사는 출생년, 자, 관직, 호를 부기하였고, 수행원은
출생년과 자와 호, 혹은 출생년만 기록하기도 하여, 알 수 있는 정보만

을 기록한 것으로 보인다.

「부시록」은 총 27수의 시가 실려 있고, 그 가운데 11수는 일본인에게 지어준 것이다.

마지막에 실린 발문은 강진형이 죽은 후 미필 원고를 수습하여 정리한 1892년에 석하산인이 쓴 것이다. 석하산인은 강진형을 "余弟"라고 표현하였는데, 『사마방목』에 따르면 강진형은 아우만 세 명이 보인다. 아마도 친형제는 아니고 친인척 가운데 한 사람이 쓴 것으로 추정된다. 호가 석하(石荷), 자는 태로(兌老), 본관은 광주(廣州)인 안종덕(安鍾悳, 1841~1895)이 발문을 지은 듯하다.

5. 가치

이 문헌은 1881년 조사시찰단의 일본 견문이 기록된 책으로, 당시 일본의 모습과 조선인의 인식을 알 수 있는 자료이다. 특히 전신(電信)과 각종 새로운 기계에 대한 기술이 매우 자세히 이루어져 있다. 전기를 일으키는 원리와 사용하는 방법이 매우 상세하여 근대 물리학의 이해를 엿볼 수 있다. 기계는 각종 펌프와 공장에서 제작할 때 쓰는 기계 및 농기구 등으로 용도와 동력에 대해 자세히 설명하였다. 이 부분은 공작국에서 관찰하고 들은 내용을 저자 나름대로 이해하여 한문으로 옮긴 것으로, 당시 조선에서 어떤 기계를 필요로 하고 있었는지 추정해 볼 수 있다. 전근대인이 근대 문물에 대한 지식을 어떻게 이해하고 수용하였는지 고찰해 볼 수 있는 귀중한 자료이다.

일동록

신사년(1881) 정월.

상께서 전 참판 조준영(趙準永),[1] 박정양(朴定陽),[2] 전 승지 엄세영(嚴世永),[3] 강문형(姜文馨),[4] 조병직(趙秉稷),[5] 민종묵(閔種默),[6] 이헌영(李𨯶

---

1 조준영(趙準永) : 1833~1886. 본관은 풍양(豊壤). 자는 경취(景翠). 호는 송간(松磵). 운섭(雲涉)의 아들이며 운철(雲澈)의 양자. 1864년 증광문과에 을과로 급제, 1875년 성균관 대사성이 되었다. 1881년 조사시찰단(朝士視察團)의 일원으로 일본에 다녀왔다. 귀국 후『일본문견사건(日本聞見事件)』을 남겼고, 일본에서의 견문을 바탕으로 신문의 필요성을 주장하였다. 1882년 임오군란(壬午軍亂) 발생 후 청나라의 마건충(馬建忠)이 서울로 왔을 때 영접관(迎接官)으로 맞이하였다. 1884년 갑신정변 발생 후 사대당 내각의 개성유수가 되었으며, 1886년 협판교섭통상사무(協辦交涉通商事務)가 되었다.

2 박정양(朴定陽) : 1841~1904. 본관은 반남(潘南). 자는 치중(致中). 호는 죽천(竹泉). 1866년 문과에 급제했으며, 1879년 형조참판이 되었다. 귀국 후 이용사당상경리사(理用司堂上經理事)가 되었으며, 1882년 성균관대사성·이조참판·좌승지·한성부좌윤(漢城府左尹)·기기국총판(機器局總辦)·내무협판·협판군국사무(協辦軍國事務)·사헌부대사헌·협판교섭통상사무(協辦交涉通商事務)·도승지 등을 역임하였다. 제2차 김홍집(金弘集)내각에서 학무대신(學務大臣)을 맡았고, 1895년 김홍집내각이 무너진 후 내각총리대신이 되었으나 박정양내각은 두 달만에 무너졌다. 제3차 김홍집 내각에서는 내부대신에 취임하였다. 1896년 아관파천으로 김홍집이 살해된 후 총리대신서리와 궁내부대신서리를 겸임하였으며, 내각이 의정부로 개편된 후 참정대신(參政大臣)이 되었다. 1898년 독립협회 주최로 개최된 만민공동회에 참석하였고, 개화파 인사들을 후원하였다.

3 엄세영(嚴世永) : 1839~1900. 본관은 영월(寧越). 자는 윤익(允翼). 호는 범재(凡齋). 1864년 증광문과에 병과로 급제했으며, 승정원가주서·부사정에 임명되었다. 1866년 홍문관부수찬·수찬 등을 역임하였으며, 동지사(冬至使) 이풍익(李豊翼)의 서장관(書狀官)이 되어 청나라에 다녀온 후, 종친부 정(宗親府正) 등으로 지냈다. 1881년 조사시찰단(朝士視察團)의 일원으로 일본에 다녀왔다. 귀국 후 경리통리기무아문사(經理統理機務衙門事)로서 율례사당상(律例司堂上)이 되었다. 1882년 임오군란(壬午軍亂)이 발생되었을 때 청군

永),[7] 심상학(沈相學),[8] 홍영식(洪英植),[9] 전 교리 어윤중(魚允中),[10] 전 수

영접관(淸軍迎接官)을 맡았다. 이후 김홍집(金弘集) 내각에서 농상아문대신(農商衙門大臣), 판중추부사를 맡았다.

4 강문형(姜文馨) : 1831~?. 본관은 진주(晉州). 자는 덕보(德輔). 호는 난포(蘭圃). 1869년(고종 6) 정시별시문과에 병과로 급제하였으며, 1872년 회환진하 겸 사은사(回還進賀兼謝恩使) 정사 박규수(朴珪壽)를 수행하여 서장관(書狀官)으로 청나라에 다녀왔다. 1881년 조사시찰단(朝士視察團)의 일원으로 일본에 다녀왔다. 1885년에는 예방승지(禮房承旨), 1887년 이조참판과 협판교섭통상사무, 1893년 이조참판을 역임하였다.

5 조병직(趙秉稷) : 1833~1901. 본관은 양주(楊州). 자는 치문(稚文). 호는 창혜(蒼惠). 시호는 충간(忠簡). 1863년 정시문과에 병과로 급제하였으며, 1866년 사간원 정언, 1867년 부수찬을 거쳐 1881년 동래부암행어사가 되었다. 1881년 조사시찰단(朝士視察團)의 일원으로 일본에 다녀왔다. 귀국 후 부경리통리기무아문사(副經理統理機務衙門事), 우승지, 감리인천항통상사무(監理仁川港通商事務), 함경도병마수군절도사를 역임하였으며, 『세관사무(稅關事務)』를 저술하였다. 1887년 협판교섭통상사무(協辦交涉通商事務), 1888년 전보국총판(電報局總辦)을 거쳐 1889년 개성부유수·협판내무부사(協辦內務府事)가 되었으며, 1892년 동지정사(冬至正使)로 청나라에 다녀왔다. 1894년 외무독판(外務督辦)이 되었다. 1896년 아관파천 발생 시 친러파에 협력해, 학부대신, 법부대신, 농상공부대신을 역임하였다. 이후 의정부 참정이 되었고, 표훈원 의정관(表勳院議定官)을 겸임하였다.

6 민종묵(閔種默) : 1835~1916. 본관은 여흥(驪興). 자는 현경(玄卿). 호는 한산(翰山). 1874년 증광문과 을과로 급제하였다. 1875년 사은정사(謝恩正使) 한돈원(韓敦源)의 서장관(書狀官)으로 임명되어 1876년 사신으로 청나라에 다녀온 후 승지 등을 역임하였다. 1881년 조사시찰단(朝士視察團)의 일원으로 일본에 다녀왔다. 귀국 후 통리기무아문(統理機務衙門)이 설치되었을 때 통상사당상(通商司堂上)이 되었으며, 진하사은 겸 세폐부사(進賀謝恩兼歲幣副使)로 청나라에 건너가서 세관업무를 시찰하였다. 1889년 독판교섭통상사무(督辦交涉通商事務)가 되었으며, 조일통어장정(朝日通漁章程) 체결 등 외교문제 해결에 힘썼다.

7 이헌영(李𨯶永) : 1837~1907. 본관은 전주(全州). 자는 경도(景度). 호는 경와(敬窩)·동련(東蓮). 1870년에 정시문과에 병과로 급제하여 홍문관 수찬에 제수된 후 교리(校理)·헌납(獻納)·병조참지(兵曹參知)·경기암행어사 등을 역임하였다. 1881년 조사시찰단(朝士視察團)의 일원으로 일본을 방문하였다. 1882년 9월 인천항을 개항하기로 한 관계로 일본에 체류하는 동안 고베(神戸) 및 요코하마(橫濱) 등 세관을 방문해 세관의 수입, 상선의 출입, 통상규정에 관해서 담당자들과 필담을 나누었다. 수행원으로 일본에 체류한 동안을 기록한 수행일록 『일사집략(日槎集略)』을 남겼다.

8 심상학(沈相學) : 1845~?. 본관은 청송(淸松). 자는 덕초(德初). 호는 난소(蘭沼). 1881년 조사시찰단(朝士視察團)의 일원으로 일본에 다녀왔다. 외무성을 시찰하였는데, 이종빈

사 이원회(李元會)[11]에게 명하여, 일본 선박을 빌려 타고 그 나라에 건너

(李鍾彬)·유진태(兪鎭泰)·통사 김영득(金永得) 등이 심상학을 수행하였다. 일본에서 견문한 것과 외무성에서 러시아 남하에 대비하기 위한 국경방비 강화와 부국강병정책을 권유받은 내용 등을 기록한 『일본문견사건초(日本聞見事件草)』를 남겼다. 이후 부경리통리기무아문사(副經理統理機務衙門事)이 되었으며, 개화정책에 힘썼고, 영국·독일·프랑스·러시아·벨기에 등 5개국의 특파전권대신(特派全權大臣)이 되었다.

9 홍영식(洪英植) : 1855~1884. 본관은 남양(南陽). 자 중육(仲育). 호 금석(琴石). 1873년 식년문과에 병과로 급제하였으며, 규장각의 정자(正字)·대교(待敎)·직각(直閣) 등을 역임하였다. 1881년 조사시찰단(朝士視察團)의 일원으로 일본에 다녀왔다. 육군성(陸軍省)을 시찰하였으며, 『일본육군총제(日本陸軍總制)』 및 『일본육군조전(日本陸軍操典)』을 남겼다. 귀국 후 통리기무아문(統理機務衙門)의 군무사부경리사(軍務司副經理事)가 되었다. 1882년 부호군이 되었으며, 임오군란의 수습에 힘썼다. 이후 참의통리내무아문사무(參議統理內務衙門事務) 등으로 지냈다가 협판교섭통상사무(協辦交涉通商事務)가 되었다. 1883년 한미수호조약(韓美修好條約)의 보빙사(報聘使) 민영익(閔泳翊)를 따라 전권부대신으로 미국에 다녀왔다. 1884년 협판군국사무로 있으면서 우정국총판(郵政局總辦)을 겸임하였으며, 우정국을 세우는 데 힘썼다. 그 뒤 갑신정변에 관여 하여 신정부의 좌우영사 겸 우포장(左右營使兼右捕將)에 제수되었으나, 청나라 군대에 의해 살해되었다.

10 어윤중(魚允中) : 1848~1896. 본관은 함종(咸從). 자는 성집(聖執). 호는 일재(一齋). 충청도 보은(報恩) 출신. 1868년 지방 유생 50명을 뽑아 바로 전시(殿試)를 볼 수 있게 하는 자격시험인 칠석제(七夕製)에 장원급제하였다. 1869년 문과에 응시해 병과(丙科)에 합격하였으며, 승정원의 정칠품(政七品) 사급관사로 관직생활을 시작하였다. 박규수(朴珪壽)에게 배웠으며, 개화파 인사들과 교류하여 내정개혁에 힘썼다. 1881년 조사시찰단(朝士視察團)의 일원으로 일본을 방문하였다. 일본을 시찰한 후 한 달정도 일본에 더 체류하여 같은 해 8월 요코하마(橫濱)에서 상하이(上海)로 건너가서 영선사(領選使) 김윤식(金允植)과 합류해 청나라의 개화정책을 견문하였다. 귀국 후 다시 조미수호조규를 상의하기 위해 청나라로 건너가, 1882년 4월 합의에 이르렀고, 이어서 조영수호조규와 조독수호조규 협약문제를 합의하였다. 천진(天津)에 머물 때 임오군란이 발생해, 청나라 군대를 따라 귀국하였다. 군란이 진정된 후 조중수륙무역장정(朝中水陸貿易章程)을 문의하기 위해 청나라에 파견되었다고 결국 수정 못하고 조인하게 되었다. 1884년 발생한 갑신정변에 관여하지 않았으나, 민비정권 하에서 중용되지 않아 관직을 그만두고 사직상소를 국왕에게 올렸다. 1893년에 동학도들이 보은집회를 여는 등 호서·호남지방이 동요하게 되자 양호순무사(兩湖巡撫使)로 파견되었으나, 동학도들을 '민당(民黨)'이라고 하여 관료들에게 빈축을 샀다. 그러나 1894년 김홍집(金弘集)과 박정양(朴定陽) 내각이 수립되자 도지부대신(度支部大臣)을 맡아 재정·경제의 개혁을 주도하였다. 1896 아관파천 후 보은에 피신하였으며, 그곳에서 사고로 사망하였다.

가 국세와 형편, 인물과 풍속, 외교와 통상 등의 일을 상세히 탐색하여 오게 하였다. 나는 일가인 승지[강문형]와 함께 가게 되어 28일 서울을 떠났고, 29일 동래부(東萊府)에 도착하여 동지 정한정(鄭漢楨) 집에 유숙하였다.

함창(咸昌)을 지날 때 찬성공(贊成公)과 사인공(舍人公)의 산소[12]를 성묘하였다. 읍에서 서쪽으로 십 리쯤에 재실이 있고 문 밖에 효죽(孝竹)이 많이 있었는데 어떤 것은 서 있고 어떤 것은 누워있었다. 선산 밑에 사는 종인(宗人)에게 물어보니 "서울과 지방을 막론하고 문무의 대소과에 합격한 사람이 나오면 곧바로 심는다."고 하였으니, 역시 훌륭한 일이다.

밀양(密陽)에 도착해 영남루(嶺南樓)[13]에 올랐다. 화려한 용마루와 아름다운 난간이 맑은 강을 굽어보고 있었고 누각이 높고 넓어, 과연 "제일(第一)"이라는 명칭에 손색이 없었다. 종일 바람이 매우 심하여 점사

---

11 이원회(李元會) : 1827~?. 본관은 광주(廣州). 자는 선경(善卿). 호는 중곡(中谷), 효교(孝橋) 거주. 이기석(李基碩)의 아들. 1864년부터 선전관(宣傳官), 승정원의 동부승지, 태안부사 등을 역임하였으며, 1872년 전라우도수군절도사군절도사(全羅水軍節度使)가 되었다. 1881년 조사시찰단(朝士視察團)의 일원으로 일본에 다녀왔다. 육군의 훈련(陸軍操鍊)을 시찰하였으며, 일본의 군사제도를 기록한 『일본육군조전(日本陸軍操典)』을 남겼다. 귀국 후 군무사당상경리사(軍務司堂上經理事), 교련국구관(教鍊局句管)을 역임하였으며, 군대의 근대화에 힘썼다. 1882년 삼도수군통제사가 되었으며, 1887년 영국의 거문도 점령 시 거문도경략사(巨文島經略使)로 거문도사건 처리에 힘썼다. 1894년 갑오경장(甲午更張)에서 새로운 정부가 수립되었을 때 좌포도대장(左捕盜大將)이 되었다.

12 찬성공(贊成公)과 사인공(舍人公)의 산소 : 강영숙(姜永叔, ?-1504)과 그의 아들 강온(姜溫, 1496~?)의 묘소를 가리킨다. 경상북도 상주에 있다.

13 영남루(嶺南樓) : 진주의 촉석루, 평양의 부벽루와 함께 우리나라 3대 누각으로 꼽힌다. 누각 안에는 "제일영남루(第一嶺南樓)"라고 쓰인 현판이 걸려 있다. 보물 147호로 소재지는 경상남도 밀양시 중앙로 324이다.

로 돌아왔다. 양산(梁山)을 거쳐 사십 리를 우회하여 통도사(通度寺)[14]에 투숙하였다. 불전과 승사(僧舍)가 몇 백칸인지 알 수 없었으니 과연 우리나라의 걸출한 절이다. 다만 자연의 그윽한 맛이 없고 달리 뛰어난 경관도 없다. 접대를 위해 뒤따라온 여러 공들이 동래부에 한 달 동안 머물렀다.

3월 28일.

두모포(豆毛浦)로 옮겨 머물면서 화륜선이 오기를 기다렸다. 지공(支供)은 판찰관(辦察官) 현석운(玄星運)[15]이 담당하였으나, 두모포의 가옥이 매우 좁은데 많은 날을 머무르니 몹시 갑갑하였다.

4월 8일.

우리나라 작은 배를 타고 부산포(釜山浦)에서 내려 해관(海關)에서 쉬었다. 술시(戌時 : 07시-09시)에 화륜선에 오르니, 바로 저들 상사(商社)의 선박으로 안네이마루(安寧丸)라는 이름이었다. 이어서 선박에서 숙

14　통도사(通度寺) : 신라 선덕여왕 때 자장율사(慈藏律師)에 의해 창건된 절로, 임진왜란 때 불탄 것을 1641년 우운(友雲)이 중건하였다. 소재지는 경상남도 양산시 하북면이다.

15　현석운(玄昔運) : 1837~?. 본관은 천녕(川寧). 자는 덕민(德民). 1858년 식년역과(式年譯科)에서 왜학(倭學)으로 급제하였다. 1874년 부산훈도에 임명되었다. 1875년 4월 군함 운요호(雲揚號)를 파견하여 무력시위를 벌일 당시 일본측과의 교섭을 맡았으며, 1876년 1월 강화도회담에도 참여하였다. 1876년 4월 4일에는 수신사 김기수(金綺秀)를 수행하여 당상역관이 되어 일본에 파견되었다. 그 해 10월에 부산훈도가 판찰관(辦察官)으로 개칭되자 판찰관직을 맡았으며, 1878년 부산해관이 설치된 이후 관세권의 회복을 위하여 노력하였다. 교회(敎誨)·직장(直長)의 직을 거쳐 1898년 7월에는 중추원 1등의관에 임명되었다. 1903년 2월에 농상공부협판·탁지부협판을 거쳐 10월에는 수륜원부총재(水輪院副摠裁)가 되었다. 1906년 6월 봉상사제조를 역임하였고 이듬해에 훈2등을 수여받았다. 품계는 종1품 숭록대부에 이르렀다.

박하였다. 음식은 이른바 함장(艦長)[16]이 담당하였다. 작은 사내 한 명이 먼저 보시기 몇 개를 들고 와서 사람마다 두 개씩 놓고 갔다. 또 작은 목통(木筩) 2개를 가지고 왔는데, 하나는 밥이고 하나는 반찬이었다. 분배해 준 것이 딱딱한 밥 몇 술에 찐 생선 한 조각에 불과했고 마지막에 차를 한 종지 내올 뿐이어서 감히 목으로 삼킬 수가 없었다.

9일.

오시 초에 배를 출발시켜 절영도(絶影島) 앞 바다로 나갔다. 바람이 거친 물결을 일으켜 큰 함선이 키 까불듯 흔들려 전진하지 못하고 다시 부산포에 정박했다. 몇 시간 동안 수로를 왕복한 것이 백사십 여 리 된다고 한다. 배에 탄 사람 가운데 가운데 어지러워 눕거나 토하지 않는 사람이 없었다. 함께 탄 일본인도 견디기 어려운 것은 우리나라 사람과 마찬가지였다. 물에 익숙한 사람도 이런데 더욱이 나처럼 쇠약하고 병약하면서도 처음 당하는 사람임에랴. 출발하고서 어지럼증이 한 번 일어나면 심하였으나 토하지는 않았으니 다행이다.

10일.

비. 사시(巳時 : 09시-11시)에 다시 배를 출발시켜, 신시(申時 : 15시-17시)에 쓰시마(對馬島)까지 사백팔십 리를 가서 도착했다. 어제 심한 풍랑이 여전히 안정되지 않아서 선창에 엎드려서 감히 머리를 들지 못했다. 정박한 후 비로소 물 한 잔을 마시고 뱃머리에 나가서 앉았다. 넓고 넓

---

16 함장(艦長) : 당시 안네이마루(安寧丸)의 함장은 히로세 가이키치(廣瀨魁吉)이다. 《日槎集略》

은 큰 바다가 아득하여 끝이 없었다. 섬의 나무는 울창하였으나 형세는 험준하지 않았으며 포구 주변 집도 모두 지붕이 기와였다. 까까머리 어린아이 혼자서도 배를 저을 줄 알았다. 보이는 것이 낯서니 길 떠난 근심이 새록새록 생겨났다. 이 고을은 지금 도주(島主)를 폐하고,[17] 이즈하라현(嚴原縣)이라 고치고 나가사키(長崎)에 속하게 하였다고 한다.

11일.

맑음. 인시(寅時 : 03시-05시) 초에 배를 출발시켜 미시(未時 : 13시-15시)에 5백7십 리를 가서 나가사키 섬에 도착했다. 경유한 곳은 이키섬(壹岐島), 히라도(平戶), 비젠주(備前州),[18] 나가사키 항이다. 하륙하여 호카우라마치(外浦町) 아오키야(靑木屋)에서 유숙하였다. 접대하는 것이 배에서와 같았다. 집이 비록 지극히 깨끗하고 침구가 각기 나뉘어 깔려 있었으나, 온돌이 없어서 냉기가 사람에게 스며들어 밤에 실로 잠들기 어려웠다.

12일.

맑음. 이 항구에 남신산(男神山), 여신산(女神山)이 서로 마주하여 수구(水口)를 만들고, 항구 내는 넓고 길었으며, 돌로 쌓은 부두가 가로로

---

17 도주(島主)를 폐하고 : 1871년 폐번치현(廢藩置縣)으로, 제16대 쓰시마후추번(對馬府中藩) 번주 소 시게마사(宗重正, 1847~1902)가 폐해진 일을 가리킨다. 그는 폐번 후 외무대승(外務大丞)에 취임하였으며, 1882년 일본 정부와 임오군란 사후 수습을 협의하기 위해 박영효(朴泳孝)를 특명 전권대신 및 수신사로 파견하였을 때, 수신사 일행과 접견하였는데, 당시의 직책은 해군 소장이었다.

18 비젠주(備前州) : 현재의 오카야마(岡山縣) 동남부 지역을 가리킨다. 여기에서는 현재 사가현(佐賀縣)과 나가사키현(長崎縣) 일대를 가리키던 히젠주(肥前州)의 오기로 보인다.

십리에 닿아 성첩 같았다. 서양과 러시아 선박의 돛대가 숲처럼 우거졌
고 관사와 민가의 처마가 서로 이어졌으며, 길가 누각에는 겹겹이 술집
깃발이 꽂혀 있고 상점은 산을 의지하였다. 숲속이 은은하여 이름난 동
산과 신사가 있으니 하나의 도회지라 할 만하였다.

현령 우스미 다다카쓰(內海忠勝)[19]가 맞이하여 별원에서 저녁식사를
베풀었다. 그러나 내온 것이 불과 술 한 잔과 거위알만한 밥 한덩이,
생선 한 조각, 나물 한 줌이었다. 처음부터 반상기가 없었으므로 분해
서 젓가락을 대지 않고 돌아와 점루에서 묵었다. 대청공사 여준(余瓗)이
와서 머문다고 하여, 잠깐 가서 인사하고 돌아왔다.

13일.

맑음. 행장을 꾸려 배로 향하려는데, 종이와 먹물을 가지고 와서 글
을 써달라고 하는 주민들이 매우 많았다. 비록 내가 졸필이지만 사양할
수가 없어 반나절 글씨를 써서 대강 요청을 들어주었다. 술과 과일을
가지고 와서 바치는 사람도 있었다. 유시(酉時)에 배에 올라서 술시(戌
時) 정각에 닻을 올렸다. 밤새 운항하였으나 풍랑이 잔잔하여 심신이
조금 안정되었다. 동행들과 율시 한 수씩 지었고, 또 청하러 온 자들에
게 부채에 써 주었다.

---

19 우스미 다다카쓰(內海忠勝) : 1843~1905. 스오국(周防國) 요시키군(吉敷郡) 출신. 조
슈번(長州藩) 번사를 지냈으며, 교토에서 일어난 무력 충돌인 긴몬의 변(禁門の変)에 참전
하여 메이지유신 후 메이지정부에 등용되었다. 이후 1871년 이와쿠라사절단(岩倉使節團)
의 수행원이 되었고, 귀국 후 나가사키현 지사(長崎縣知事)가 되었다. 이후 효고(兵庫),
가나가와(神奈川), 오사카(大阪), 교토(京都)에서 지사를 역임, 1899년 귀족원칙선의원(貴
族院勅選議員)을 거쳐 1901년 제1차 가쓰라 다로(桂太郎) 내각에서 내무대신(內務大臣)이
되었다.

14일.

맑음. 묘시(卯時) 초에 6백 리 가서 지쿠젠주(筑前州) 후쿠오카현(福岡縣) 하카타항(博多港)에 닻을 내리고 잠시 쉬었다가 사시(巳時) 정각에 닻을 올렸다. 3백 리 가서 신시(申時) 정각에 아카마가세키(赤間關 : 현 시모노세키)에 닻을 내렸다. 항구가 그리 넓지는 않았다. 산이 둘러져 있고 물이 감싸고 있었는데 역시 하나의 대도회지였다. 이곳의 사녀(士女)가 술과 과일을 싣고 어지럽게 배를 저어 와서 개미떼처럼 선박에 달라붙었다. 물건을 팔려는 속셈 뿐 아니라 오로지 구경하고 싶어서이기도 했다. 교도쇼샤(協同商社) 부산관지점의 다니무라 이스케(谷村維助)가 귤과 생선을 바치고 위문하였다. 유시(酉時) 말에 닻을 올리고 밤새 운항하였다.

15일.

맑음. 9백 리 가서 사시(巳時)에 사누키주(贊岐州) 다조진(多助津)[20]에 도착해 잠시 정박하였다가 오시(午時) 정각에 돛을 올렸다. 3백 2십리 가서 술시 정각에 세쓰주(攝津州) 효고현(兵庫縣) 고베항(神戸港)에 도착해 정박하였다. 항구의 크기, 부두의 길이, 정박한 선박의 수, 깃발 세운 가게의 밀도가 나가사키와 비교하여 다섯 배보다 더 하였다. 해시(亥時) 정각에 하륙하였다. 신세이샤(新盛舍) 아와지마 야헤이(淡島彌兵衛)의 점사로 숙소를 정해 유숙하였다. 지나온 나가토, 이요, 비젠, 사누키, 히젠, 히코, 세쓰 등의 고을은 낮은 산과 언덕이 좌우로 늘어져 있

---

20 다조진(多助津) : 현재 일본 가가와현(香川縣) 나카다도군(仲多度郡)에 있는 다도쓰항(多度津港)을 가리키는 것으로 보인다.

고 푸른 소나무와 대나무가 사람의 눈을 즐겁게 해주었으며 바람이 평
안하여서 평탄한 해양이었다고 할 만하였다.

16일.

흐림. 외무성에서 속관 모리노 세이이치(守野誠一)를 보내 위문하였
다. 하루종일 글을 써달라는 사람들을 응수하느라 바빴다.

17일.

맑음. 현령 모리오카 마사즈미(森岡昌純)[21]가 문안하러 왔다. 중국영
사관 요석은(廖錫恩)[22]이 와서 머물러 있다고 하였으므로 방문하러 갔으
나 만나지 못하였다. 오시 정각에 화륜차를 타고 1백 2십 리 가서 미시
(未時) 초에 오사카철도국에 도착하였다. 지나온 역은 산노미야(三宮),
스미요시(住吉), 니시노미야(西宮), 신기(新岐)[23] 네 역이다. 역마다 왕래
하는 인민과 물건이 서로 오르내렸기 때문에 잠깐 섰다가 출발하였다.
해부[오사카부]의 지사 다테노 고조(建野鄕三)[24]가 속관을 보내 영접하였

---

21 모리오카 마사즈미(森岡昌純) : 1834~1898. 사쓰마번(薩摩藩)의 사무라이 집안 출신.
메이지정부에 출사하여 1871년 나가사키현 대참사(大参事)에 취임하였다. 1876년 효고현
권령(權令)이 되었고 1878년 현령으로 승격되었다. 1885년 교도운수회사(共同運輸會社)
사장에 취임하였고 우편기선 미쓰비시회사(三菱會社)와 합병하여 설립한 일본우선회사
(日本郵船會社)의 초대 사장에 취임하였다. 경영개선을 위해 노력하다가 1894년 퇴직하였
다. 1890년 귀족원 칙선의원(勅選議員)에 임명되었고, 죽을 무렵 남작 작위를 받았다.
22 요석은(廖錫恩) : 1839~1887. 자는 추선(樞仙), 호는 자왈정주인(子曰亭主人)이다. 광
동(廣東) 박라현(博羅縣) 출신. 1861년 발공(拔貢)되었고, 정8품으로서 교유(敎諭)에 선발
되어 일본에 주재하였다. 처음 수행원에 임용되었으나 1879년 고베 정리사관(正理事官)이
되었다.
23 신기(新岐) : 간자키(神崎)의 오기로 보인다. 1874년 설치된 도카이도혼센(東海道本線)
의 역으로 효고현 동쪽 끝에 있다. 현 아마가사키역(尼崎驛)의 전신이다.

다. 다이조지(大長寺) 아래 아미지마초(綱島町) 시라야마 히코지로(白山
彦治郞) 집에서 유숙하였다.

오사카는 옛날 관백(關白)의 노읍으로 다이라노 히데요시(平秀吉 : 도
요토미 히데요시)가 창설하였다. 바다를 뚫어 도읍을 관통하여 비와코(琵
琶湖)까지 수백 리에 이른다. 양쪽에 돌로 튼튼히 쌓아서 완연히 성채와
같았고 물 위로 각종 긴 다리가 걸쳐져 있었으며 쇠기둥과 목판으로 곳
곳의 다리를 이어서 높은 난간이 화려한 배나 물 위에 있는 누각과 다름
이 없었다. 그리고 이곳에서 육지까지 수십 리 이어져 있는데, 배와 수
레의 왕래와 인민의 부유함이 산과 바다의 이익을 지극히 다한 것이니
과연 바다의 일대 도회지였다.

18일.

흐림. 안네이마루가 내일모레 부산항으로 돌아간다. 그래서 집에 보
내는 편지를 써서 부쳤다. 나는 매우 피곤하여 떨쳐 일어날 수가 없어
홀로 누각 위에 누워있었다. 비단과 종이를 지니고 술과 생선을 가지고
와서 글을 써달라는 사람들이 많았다. 그들의 부탁을 내버려둘 수 없어
하루종일 붓을 휘두르니 객회를 잊을 만하였다. 다른 사람들은 형옥분
서(刑獄分署)와 박물회(博物會) 및 병원을 두루 구경하고 왔다.

---

24 다테노 고조(建野鄕三) : 1842~1908. 후쿠오카현 미야코(京都) 출신. 고쿠라번(小倉
藩) 번사 다테노 겐조(建野建三)의 양자가 되었다. 1870년 영국에 유학하여 법률학을 공부
하였다. 1880년 오사카 지사에 취임하여 9년간 근무하였다. 이 시기 오사카부와 사카이현
(界縣)을 합병하였다. 1889년 원로원 의관에 취임하였고, 1891년 미국주차 겸 멕시코주차
특명전권대사에 취임하였다가 1894년 퇴임하였다.

19일.

흐림. 교도쇼샤 사장 다카스 겐조(高須謙三)와 안네이마루 주인 스미토모(住友)가 지유테이(自由亭)로 초대하였다. 정자는 물가에 있었고 널찍하여 있을 만하였다. 술과 음식을 성대하게 준비하였다. 음악과 북소리 연주가 우리나라 피리 연주와 대략 비슷하였으나 리듬이 빨랐다. 남자가 먼저 부르고 여자가 노래하였으며 또 번갈아 연주하였다. 음악과 곡조가 다르니 이해하기 어려운 것이 당연하였다. 휘황한 등촉과 청결한 그릇은 대단하다 칭찬할 만하였다. 해부[오사카부]의 지사와 각국 장관 수십 인이 역시 참석하였다. 밤이 깊은 후 작은 배를 타고 달을 보며 돌아와 묵었다.

20일.

맑음. 미시(未時) 말에 화륜차를 타고 1백 3십 리 가서 신시 정각에 서경[교토]에 도착하였다. 지나온 곳은 스이다(吹田), 이바라키(茨木), 다카쓰키(高槻), 야마자키(山崎), 무코우마치(向日町) 다섯 역이었다. 역마다 오르내리는 인민들은 이전 역과 마찬가지였다. 해부[교토부]의 지사 기타가키 구니미치(北垣國道)[25]가 속관을 보내 영접하였다. 산조바시(三條橋) 주변의 나카자와 세이지로(中澤清治郎) 집에 숙소를 정하였다. 조

---

25 기타가키 구니미치(北垣國道) : 1836~1916. 효고현 출신. 1863년 존왕양이(尊王攘夷)를 주장한 이쿠노의 변[生野の変]에 참여하였고, 1868년 보신전쟁(戊辰戰爭)에서 활약하였다. 고치현(高知縣) 현령, 도쿠시마현(德島縣) 현령을 거쳐 1881년 교토부(京都府) 지사에 취임하여 12년간 재임하였다. 이 시기 비와코(琵琶湖) 물을 교토에 끌어오는 사업을 진행하기도 하였고 교토대학의 전신인 제삼고등중학교(第三高等中學校)를 설립하고, 검도의 진흥을 꾀해 대일본무덕회(大日本武德會)를 창립하기도 하였다. 이후 홋카이도청(北海道廳) 장관, 귀족원 의원, 추밀고문관(樞密顧問官) 등을 역임하였다.

준영, 박정양 두 대감과 엄세영, 심상학 두 공과 같은 숙소였다. 서경은
옛날 일주(日主 : 일본 천황)의 도읍이라서 사환과 거족이 이곳에 많이
산다. 그러나 해로가 조금 멀어 선박이 통하는 길이 멀기 때문에 인물이
비록 지극히 번성해도 부유함은 오사카에 미치지 못한다. 다만 산에 기
대 도시를 설치하여 맑은 하천이 가로질러 흐르는 것을 처음 보니 사랑스
러웠다. 물맛이 매우 시원하였다.

21일.

맑음. 나는 매우 피곤하여 외출하지 않았다. 다른 사람들은 박물회,
직면소(織綿所), 쇼코쿠지(相國寺),[26] 자기소(磁器所) 등에 가서 두루 구
경하고 돌아왔다.

22일.

아침에 맑았다가 저녁에 비. 북란(北蘭 : 엄석주의 호), 양재(養齋 : 이필
영의 호)와 생선을 요리하고 술을 사서 하루종일 즐겼다. 바다를 건넌
후 처음 있는 일이다.

23일.

맑음. 기천(杞泉 : 유진태의 호), 인초(仁蕉 : 서상직의 호), 북란 등의 벗
들과 혼간지(本願寺)[27]에 갔다. 일본의 고찰로, 불전, 신우(神宇), 식당,

---

26 쇼코쿠지(相國寺) : 현재의 교토시(京都市) 가미교구(上京區)에 위치한 임제종(臨濟
宗) 사원. 쇼코쿠지파(相國寺派)의 대본산으로 1382년 무로마치(室町) 막부 제3대 쇼군(將
軍) 아시카가 요시미쓰(足利義滿)가 창건하였다.

27 혼간지(本願寺) : 현재 교토시 시모교구(下京區)에 있는 니시혼간지(西本願寺)를 가리

승방의 길이는 1천 칸, 너비는 1천 5백칸이 된다고 한다. 금벽과 구리 처마가 지극히 영롱하고 사찰과 보탑이 과연 엄숙하고 그윽하였다. 계단 아래 늘어서서 절을 하는 남녀노소가 몇 백인지 셀 수 없을 정도였다. 모두 중얼거리는 소리를 냈는데 각기 소원을 비는 듯하였으나 말은 실로 이해하기 어려웠다. 그들의 신앙이 이와 같은 듯하다. 승려들이 영접하여 다과를 대접하였다. 차를 다 마시고 주지를 청하니 일이 있다고 사양하였다. 고마자와 가쿠리(駒澤格理)라고 하는 사람이 서경의 화족(華族)【즉 국족(國族 : 왕의 동족)이다.】이라 하였는데, 좋아하는 대로 인도하여 저녁 때 샤쿠스이엔(積翠園)[28]에 도착하였다. 청련사(青蓮榭), 답화오(踏花塢), 염설림(艶雪林), 소월파(嘯月坡), 성명천(醒酩泉), 용척교(龍脊橋), 비운각(飛雲閣), 창란지(滄浪池), 황학대(黃鶴臺), 호접정(蝴蝶亭)의 십승지가 있었다. 기화요초가 우거져 그늘을 만들고 못과 물이 이어져 졸졸 흐르고 높고 낮은 정자들이 나타났다 숨었다 하였으며 꽃과 나무, 물고기와 새가 자유롭게 다녔다. 못이 비록 넓고 트였다고는 할 수 없으나 정치(精緻)함을 알 수 있었다. 아마도 나무와 꽃을 기르고 동물을 훈련시키는 묘한 방법을 터득한 것 같았다. 물가의 작은 누각에 앉으니 술과 과일, 생선과 국수 등을 내왔다. 술이 반쯤 취하자 벼루와 흰 비단을 나란히 펼쳐놓았다. 나와 최성대(崔成大) 군이 수십 폭을 나

킨다. 정토진종본원사파(淨土眞宗本願寺派)의 본산이다. 1272년 창건되었으며 현재의 장소는 도요토미 히데요시의 발원으로 조성되었다. 모모야마문화(桃山文化)의 양식을 보여주는 건축물과 정원이 남아있고 국가 사적으로 지정되었으며, 세계유네스코문화유산에도 등록되어 있다.

28 샤쿠스이엔(積翠園) : 교토의 천태종 사원인 묘호인(妙法院)의 경내에 있던 정원이다. 소실되었던 것을 모모야마 시대 도요토미 히데요시가 부흥시켰고 에도시대 정원이 조성되었다. 현재 교토시 히가시야마구(東山區)에 있다.

누어 썼다. 신시 말에 돌아와 묵었다.

24일.

맑음. 공들이 비와코(琵琶湖)[29]를 구경하려 하였다. 나는 하인하고만 기차를 타고 사시 정각에 출발하여 오시 정각에 고베의 앞서 묵었던 점사(店舍)에 도착했다.

25일.

흐리고 비. 옷가지와 약 등의 물건을 도쿄로 가는 배편에 부쳐 보냈다.

26일.

비. 기다리던 히로시마마루(廣島丸)가 와서 정박하여, 유시 정각에 비를 무릅쓰고 작은 배를 타고 선박을 향하였다. 배는 가볍고 물결이 쳐서 한바탕 위험한 지경을 겪었다. 축시 정각에 배가 출발하였다. 이 배는 다른 배보다 매우 커서 심하게 요동치지 않는 것이 다행이었다. 그러나 이 바다의 이름이 태평양이기는 하지만 가장 위험하고 건너기 어려워 옛날에 다니지 않던 곳이다. 대양에 나와 사방을 바라보니 끝이 없었고 다른 배가 다니지 않고 파도가 용솟음치고 뛰어오르는 고래 떼만 보이니 무서운 마음이 들었다. 나라와 고향을 떠난 슬픔은 더욱 느껴졌다. 더욱이 함께 배를 탄 사람들은 천하의 각국에서 온 사람들이었다. 의관이 서로 다르고 말이 통하지 않아 무료함이 더욱 심하였다. 그 가운데

---

29 비와코(琵琶湖) : 현재의 시가현(滋賀縣)에 위치하는 일본 최대의 호수. 비파 모양으로 생겨서 붙여진 이름이라고 전한다.

얼굴이 가장 검고 눈이 노란 사람은 천축국 사람이라 하였다.

27일.

맑음. 밤낮으로 운항하였다. 왼편에 기이주(紀伊州), 사가미주(相模州), 도사주(土佐州) 등의 고을이 있었다.

28일.

맑음. 사시에 요코하마(橫濱)에 도착하였다. 즉 무사시노주(武藏州) 가나가와현(神奈川縣)이다. 고베에서 해로로 2천 5백 3십 리이다. 하륙하여 점심을 먹었다. 신시에 기차를 타고 가나가와(神奈川), 쓰루미(鶴見), 가와사키(川崎), 오모리(大森), 시나가와(品川), 신바시(新橋) 등 여섯 개의 역을 지나 하차하여 인력거를 타고 도쿄에 갔다. 요코하마에서 8십리 쯤 되었다. 외무성에서 숙소를 시바공원(芝公園)으로 정하였다. 공원은 해군성 소속의 공관이었다. 며칠 묵으니 공들이 사적인 여행인데 공관에 머무는 것은 난처하다고 의논하여 외무성에 말을 전하고 각기 여관으로 거처를 옮겼다.

국법에 대해 들으니 와서 머무는 타국인은 먼저 외무성에 가서 온 이유를 말한 연후에 행동하여야 지장이 없다고 하였다. 그러므로 먼저 외무성에 간 것이다. 외무경 이노우에 가오루(井上馨)[30]가 마침 공무로 퇴

---

30 이노우에 가오루(井上馨) : 1835~1915. 1862년 다카스기 신사쿠(高杉晉作), 이토 히로부미(伊藤博文) 등과 영국공사관을 습격하는 등 양이급진파(攘夷急進派)로서 활동하였다. 1870년 이토 히로부미와 함께 영국으로 가서 개국(開國)의 필요성을 자각하였다. 1866년 다카스기 신사쿠 등 기병대(奇兵隊)의 번정 쿠데타에 참여하였고 사쓰마-조슈 동맹에 따른 반 막부책을 위해 나가사키에 체재하여 무기, 외국선 구입 등을 주도하였다. 유신 정권 성립 시기에 참여직(參與職), 외국사무괘(外國事務掛), 구주살마총독참모(九州薩摩

근하였으므로 소보(小輔) 요시카와 아키마사(芳川顯正)[31]와 대서기관(大書記官) 미야모토 오카즈(宮本小一)[32]가 접대하였다.

29일.

맑음. 시바공원에 유숙하였다.

總督參謀), 장기재판소참모(長崎裁判所參謀), 외국사무국판사(外國事務局判事), 장기부판사겸외국관판사(長崎府判事兼外國官判事), 장기부무기수리어용괘(長崎府武器修理御用掛) 등으로 활동하였고 1869년 대장성(大藏省)으로 옮겨 조폐두(造幣頭), 민부대승겸대장대승(民部大丞兼大藏大丞), 대판부대참사심득(大阪府大參事心得)을 겸하여 조폐사업의 진전에 힘썼다. 1876년 특명전권 부변리대신(副辨理大臣)이 되어 변리대신 구로다 기요타카(黑田淸隆)와 함께 내한, 조선정부에 운요호(雲揚號) 사건에 대한 책임을 추궁하여 강화도조약(한일수호조약)을 체결하였다. 1884년 전권대사로 다시 내한, 갑신정변 당시 일본측 피해보상을 약정한 한성조약(漢城條約)을 체결하였다. 1885년 제1차 이토(伊藤) 내각의 외무대신, 구로다(黑田) 내각의 농상무대신, 1892년 제2차 이토내각의 내무대신, 청일전쟁(淸日戰爭) 때인 1894~1895년 주한공사, 1898년 제3차 이토 내각의 대장대신 등을 역임하였다.

31 요시카와 아키마사(芳川顯正) : 1842~1920. 도쿠시마현(德島縣) 출신. 1867년 나가사키(長崎)에 가서 의학과 영어를 배웠다. 1867년 가고시마(鹿兒島)의 해군소(海軍所)에서 항해, 병학 등에 관한 책을 번역하였다. 메이지유신 이후 1868년에 성을 요시카와로 개명하였다. 1870년 대장성(大藏省)에 입성하여, 이토 히로부미(伊藤博文)와 함께 미국으로 건너가 화폐, 금융제도를 조사하였다. 1879년 영국에 가서 만국전신회의(萬國電信會議)에 참석하였다. 1893년 제2차 이토 히로부미(伊藤博文) 내각과 1896년 마쓰카타 마사요시(松方正義) 내각에서 사법대신(司法大臣)과 내부대신(內部大臣)을 맡았고, 1898년 제1차 오쿠마 시게노부(大隈重信) 내각에서 내부대신, 1901년 제1차 가쓰라 다로(桂太郞) 내각에서 체신대신(遞信大臣)에 취임하였다.

32 미야모토 오카즈(宮本少一) : 1836~1916. 메이지 초기의 외교관으로 이름은 '고이치'라고도 읽는다. 주로 메이지유신 이후 일본을 방문한 외국 귀빈을 접대하는 일을 맡았다. 조선과의 관계에서는 강화도 문제 처리와 수호 교섭에 전력을 다해 조일수호조규(朝日修好條規) 체결에 종사했다. 이후에는 조일통상장정(朝日通商章程)을 조사하는 임무도 수행한다. 메이지 정부의 관료로서 제1차 수신정사 김기수(金綺秀) 및 제2차 수신정사 김홍집(金弘集)과 나눈 창화시가 남아있다.

30일.

흐림. 유숙하였다.

5월 1일.

맑음. 유숙하였다.

2일.

맑음. 유숙하였다.

3일.

묘시에 개었다가 오시에 비가 옴.

사시에 문묘(文廟)에 갔다. 제1문에 "서적관(書籍館)", 제2문에 "입덕문(入德門)", 제3문에는 "행단(杏壇)", 성전(聖殿)에는 "대성전(大成殿)"이라고 편액이 게시되어 있었고 다섯 성인의 위패가 소상(塑像)으로 만들어져 봉안되어 있었다. 또 좌우에 낭묘(廊廟)가 있었는데, 염락육현(濂洛六賢)[33]의 영정이 봉안되어 있는 곳으로, 옛날 통신사 김세렴(金世濂)[34] 공이 쓴 찬이 적혀 있었다. 뜰 아래에서 사배례를 행하였다. 건물이 엄

---

33 염락육현(濂洛六賢) : 송나라 유학자 주돈이(周敦頤), 정이(程頤), 정호(程顥), 장재(張載), 소옹(邵雍), 주희(朱熹)를 가리킨다.

34 김세렴(金世濂) : 1593~1646. 본관은 선산(善山). 자는 도원(道源), 호는 동명(東溟). 1635년 도쿠가와 이에미쓰(德川家光)가 조선과의 우호를 위해 쓰시마도주 소 요시나리(宗義成)를 시켜 통신사를 요청하였고, 쓰시마도주 또한 그의 부관(副官) 야나가와 시게오키(柳川調興)와 서로 송사하는 일이 있어 통신사를 청하자, 1636년 10월 통신부사(通信副使)가 되어 정사 임광(任絖)·종사관 황호(黃㦿) 등과 함께 일본에 건너갔다. 당시 사행 중의 기록을 『해사록(海槎錄)』과 『사상록(槎上錄)』으로 남겼다.

숙하였고 경사(經史)가 선반에 가득하였으나 접대하러 오는 사류(士流)가 없는 것이 안타까웠다. 이어서 박물회에 갔으나 미처 다 둘러보기도 전에 천둥번개가 쳐서 비를 무릅쓰고 돌아왔다.

4일.

맑음. 유시에 북쪽으로 십 리쯤 올라간 곳에 있는 오카다야(岡田屋) 회장 집으로 거처를 옮겼다. 조준영 대감과 같은 곳이었다. 누추하고 좁아서 겨우 하룻밤을 보냈다.

5일.

맑음. 다시 동쪽으로 1리쯤 떨어진 간다구(神田區) 렌자쿠초(連雀町) 18번지 반다이야(萬代屋)의 후루타 진나이(古田甚內) 집으로 거처를 옮겼다.

6일.

맑음. 난포 영공[강문형]과 공부성(工部省)에 갔다. 공부경 야마오 요조(山尾庸三)[35]가 외부에 있었고 대보(大輔) 요시이 도모사네(吉井友實)[36]

---

35 야마오 요조(山尾庸三) : 1837~1917. 스오국(周防國) 출신. 조슈번(長州藩) 번사 야마오 주지로(山尾忠治郎)의 둘째 아들. 1863년 조슈번의 군사력 강화를 위해 이토 히로부미(伊藤博文) 등과 함께 영국에 건너가서 조선기술을 배웠다. 귀국 후 1870년 메이지정부의 요코하마조선소(橫濱造船所)의 책임자가 되었다. 1871년 공학료(工學寮) 설립에 기여한 후 책임자가 되었다. 1873년 공부학교(工部學校)를 설립하였는데, 이 학교는 1877년 공부대학교(工部大學校)가 되었다. 1880년 공부경(工部卿)이 되었다. 법제국(法制局) 초대장관, 궁중고문관(宮中顧問官)을 역임하였고 1887년 자작위를 받았다. 1898년 퇴임한 후 맹인과 농아의 교육에 관심을 갖고 조직을 만들었으며 1915년 일본농아협회 총재가 되었다. 1917년 심장병으로 죽었다.

는 아직 성에 들어오지 않았으므로 대서기관 하야시 다다스(林董)[37]가 근처에 있다가 차를 접대하였다. 끝난 후 공작국(工作局) 대서기관 오토리 게이스케(大鳥圭介)[38]가 뒤따라와서 인사를 하였다. 그 후 공학교(工學校)에 가서 구경하고 도학장(圖學場), 박물소(博物所), 광산교학소(礦山敎學所), 전신이학소(傳信理學所)에 갔다가 돌아왔다.

7일.
맑음.

---

36 요시이 도모사네(吉井友實) : 사쓰마(薩摩) 출신, 사쓰마 번사 요시이 도모마사(吉井友昌)의 장남. 고스케(幸輔)라고도 하였다. 사이고 다카모리(西鄕隆盛), 오쿠보 도시미치(大久保利通) 등과 함께 존황양이운동(尊皇攘夷運動)을 하였으며, 메이지유신 이후 메이지정부의 군방사무국판사(軍防事務局判事)에 임명되었다. 1871년 궁내성(宮內省) 대승(大丞)과 소보(少輔)를 역임하였다. 1875년에서 1877년까지 원로원(元老院) 의관으로 지냈으며, 1878년 일등시보(一等侍補)가 되었다. 이후 1878년에서 1881년까지 원로원(元老院) 의관 겸 일등시보를 지냈다. 또한 1879년부터 공부소보(工部少輔), 1880년에는 공부대보(工部大輔)를 역임하였다.

37 하야시 다다스(林董) : 1850~1913. 사쿠라번(佐倉藩) 난방의(蘭方醫) 집안 출신. 1866년 막부의 유학생으로 영국으로 가서 공부하였다. 1868년 귀국하여 하코다테 전투에 참가하여 패전한 후 잡혀 있다가 1870년 석방되었다. 1871년 형의 소개를 통해 가나가와현 지사를 따라 요코하마 현청에서 근무하다가 외무성으로 옮겼고 이어서 이와쿠라사절단에 참가하였다. 1873년 귀국하여 공부대학교(工部大學校) 설립에 종사였다. 후에 체신대신(遞信大臣), 외무대신(外務大臣) 등을 역임하였고 백작위를 받았다.

38 오토리 게이스케(大鳥圭介) : 1833~1911. 1854년 난방의(蘭方醫) 쓰보이 이슌(坪井爲春)에게 입문하여 1857년 이즈 니라야마(伊豆韮山)의 다이칸(代官) 에가와 에이빈(江川英敏)의 사숙에서 서양 병학(兵學)을 수학하였고, 그의 추천으로 에도 막부 뎃포가타즈케(鐵砲方付) 난서번역방출역(蘭書翻譯方出役)이 되었다. 메이지유신 이후 개척사(開拓使), 대장소승(大藏少丞), 공부지감(工部技監), 학습원장(學習院長) 등을 역임하였으며, 영미권의 기술을 시찰하여 『공업신보(工業新報)』를 발간하는 등 선진적인 공업기술 수용에 기여하였다. 이후 1877년 공부대학교(工部大學校)가 설립되었을 때 교장을 맡았다.

8일.

맑음.

9일.

맑음.

10일.

비. 부산관 선편에 집에 보내는 편지를 부쳤다. 어 학사[어윤중] 일행 가운데 뒤따라온 사람이 있어서 대략 서울 소식을 들었으나 집에서 보낸 편지를 받지 못하여 매우 울적하였다. 황해도관찰사인 족형 해창공 (海倉公)[39]이 3월 21일 임소에서 돌아가셨다고 한다. 허무함과 쓸쓸함이 어찌 이리 심한가?

11일.

비가 옴.

12일.

흐림. 공부성에 갔다. 대서기관 하야시 다다스와 서기관 오토리 게이스케가 접견하고 차와 담배를 내왔다. 공부성의 일을 대강 묻고 돌아왔

---

39 해창공(海倉公) : 강난형(姜蘭馨, 1813~1881)을 가리킨다. 본관은 진주(晉州). 자는 방숙(芳叔). 1848년 증광문과에 병과로 급제하였다. 홍문관 부교리·부수찬을 거쳐 1860년에 사간원대사간이 되었다. 고종조에 들어와 다시 기용되어 좌부승지·성균관대사성·이조참의·사헌부대사헌 등을 두루 역임한 뒤 1873년 형조판서에 올랐다. 사헌부대사헌으로 있던 1876년에는 언사(言辭)를 함부로 하여 체모를 실추시킨 죄로 파직되기도 하였으나, 곧 한성부판윤으로 다시 기용되었다. 1879년에는 황해도관찰사가 되었다.

다. 오토리 게이스케는 일본에서 유명한 사람이다. 무진년(1868) 관백을
폐할 때 도쿠가와 요시노부(德川慶喜)의 장수가 되어 국병(國兵)과 몇 개
월 동안 싸웠다.[40] 지략이 있고 병사를 잘 써서 사졸들이 팔이 손가락을
시키는 것처럼 그의 명령을 따랐기 때문에 앞에서 당할 자가 없었다고
한다. 끝내 귀순하여 지금의 5위관이 되었다. 사람됨이 단소(短少)하고
정한(精悍)하다. 얘기를 주고받을 때 달리 나온 사람은 없었다.

13일.

흐리고 비가 옴. 여관에 머물면서 글을 구하러 온 사람에게 응수하였다.

14일.

흐리고 비가 옴.

일주(日主 : 천황)가 친히 박물원에 거둥하여 시상을 하였다. 해원[박
물원] 사무장관의 지휘를 따라 관람하러 갔다. 위의가 비록 장려하지 않
았지만 행동거지가 매우 간편하였다. 보병 수백 명이 등에는 몸에 붙여
물건을 묶어서 짊어지고 어깨에는 칼과 장총을 아울러 짊어지고 있었
다. 4인 × 4인씩 무리를 이루어 앞에 죽 늘어서서 갔다. 깃발을 든 사람
이 있었는데 대장(隊長) 같았다. 깃대는 몇 자에 불과했고 깃발 면 역시
여기에 맞게 작았다. 색은 위쪽이 홍색, 아래쪽이 백색인 한 종류뿐이
었고 기타 오방기(五方旗)의 구별이나 고초기(高招旗)[41] 등속은 없었다.

---

40 무진년 … 싸웠다. : 보신 전쟁(戊辰戰爭)을 가리킨다. 1868년부터 1869년 사이 도쿠가
와 막부의 세력과 천황에게 정권을 봉환하기를 요구하는 세력 사이에 일어난 내전이다.
15대 쇼군인 도쿠가와 요시노부(德川慶喜, 1837~1913)가 패배를 깨닫고 정권을 메이지
천황에게 넘김으로써 일본의 왕정복고가 이루어졌다.

또 조정대신의 반열이 행차하는 위의가 없었다. 어가(御駕)는 사륜에 불과하였고 지붕이 있었으며 대략 금색 줄을 그려놓았다. 앞에는 두 마리 말을 매었고, 마차 밖에 서서 말을 보는 자가 몇 명 있었고 마차 안에 마주 앉은 자가 한 명 있었다.【마주 앉은 사람은 국내경(國內卿)[42]이라 하였다.】 달리 시위(侍衛)나 병장(兵仗)은 없었다. 뒤에 말 두 마리짜리 마차 혹은 한 마리짜리 마차 혹은 인력거를 타고 따라가는 자가 공경진신(公卿縉紳) 같았다. 기병은 둘씩 대(隊)를 이루어 후진을 맡았다.

　박물원에 도착하니 위에 옥좌가 설치되어 있었는데, 국주(國主 : 천황)가 앉을 곳이었다. 양 옆에 시종이 앉았다. 국족은 앞에 양쪽으로 나누어 앉았다. 공경대신은 아래에서 양쪽으로 앉았는데, 서쪽은 외무서기관 및 각국공사들이었고 동쪽은 성(省)·부(府)·현(縣)의 관료였다. 우리나라 조사(朝士)들도 함께 앉아 구경하였다. 군신상하가 모두 의자에 앉았다. 천황의 복식은 깎아 곤두선 머리에 관을 쓰지 않았고 검은 옷이 몸에 달라붙어 있었다. 상의는 몸에 반쯤 배자(褙子)를 걸쳤고 붉은 비단 띠만을 몸통에 사선으로 걸쳐서 늘어뜨렸다. 모두 서양의 복제였으나 금실을 많이 쓴 것이 아랫사람들과 달랐다.

---

41 고초기(高招旗) : 군대를 지휘하거나 호령할 때 쓰는 깃발. 군대(軍隊)를 지휘(指揮)하고 호령(號令)할 때에 쓰던 군기(軍旗)의 하나. 깃발 면이 다섯 개로 동(東), 서(西), 남(南), 북(北), 중앙(中央)의 다섯 방위(方位)에 따라 빛깔을 달리하고 팔괘를 그렸으며 꼭대기에는 영두, 주락, 장목이 있고 영두에는 초롱이 달렸다.

42 국내경(國內卿) : 궁내경(宮內卿)을 가리키는 것으로 보인다. 1881년 당시 궁내경은 도구다이지 사네쓰네(德大寺實則, 1840~1919)로, 1871년 궁내성에 들어가 후에 시종장(侍從長)이 되었고 천황이 죽을 때까지 측근에서 보좌했던 인물이다.

15일.

비가 옴.

16일.

흐림.

17일.

맑음.

18일.

맑음.

19일.

맑고 바람이 심하게 붊.

육군교장(陸軍敎場)에 구경하러 갔다. 군제(軍制)는 경오년(1870) 10월에 개혁하여, 해군은 영국 제도를 본떴고 육군은 전적으로 프랑스를 본받았다. 조련장을 설치하여 소대가 매일 연습하고 몇 개월에 한 번 대조(大操 : 대규모 훈련)를 행한다. 비록 깃발이나 쇠북소리로 엄숙하게 하지 않더라도 정제되고 간이(簡易)하여 손가락으로 지시하는 것보다 쉽다. 병(兵)에는 5가지 명칭이 있으니, 보병(步兵)·기병(騎兵)·포병(砲兵)·공병(工兵)·치병(輜兵)이다. 또 세 가지 칭호가 있으니, 상비군(常備軍)·예비군(豫備軍)·후비군(後備軍)이다.

해군에는 군함 24척이 있는데 모두 장(將), 좌(佐), 상사(上士), 중사(中士), 하사(下士), 수장부(水丈夫) 등의 명칭이 있고, 도합 1천 5백 14인이다. 육군에는 육관(六管)의 진대(鎭臺)를 두었다. 도쿄에는 또 근위병(近衛兵) 3천 9백 7십 1명, 말 3백 6십 4필이 있고 진대(鎭臺)는 각색군이 5천 4백 1십 1명, 말 9백 1십 4필이 있어, 도합 병사 9천 4백 1십 2명, 말 1천 3백 7십 4필이다. 이것은 수도에 있는 상비군인데 항상 머물러 있으면서 조련하는 자들이다. 지방의 각 진대 상비군은 병사 3만 4천 4백 9십 5명, 말 1천 5백 8십 4필로, 이 역시 항상 머물러 조련하는 자들이다. 총합하면 평상시 육군은 4만 3천 9백 1십 7명, 말은 2천 8백 5십 8필이다.

군대 편성 방법은 다음과 같다. 화족이나 사족, 평민을 막론하고 형이 있으면서 자신은 미혼인 20세의 건장한 자를 뽑아 생병(生兵)이라 칭한다. 6개월 연습하면 비로소 졸(卒)이라고 칭하고 상비군에 충당한다. 만 3년이 되면 물러나 농업으로 돌아가게 하고 결혼도 허가한다. 이들을 예비군이라 칭하고, 다만 매년 3월 대조(大操) 때 15일에 한하여 참가한다. 또 만 3년이 지난 4월부터는 후비군이라 칭하고 또 만 4년이 지나 나이가 30세가 되는 4월부터는 국민군이라 칭한다. 40세까지 비상시에 징발되고, 40세 이후는 비록 대란이 일어나도 징발하지 않는다. 또 사관학교(士官學校) 및 교도단(敎導團)을 설치하여 외국어를 습득하기도 하고 제반 기예를 익히기도 하여, 정민(精敏)하게 하도록 힘쓴다.

20일.

대풍이 붊.

21일.

흐리고 비가 옴. 송간 대감[조준영]의 거처에 갔다가 마침 국주가 박물원 연회에 가는 위의를 구경하게 되었다. 앞에 기병 십여 쌍이 가고 뒤에 보병 약간 명이 따라가서 매우 간솔하였다.

22일.
아침에 큰 비가 내리고 신시를 향할 무렵 조금 갬.

23일.
맑음.

24일.
큰 비가 옴.

25일.
아침에 흐리고 오후에 갬.

26일.
맑음.

27일.
맑음.

28일.
맑음.

29일.

흐리고 비가 옴.

시나가와(品川) 초자국(硝子局)[43]에 가서 유리제조법을 구경하였다. 석분【하얀 돌가루】, 적연(赤鉛), 초석(硝石), 만암(滿菴)【유럽의 물건을 고쳐서 만든 것이라고 한다.】, 비석(砒石)【먼지를 줄여주는 물건이라고 한다.】을 쓴다. 5종의 고운 가루를 잘 섞는다. 또는 파쇄한 유리를 쓴다. 가마솥 크기의 도관(陶罐)에 담아 둘러싸는 화로 가운데 두고 석탄을 태우면 녹아서 액체가 된다. 화로의 사면에는 모두 작은 구멍이 있다. 손가락 굵기의 한 길 짜리 철관을 작은 구멍을 통해 도관 안으로 연결하면 녹은 액체가 불처럼 붉은 색을 띠고 말랑말랑한 설탕처럼 엉겨서 손이 가는 대로 동그랗게 되는데, 공만큼 큰 것과 달걀만큼 작은 것을 각기 만들려는 기물의 크기에 따라 적당한 양을 헤아려 도관 끝으로 끈끈하게 흘러 나오게 한다. 길게 만들려면 관을 휘두르고 둥글게 만들려면 판에 굴려 삽시간에 모양을 만든다. 호리병이나 양병처럼 가운데가 비어있는 것을 만들 때는 관의 구멍을 불어 거품 방울처럼 부풀어 오르게 하는데, 두께는 전적으로 호흡에 달려 있다. 만약 미처 모양이 다 만들어지기 전에 조금 단단해졌다면 다시 화로 안에 넣어서 쇠를 단련하듯 달군다. 제품이 만들어지면 옮겨서 난로에 두었다가 다시 차가운 판으로 옮겨서 차례대로 몸체가 굳게 만들면 깨지지 않게 된다. 물건 모양을 조각하는 것은 모두 기륜(機輪)을 사용하여 원하는 대로 정밀하게 공정을 한다. 모두 기술이 뛰어난 서양인을 두고서 일본인을 가르치게 하니, 정미한

---

43 초자국(硝子局) : 원문에는 "焇子局"으로 되어 있으나, "焇子"를 유리를 가리키는 "硝子"의 오기로 보고 여기에서는 초자국으로 표기하였다.

기술까지 이해하지 못하더라도 3년을 배워 한 명이라도 그대로 모방할
수 있는 사람이 나오면 대단한 재주라고 칭찬한다. 이제 막 젊은 기술자
백여 명을 모집하여 2분대로 나누어 밤낮으로 번갈아 쉬지 않고 부지런
히 배우고 있다. 이들은 비단 국내에서 쓸 뿐만이 아니라 외국인 가운데
에도 만여 원을 선급으로 주고 구매하는 자가 있다. 그리고 도관을 만드
는 법을 가장 어렵게 여기고 조심한다. 큰 것은 항아리만하고 작은 것은
가마솥만한데, 만들고서 1년간 그늘에서 말린 후에야 비로소 사용할 수
있다. 만약 불량품 도관을 화로에 한 번 넣었다가 금이 가고 구멍이 깨
지면 그 동안 들였던 허다한 재물이 모두 녹아없어지는 꼴이 된다. 그러
므로 먼저 도관의 제조법을 가르치는데, 이것도 3년을 가르쳐야 손에
익는다고 한다.

　돌아오는 길에 엔료칸(延遼館)[44]을 구경하였다. 엔료칸은 외국의 왕자
와 황족을 위한 시설이다. 관사가 널찍하고 정원이 깨끗하다. 바다를
끌어들여 못을 만들었고 돌을 가지런히 하여 도랑을 만들었다. 위에 걸
친 다리와 물에 있는 정자가 매우 그윽한 정취가 있었다. 집 안에는 병
풍과 휘장, 서화, 조각한 탁자, 비단 방석을 배치해 두었는데 지극히
화려하였다. 지키는 자에게 물으니 영국 태자가 일간 오기 때문에 정비
하고 기다리고 있다고 하였다. 외무성 속관 미즈노 세이이치가 귤주(橘
酒)를 내왔다. 맛이 향기롭고 시원하여 연달아 따르고 있는 것도 모른
채 취하도록 마시고 돌아왔다.

---

44 엔료칸(延遼館) : 도쿄도(東京都) 중앙구(中央區) 하마 이궁(浜離宮) 정원에 있는 별궁.
1869년 하마 이궁 정원에 건립되어, 1879년 개수(改修)되었다가 1889년에 해체되었다. 일
본 최초의 서양식 석조건축물이었다. 영빈관(迎賓館)으로 사용되어 국빈을 위한 연회가
열렸다.

6월 1일.

흐리고 비바람이 침.

2일.

비가 옴.

3일.

비가 옴.

4일.

맑음.

5일.

맑음. 내무경(內務卿)이 죽천(竹泉) 대감[박정양]을 세이요켄(靜養軒)에
초청하였다. 내게 함께 가자고 하였기 때문에 오시 무렵 마차를 타고
방문하였다. 정자는 못가에 있었는데 풍경이 매우 그윽하였다. 붉은 바
퀴의 높은 마차가 날듯이 달려갔다. 숲에 둘러싸여 있었는데 매우 번화
한 기상이 있었다. 정자 위에 도착하니 의자에 앉아있던 사람들이 일어
서서 자리로 이끌고 갔다. 각기 명함을 전달하고 인사를 하자마자 별관
으로 갔다. 술과 안주가 풍성하게 차려져 있어 반나절 놀다가 돌아왔다.

6일.

비가 옴.

7일.

흐림.

8일.

맑음. 내무성 서기관 사쿠라이 쓰토무(櫻井勉)[45]는 유명한 문사인데 자기 집 정자에 초대하였다. 벽 가득 주련이 걸려 있었는데 모두 우리나라의 시문이었다. 자리에 있는 조사들이 모두 문묵을 즐기는 사람들이었다. 술잔을 나누면서 마음을 털어놓는 얘기를 많이 하였고 글자를 쓰고 시를 읊으면서 밤까지 회포를 풀었다. 이때 혜성이 보였다. 자리에 있던 어떤 사람이 내게 물었다.

"귀국에서는 혜성을 어떤 별이라고 생각합니까?"

내가 대답하였다.

"재앙이라고 생각합니다."

그가 눈을 크게 뜨고 말했다.

"공께서도 이런 말씀을 하시니 과연 천문서를 보지 못하신 것입니까?"

내가 응하였다.

"우리나라는 운관(雲觀 : 관상감)을 궁궐 아래 설치하고 재주는 자를 뽑아서 천문으로 재앙과 상서를 살피는 일을 가르치니, 사람마다 할 수 있는 일이 아닙니다."

---

45 사쿠라이 쓰토무(櫻井勉) : 1843~1931. 이즈시번(出石藩) 소속 유학자 집안 출신. 1879년 산림국장이 되어, 일본 삼림행정의 기초를 구축했다. 이후 후쿠시마현(福島縣) 지사, 중의원 의원, 야마나시현(山梨縣) 지사, 타이완 신죽현(新竹縣) 지사, 내무성 신사국장(神社局長)을 역임하고 60세에 퇴직하였다. 기상통보를 창시하였다. 고향으로 돌아가 노후를 보내면서 향토사연구를 하여 『교보단마고(校補但馬考)』를 저술하기도 하였다.

그가 말하였다.

"이것은 재앙이 아닙니다. 일식, 월식과 마찬가지입니다. 몇 년 몇 월 며칠 몇 시에 어느 분야에 나타날지 며칠 몇 시에 사라질 지 이미 분도 (分度)가 있어 예상할 수 있습니다. 실로 우연히 본 것이 아니니 어찌 재앙이라 할 수 있겠습니까?"

13일.

맑음. 범재(凡齋) 대감[엄세영]과 시나가와 감옥을 구경하러 갔다. 옥사가 몇 백 칸인지 알 수 없으나 이때 수감자가 수천 명이라 하였다. 이는 다른 이유 때문이라 아니라 국법에 애초부터 곤장을 치는 형벌이 없고 오직 두 가지 엄격한 법률이 있는데 죄가 무거우면 사형을 시키고 사형 이하는 수감한다. 수감은 죄의 경중에 따라 몇 년 몇 개월로 정해진 법률이 있다. 그렇기 때문에 오랫동안 수감이 되어도 사상자는 드물다. 의식을 지급하고 기술을 가르치기까지 하며, 여름에는 모기장을 설치하고 겨울에는 면 이불을 나누어준다. 감옥에서 글 읽는 소리가 나고 베틀에는 베 짜는 부녀가 있으니 더욱 선정이다. 그러나 불복하는 자가 이로 인해 많아서 판결이 이로 인해 더뎌지니, 옛사람이 형벌은 치란의 약석이라고 한 말을 더욱 믿을 만하다.

14일.

맑음.

15일.

맑음.

16일.

맑음.

17일.

낮에 맑고 밤에 비가 옴.

18일.

비가 옴.

19일.

흐리고 비가 뿌림. 오쿠라구미(大倉組)[46]의 부산관 선편에 집에 보내는 편지를 부쳤다.

20일.

맑으면서 바람이 붊. 조지소(造紙所)에 가서 두루 구경하고 왔다.

21일.

흐리면서 바람이 붊.

22일.

맑고 바람이 심하게 붊.

---

46 오쿠라구미(大倉組) : 오쿠라구미상회(大倉組商會)를 가리킨다. 오쿠라 기하치로(大倉喜八郞)가 세운 일본 최초의 무역회사로, 첫 해외지점을 낸 회사이기도 하다. 현재는 일본 15대 재벌 가운데 하나인 오쿠라 재벌이 되었다.

23일

맑음. 역시 바람이 붊.

24일.

맑음. 사시에 공부성에 갔다. 속관들과 함께 전신중앙국(電信中央局)에 가서 둘러보고 돌아왔다. 권대서기관(權大書記官) 정6위 이시이 다다아키라(石井忠亮)[47]와 후쿠다 시게가타(福田重固)[48] 등 속관 9십 인, 권소기장(權少技長) 정7위 나카노 무네히로(中野宗宏), 기수(技手) 4백 1십 1인, 교술생도(教術生徒) 1백 4십 인, 본국[전신중앙국]에 속한 중외 관리를 합하여 1천 5백 4십 2인이 있었다. 기사년(1869)에 시작하여 무인년(1878)에 준공하였다.

도쿄에서 시작하여 하치오지(八王子), 고후(甲府), 요코하마(橫濱), 요코스카(橫須賀), 오다와라(小田原), 누마즈(沼津), 시즈오카(靜岡), 하마마쓰(濱松), 도요하시(豊橋), 오카자키(岡崎), 나고야(名古屋), 구와나(桑名), 욧카이치(四日市), 쓰(津), 기후(崎阜), 히코네(彦根), 오쓰(大津), 서경(西京), 오사카(大坂), 사카이(堺), 고베(神戶), 히메지(姬路), 오카야마

---

47 이시이 다다아키라(石井忠亮) : 1840~1901. 사가번(佐賀藩) 번사 출신. 보신전쟁(戊辰戰爭)에 정부군으로 참여하여 이때 공으로 메이지 천황으로부터 상을 받았다. 해군 중좌(中佐)로 근무하다가 공부성으로 옮겼다. 1875년 유럽의 전신을 시찰하고, 1880년 전신국장에 취임하였다. 1883년 상하이의 전화교환국을 시찰하고 귀국 후 국영전화사업을 건의하여 사업이 시작되었다. 일본 최초로 전화 통화를 한 인물이다.

48 후쿠다 시게가타(福田重固) : 1833~1910. 시즈오카 출신. 1861년 후쿠자와 유키치(福田諭吉) 등과 유럽에 다녀왔다. 1870년 민부성(民部省) 서무권정(庶務權正)이 되었다. 전신사업이 시작될 때 도쿄와 요코하마 간의 전신선 부설 공사를 실제적으로 수행하였다. 공부권대서기관(工部權大書記官), 체신대서기관(遞信大書記官), 내무성지리국(內務省地理局) 차장, 위생국(衛生局) 차장을 역임하였다.

(岡山), 마루가메(丸龜), 다카마쓰(高松), 마쓰야마(松山), 무야(撫養), 소지마(總島), 우와지마(宇和島), 고치(高知), 오노미치(尾道), 히로시마(廣島), 미타지리(三田尻), 야마구치(山口), 오기(荻), 아카마가세키(赤間關), 고쿠라(小倉), 나카쓰(中津), 오이타(大分), 노베오카(延岡), 미야자키(宮崎), 후쿠오카(福岡), 사가(佐賀), 구루메(久留米), 미이케(三池), 구마모토(熊本), 야쓰시로(八代), 가고시마(鹿兒島)를 연결하여 나가사키(長崎)에 이른다. 또 도쿄에서 시작하여 우도미야(宇都宮), 시라카와(白川), 후쿠시마(福島), 요네자와(米澤), 야마가타(山形), 센다이(仙臺), 이시노마키(石卷), 이치노세키(一關), 모리오카(盛岡), 아오모리(青森), 후쿠야마(福山), 하코다테(函館), 모리(森), 오샤만베(長萬部), 무로란(室蘭), 삿포로(札幌)를 연결하여 오타루(小樽)에 이른다. 또 도쿄에서 시작하여 우라와(浦和), 구마가야(熊谷), 마에바시(前橋), 다카사키(高崎), 우에다(上田), 나가노(長野), 이마마치(今町), 가시와자키(柏崎), 이즈모자키(出雲崎)를 연결하여 니가타(新潟)에 이른다. 요코하마에서 요코스카, 오다와라, 누마즈, 시즈오카, 하마마쓰, 도요하시, 오카자키, 쓰, 욧카이치, 구와나, 나고야, 기후, 히코네를 연결하여 오쓰에 이른다. 또 횡선이 있다. 쓰루가(敦賀), 후쿠이(福井), 가나자와(金澤), 가나즈(金津), 우라와, 구마가야, 마에바시, 다가사키, 우에다, 나가노, 이마마치, 가시와자키, 이즈모자키를 연결하여 니가타에 이른다.

　또한 나가사키에서 상하이(上海)까지 잇는 횡선이 있다. 상하이에서 벨기에, 유럽, 북아메리카, 남아메리카 여러 나라까지 전선을 해저에 잠기게 하여 통신한다. 도쿄에 설치한 전신중앙국에 60국이 속해있고 선이 3백 4십 8리 18정 35칸이 뻗어있다. 도교부의 분국선은 8국이고 선의 길이는 8리 27정 15칸이다. 각 청의 선이 9국이고 선의 길이는 12

리 20정 47칸이다. 경시선은 26국이고 선의 길이는 18리 23정 29칸이다. 전화선은 선의 길이가 1리 10정 35칸 3척이다. 도쿄와 요코하마 사이 철로선이 7국이고 선의 길이는 22리 16정 45칸이다. 가나가와현 전화선은 선의 길이가 3리 30정 11칸이다. 도쿄부 외선은 10국이고 선의 길이는 2백8십 리 33정 32칸 3척이다. 미나미구(南區)에 76국이 속해있고 선의 길이는 2천 3백 8십 리 3정 27칸 2촌이다. 오사카부의 분국선은 3국이고 선의 길이는 9리 31정 3칸 1척이다. 조지국선(造紙國線)은 1국이고 선의 길이는 14정 15칸이다. 오사카부에 속한 육군참모부 선은 선의 길이가 15정 8칸 1척 2촌이다. 오쓰와 고베 사이 철로선은 8국이고 선의 길이는 69리 11정 15칸이다. 전화선은 1리 28정 32칸 1척이다. 각 분국선은 64국이고 선의 길이는 2천 2백 9십 2리 25정 5칸 3척이다. 해저선은 5리 21정 38칸이다. 기타구(北區)에는 55국이 속해 있고 선의 길이가 1천 4백 16리 13정 35칸 1척이다. 각 분국선은 46국이고 선의 길이가 1천 2백 54리 3정 48칸 1척이다. 해저선은 20리 1정 28칸이다. 개척사(開拓使) 선은 9국이고 선의 길이는 1백 42리 8정 19칸이다. 총합하면 1백 9십 1국, 선의 길이 4천 1백 44리 35정 37칸 1척 2촌이다. 경비는 4백 1십 5만 9천 8백원이다. 공적으로나 사적으로 통화할 때 모두 거리로 계산한다. 임금은 1년 연봉이 대략 4십 3만 3천 8십 4원이라고 한다.

동치(同治) 9년(1870) 프랑스에서 미국까지 전선을 조성하였는데 길이가 약 1만 리이다. 동치 12년(1873) 영국에서 미국까지 전선을 조성하였는데 길이가 약 7천 리이다. 또 영국에서 미국까지 해저 전선을 조성하였는데 길이가 약 7천 리이다. 또 영국에서 인도, 싱가폴을 거쳐 홍콩까지 오는 해저 전선이 있는데 이것이 가장 길다. 중국 해저 전보는 홍콩에서 샤먼을 거쳐 상하이까지 오는데 길이가 모두 3천 여 리이다. 상하이에서 일본까지의 해저 전보는 1천5백여 리이다. 일본에서 북쪽으로 러시아까지 2천 4백 리이다. 일본 역시 십여 년 전에는 전보를 몰랐으나 지금은 본받아서 만들었다. 도성으로부터 각 처 소속 지방까지 두루 통하고 종횡으로 연결되니 약 3천여 리이다.

25일.
흐리고 바람 붊.

26일.
맑음.

27일.
맑음.

28일.
맑음.

29일.
흐림.

30일.
흐림.

7월 1일.
맑고 바람이 붊.

2일.
맑음.

3일.
맑고 바람이 붊.

4일.
맑고 바람이 붊.

5일.
맑음. 일주(日主)가 북쪽으로 순행을 떠난다. 기사년(1869) 처음 에조치(蝦夷地)를 평정하여 홋카이도(北海道)로 만들고 11현을 두어, 개척사(開拓使)를 설치해 다스리게 하였다. 주민들이 처음에는 경작할 줄 모르고 매일 여우와 너구리를 쫓고 고래와 물고기를 잡는 것을 생업으로 삼았다. 근래에 경작하고 글 읽는 자가 조금 생겼다고 한다. 지금 십 년 동안 네 번 순행을 하니 아마도 순무(巡撫)하는 취지에서 나온 듯하다. 여정은 2천 리이고 경비는 50만원이다. 출발하는 것을 구경하니 군신과 위사(衛士), 따르는 자가 많지 않았고, 비빈과 공경이 교외에서 공손히 배웅하였다.

6일.

흐리고 바람이 붊.

7일.

잠깐 비가 오고 큰 바람이 붊.

8일.

비가 옴.

9일.

맑음. 센소지(淺草寺)[49]에 구경하러 갔다. 한바탕 유희하는 곳일 뿐 다른 볼 것이 없었다. 원숭이를 많이 키웠는데, 쇠줄로 원숭이 허리를 묶어 나무 난간에 걸터앉혀 놓았다.

10일.

비. 귀국 날짜가 빨리 정해져 비할 데 없이 기뻤다. 행사 역시 바쁘게 닥쳐왔다.

11일.

맑음. 행장을 먼저 선편에 부쳐서 고베에 도착한 후 받기로 하였다. 더욱 시원하게 느껴졌다.

---

49 센소지(淺草寺) : 현재의 도쿄도(東京都) 다이토구(臺東區) 아사쿠사(淺草)에 위치한 성관음종(聖觀音宗) 사원. 도쿄에서 가장 오래 된 사원으로, 통신사행이 에도에 체류하였을 때 하관(下官)의 숙소로 종종 사용되었다.

12일.

맑음. 우에노박물관(上野博物館)에 구경하러 갔다가 잠시 연꽃 정자에서 쉬었으나 꽃이 져서 정취가 없었다. 주인을 불러 술을 달라고 하니 차를 내올 뿐 술은 떨어졌다고 하였다. 흥이 떨어져 돌아왔다. 북란, 양재와 함께 여관에서 실컷 마셨다.

13일.

맑음. 사시에 출발하려는데 홍영식 직각, 어윤중 학사, 조병직 승선, 이원회 절도사가 미처 끝내지 못한 일이 있어서 함께 귀국할 수 없었다. 일찍 가서 고별하였다. 출발할 때 여관의 남녀가 따로 술과 안주를 내왔는데, 섭섭한 마음에 눈물을 흘리는 사람까지 있었다. 인력거를 타고 신바시 철도관에 가서 화륜차에 올랐다. 빨리 달려 바람이 일어나니 더위가 금방 잊혔다. 사방에 푸른 풀이 무성하고 손바닥처럼 평평하였다. 마주 앉아 술을 마시니 마음 가득 희열이 느껴졌다. 봉래[일본]가 비록 겹겹 깊은 바다로 막혀있으나 집에 돌아갈 날이 멀지않다. 들 가득 곡식을 파종하고 김매는 것은 우리나라와 거의 같았으나 밭 두둑이 우리나라보다 곱절은 반듯하였다.

80리 가서 정오에 요코하마에 도착하였다. 조준영, 박정양, 엄세영, 심상학 제공들과 함께 기타나카도리(北仲通) 2정목 하야시 히코요시타로(林彦芳太郎)의 집에 머물렀다. 점심을 먹은 후 죽천 대감, 범재·난소(蘭沼 : 심상학의 호) 두 공, 유 기천(兪杞泉), 이 월남(李月南),[50] 외무성

---

50 이 월남(李月南) : 이상재(李商在, 1850~1927)를 가리킨다. 본관은 한산(韓山). 자는 계호(季皓). 호는 월남(月南). 1884년 우정국 총판(郵政局總辦) 홍영식의 권유로 우정국 주사(主事)가 되었다. 1887년 박정양이 초대 주미공사(駐美公使)에 임명되자 그를 따라

속관 미즈노 세이이치·나카노 교타로(中野許多郎)와 함께 요코스카 조
선소에 함께 갔다. 수로로 3백 리가 되지만 작은 기선을 타고 3시각만
에 도착할 수 있다. 해가 저물어 린와이 점사(臨淮店舍)에 묵었다.

15일.

맑음. 공역(工役)하는 곳들을 두루 구경하다가 마침 휴일이 되어 달리
구경거리가 없었는데, 해군소위가 정자로 초청하여 음식을 차리고 환
대하였다. 떠날 때 종이를 펼치고 글을 써달라고 하여 액자와 주련 십여
장을 총총히 쓰고 요코하마로 돌아왔다.

16일.

맑음. 어 학사, 김 우후(虞候)가 이곳에 작별하러 왔다. 만 리 밖 해외
에서 함께 고생하다가 각자 일이 있어 이곳에서 헤어지게 되니 섭섭함
을 이길 수 없었다. 미시 정각에 나고야마루에 올랐다. 이 배도 비각선
(飛脚船 : 정기선)이다. 히로시마마루와 대동소이하였다. 상등 승선료는
29원 70전【우리나라 돈으로 98냥 남짓이다.】이고 하등은 7원이다. 조 승선
이 뒤따라와 배 위에서 작별하였다. 배는 출발하려는데 미처 회포를 다
풀지 못하니 더욱 서글펐다.

유시 초 출발하니 7월 기망(旣望 : 16일)이었다. 밝은 달이 떠오르자

미국으로 건너가 서기관으로 근무하였다. 1894년 우부승지(右副承旨) 겸 경연참찬(經筵參
贊), 학부아문참의 겸 학무국장이 되어 교육제도 정비에 힘썼다. 1896년 독립 협회를 조직
하여 만민 공동회를 개최하였다. 1902년 개혁당사건으로 구속되었으며, 기독교를 받아들
여 YMCA에서 활동하였다. 1924년 조선일본 사장에 취임하였으며, 1927년 신간회(新幹會)
회장에 취임하였다.

만 이랑 금빛 물결이 일렁거리고 바다에 파도가 치지 않았다. 천상에 앉은 듯이 높이 타루에 의지해 소동파의「적벽부(赤壁賦)」한 편을 읊으며 손가락으로 산하를 가리키니 정말로 즐거웠다. 그런데 갑자기 동풍이 크게 일더니 세찬 비가 물동이를 엎은 듯 쏟아졌다. 파도가 진동하고 고래같이 솟구쳐 오르니 산 같이 큰 배가 떠다니는 잎처럼 흔들렸다. 바람에 휩쓸려 올려가면 몇 십 몇 백 길을 솟구치는지 알 수 없었고 파도를 따라 쑥 내려가면 만 길 구덩이로 들어가는 듯이 깊숙이 내려갔다. 배에 있는 모든 것이 꺾이고 깨졌고, 포효하는 소리는 더 무서웠다. 우리나라 사람만 어지러워 쓰러지는 것이 아니라, 선원들도 크게 두려워하며 문을 단단히 닫고 함부로 행동하지 못하도록 단속하였다. 이렇게 겨우 하룻밤을 보냈다.

17일.

비록 비가 퍼붓지 않아도 바람이 그치지 않았다. 배 안에서 일행을 한 사람을 볼 수 없었다. 아마도 각자 어지러워 누워있기 때문일 것이다. 물 한 그릇 마시지 못한 채 이틀 밤과 하루 낮을 보낸다. 목마름이 매우 심하였는데, 동틀 무렵 종 유복자(柳福者)가 엉금엉금 기어서 만나러 왔다. 비로소 소주를 섞은 꿀물 한 종지를 마시니 정신이 상쾌하여 일어나 의관을 정제하였다.

18일.

맑음. 2천 5백 리 가서 묘시 초 고베항에 닻을 내렸다. 하륙하여 가이간도리(海岸通) 4정목 조반샤(常盤舍) 나가가와 고마기치(中川駒吉)의 집에 주숙하였다.

19일.

맑음. 도쿄에서 부친 옷상자를 받았다. 한 군데도 부서진 곳이 없었다.

20일.

맑음. 날씨가 우리나라에 비해 매우 더워 견디기 어려웠다. 거처가 비록 3층의 높은 누각이고 앞에 바다가 있고 뒤에 산언덕이 있으나 처마가 짧고 지붕은 높았다. 햇볕이 내리쬐고 바람은 미미하니, 빙당수(氷糖水)를 사먹지 않으면 해갈할 길이 없다.

21일.

맑음. 체류하였다.

22일.

맑음. 체류하였다.

23일.

맑음. 홍 직각이 도쿄에서 전선으로 전한 소식을 보니 아무 날에 배를 탄다는 것이었다. 오시 초에 부친 것이 미시 초에 도착하였으니, 한 시각만에 2천 리 밖의 소식을 보게 된 것이다. 즉시 답을 부쳤다.

24일.

맑음.

25일.

맑음. 창혜(蒼惠 : 조병직의 호), 금곡(琴石 : 홍영식의 호), 중곡(中谷 : 이원회의 호) 세 공의 일행들이 술시에 와카마루(和歌丸)을 타고 와서 정박하였으므로, 부두에 영접하러 나갔다. 잘 건너왔는지 물으니, 다행히 풍랑이 잔잔하여 처음부터 고생을 겪지 않았고 선장이 잘 대해주었다고 하였다.

26일.

맑음. 기다리던 치토세마루(千年丸)가 미시에 와서 정박하였다.

27일.

맑음. 사시에 옷상자를 먼저 배에 실었다. 술시에 서 인초(徐仁樵), 이 이당(李彛堂 : 이종빈)과 함께 배에 올라 유숙하였다.

28일.

맑음. 오시에 일행이 모두 배에 올랐다. 미시 초에 출발하여 7백 리를 갔다. 아키노주(安藝州) 고칸지마(五貫島) 유시모(湯下) 앞바다에 이르러 부잠철(釜簪鐵)이 부러져서 운항할 수가 없었으므로 닻을 내리고 수리하였다.

29일.

맑음. 묘시 초에 출발하여 5백 2십 리 가서 자시 초에 나가토주 도요우라군(豊浦郡) 아카마가세키에서 닻을 내렸다. 교도쇼샤에서 수박 10개를 보내왔다.

30일.

맑음. 진시 초 닻을 올렸다. 배를 빌릴 때 미리 배표를 지급하고 배에 오를 때 표를 들고 들어가니 이것이 배를 타는 규율이다. 함장 마쓰모토 다이고로(松本待五郞)가 갑자기 "표 없이 들어간 자는 다시 표와 사람 수를 대조하겠습니다."라고 하였다. 과연 일본인 한 사람이 표 없이 배에 탔다. 처음에 뱃삯을 아꼈기 때문에 나중에 원래 뱃삯 외에 또 벌금 몇 원을 더 낸다. 그 사람이 매우 부끄러워 얼굴이 붉어졌다.【배에 탄 선원은 23인, 일본인은 56인, 우리 일행은 53인이다.】

윤7월 1일.

맑음. 9백 리 가서 인시 정각에 나가사키 섬에 정박하였다. 진시 정각에 하륙하여 전에 묵었던 점사를 찾았다. 주인이 술과 안주를 대략 준비하여 우리를 대접하였다. 서울 사람으로 정 씨 성을 지닌 두 사람 역시 공무로 와서 이 점사에 한 달 넘게 묵고 있다고 하였다. 신시에 일제히 배에 올라, 술시 초에 닻을 올렸다. 지나온 곳은 시모노세키(下關), 히코시마(引島), 아이노시마(藍島), 시라스(白洲), 히비키나다(響灘), 이케시마(池島), 오시마(大島), 가쓰시마(勝島), 겐카이나다(玄海灘)【대양에 도달한 곳이다.】, 시카노시마(志賀島), 겐카이시마(玄海島), 에보시지마(烏帽子島)【등대가 있다.】, 나지마(名島), 이키(壹岐), 아오시마(靑島), 히라시마(平島), 산진도(三神島)【외양이다.】, 사카세(尺瀨), 이키쓰키시마(生屬島), 사와기치(澤吉), 구로시마(黑島), 가키노우라시마(加喜浦島), 구레시마(暮島), 시치이마세(七今瀨), 신스이도(神水島), 니시도마리(西泊), 후카보리(深掘)가 대략이다.

2일.

맑음. 9백 5십리를 가서 신시에 부산항 흑암 앞 바다에 돌아와 정박했다. 유시 초 우리나라 작은 배를 타고 두모포 점사에 와서 머물렀다. 밤이 깊은 후 동래부사 김선근이 만나러 왔다. 친한 아전과 장교들도 만나 뵈러 많이 왔다. 정 동지 한정이 보교꾼을 인솔하여 왔다.

3일.

맑음. 사시에 가마를 타고 동래부에 가서 정 장교 집에 묵었다. 본부[동래부]에서 생선과 고기를 성대하게 준비하여 대접하였다. 반 년만에 맛있는 음식을 먹으니 위가 깨어난 듯하였다. 글을 쓸 일이 있어서 이어서 열흘을 체류하였다. 공들은 산사에 나뉘어 묵었다.

12일.

동래부를 출발하였다.

15일.

칠곡에 도착해 족제 주서 운형(運馨)의 집에서 묵었다. 다시 상주 지장리(芝莊里)의 족숙 내영(來永) 씨【호는 예졸(藝拙)이고 경학을 하는 선비이다.】에게 가서 며칠 머물렀다. 족형 계형(桂馨)이 내방하였고, 상주 영장 이규상(李圭常)이 술과 안주를 보내왔다.

8월 1일.

집에 도착하였다.

도해노정(渡海路程)

4월 1일. 사시에 발선하여 신시에 쓰시마에 도착. 480리.

　　 11일. 인시 초 발선하여 미시 정각 나가사키 섬 도착. 570리.

　　 13일. 술시 정각 발선하여 14일 묘시 초 하카타에 도착. 600리.

　　 14일. 사시 정각 발선하여 신시 정각 아카마가세키 도착. 300리.
　　　　 유시 말 발선하여 15일 사시에 다도쓰에 도착. 900리.

　　 15일. 정오에 발선하여 술시 정각에 고베항 도착. 320리.

　　 16일. 정오 기차에 승차하여 미시 초에 오사카 도착. 92리.

　　 20일. 미시 말에 기차에 승차하여 신시 정각에 서경 도착. 100리.

　　 24일. 오시 초에 기차에 승차하여 오시 말에 비와코 도착. 48리. 신시
　　　　 정각에 출발하여 술시 초 고베로 귀환. 240리.

　　 26일. 축시 정각 발선하여 28일 사시에 요코하마 도착. 2530리. 미시
　　　　 에 기차에 환승하여 유시 초 도쿄 도착. 80리.

7월 14일. 사시에 도쿄에서 귀국길에 올라 정오에 요코하마 도착. 83리.

　　 16일. 유시 초 발선하여 18일 묘시 초 고베항 도착. 2530리.

　　 28일. 미시 초 발선하여 29일 자시 초 아카마가세키 도착. 1220리.

　　 30일. 진시 초에 발선하여 윤 7월 1일 인시 정각에 나가사키 섬에
　　　　 도착. 900리. 술시 초 발선.

　　 2일. 신시에 부산포에 돌아와 정박. 950리. 왕복한 거리를 계산하
　　　　 니 수로는 1만 1천 3백 리, 육로는 6백 4십 리이고, 날짜를
　　　　 계산하니 1백 1십 3일이다.

문견잡록(聞見雜錄)

◎ 일본 국주는 성이 겐(源), 이름이 무쓰히토(睦仁)이고, 고메이(孝明)[51]의 넷째아들이다. 어머니는 후지와라 다다야스(藤原忠能)의 딸[52]이고, 왕비는 좌대신(左大臣) 후지와라 이치조 다다카(藤原一條忠香) 공의 딸[53]이다. 나이는 올해 32세이다. 왕위를 122를 전하였고 2541년을 거쳤다.

처음 계축년(1853) 6월 북아메리카합중국 사람이 사가미주(相模州) 우라가(浦賀)에 와서 우호를 맺고 통상하기를 청하였다.[54] 관백 도쿠가와 이에모치(德川家茂)[55]가 가부간 결정을 하지 못한 채 보내주었다. 같은 달 러시아인이 나가사키에 와서 또 우호를 맺고 통상하기를 청하고 국서를 바쳤다. 언사가 매우 좋지 않았으나 부득이하게 좋은 말로 타일러 3, 5년 기다리면 의논하여 답을 주겠다고 하였다. 갑인년(1854) 1월, 북아메리카가 군함 7척을 이끌고 다시 우라가에 와서 전에 했던 요청을 거듭 하며 말하였다.

"만일 이전 요청에 대한 대답을 받으면 즉시 돛을 펴고 떠나겠다. 일

---

51 고메이(孝明) : 1831~1867. 121대 일본 천황. 이름은 오사히토(統仁)이다.

52 후지와라 다다야스(藤原忠能)의 딸 : 나카야마 게이코(中山慶子, 1836~1907). 최상위 여관(女官)인 나이시노스케(典侍)였다. 곤다이나곤(權大納言)인 나카야마 다다야스(中山忠能)의 차녀이다.

53 후지와라 이치조 다다카(藤原一條忠香) 공의 딸 : 이치조 하루코(一條美子, 1849~1914). 쇼켄 황태후(昭憲皇太后). 공경 이치조 다다카(一條忠香)의 셋째 딸이다.

54 처음 … 청하였다. : 미국의 페리 제독이 검은 색의 군함 4척을 이끌고 에도만을 통과해 우라가에 정박하고 통상을 요구한 일을 가리킨다. 이듬해 3월 미일화친조약을 맺었다.

55 도쿠가와 이에모치(德川家茂) : 1846~1866. 에도막부 제 14대 쇼군. 페리 내항 때 쇼군은 12대 도쿠가와 이에요시(德川家慶, 1793~1853)이었으나 결정을 못한 채 곧 병사하였고 미일화친조약을 맺은 것은 그의 아들인 13대 쇼군 도쿠가와(德川家定, 1824~1858)이다. "德川家慶"의 오기로 보인다.

이 만일 이루어지지 않는다면 곧바로 에도로 가서 결판을 짓겠다."

도쿠가와가 매우 두려워하여 요코하마에서 사자를 보내 접대하고, 시모다(下田)와 하코다테(箱館) 두 항구를 개항하도록 허가하였다.

7월, 네덜란드인과 영국인도 와서 개항을 요청하면서 말하였다.

"귀국이 근래 북아메리카와 러시아에 대한 대우가 우리나라와 비교하여 매우 후하다고 들었다. 후한 대우를 감히 바라는 것은 아니고 북아메리카나 러시아만큼 대우해주면 충분하다."

수만 가지 방법으로 위협을 하니, 나가사키, 하코다테, 시모다 세 항을 개항하고 땔감과 식량 등의 물건을 지급하여 보냈다.

병진년(1856) 7월, 북아메리카에서 와서 전권공사(全權公使)가 상주할 수 있게 해달라고 요청하였으나 허가하지 않았다. 정사년(1857) 10월, 북아메리카 사신이 처음 에도로 들어갔다. 무오년(1858) 6월, 북아메리카인과 러시아인이 와서 말하였다.

"영국과 프랑스 두 나라가 방금 청나라를 이겨 기세가 등등하니 하루도 못 되어 올 것입니다. 귀국은 어떻게 하시렵니까? 지금 빨리 조약을 정하고 인신(印信)도 지급하여 우리의 우방이 된다면 우리가 중간에서 그만두도록 조정할 수 있을 것입니다. 그렇지 않으면 화를 예측하기 어렵습니다."

그리하여 통상을 허가하고 "가조약(假條約)"이라고 호칭하였다. 네덜란드, 영국도 모두 통상을 허가받았다.

기미년(1859) 1월, 조약이 이미 정해지고 대대적으로 개항을 하여 무역을 하였다. 사방의 상선이 항구에 폭주하여 돛대가 숲처럼 서있게 되었다.

경신년(1860) 1월 처음 신사(信使)를 북아메리카에 보냈다. 북아메리카인이 배를 대어 영도하였고, 10월 귀국할 때 또 선관이 호송하도록 하였다. 이 해에 또 유럽 제국에 사신을 보냈으며, 포루투칼의 통상을 허가하여 조약을 정했다. 당시 개항의 허가는 모두 도쿠가와 이에노치의 권력에서 나온 것이라 실제로는 조약을 정한 것이 조정에서 재가한 것이 아니었다. 그러므로 안으로는 조정에서 밖으로는 각 번에서, 다른 의견을 주장하는 자들이 많았다. 불가하다는 상소를 올리는 자도 있었고 군중을 모아 선동하는 자도 있었고 유서를 쓰고 자결하는 자도 있었으니 쇄항론(鎖港論)이라고 한다. 힘써 우호 맺기를 주장하는 자도 있었고 묵묵히 상호무역을 찬성하는 자도 있었으니 개항론(開港論)이라고 한다. 서로 당을 만들어 공격하고 어지럽게 물의를 일으켜 중구난방이었다.

을축년(1865), 비로소 외교령이 내려 조정의 의견이 처음 정해졌으나, 여전히 효고항은 개항을 허가하지 않았다. 정묘년(1867) 5월 마침내 허가하였다. 무진년(1868) 또 오사카, 니가타의 개항을 허가하였다. 처음에 개항을 주장하는 사람은 적고 쇄항을 주장하는 사람이 많았다. 지금 비록 변하였으나 여전히 의견이 둘로 나뉘어, 하나는 "개화당(開化黨)"이라 하고 하나는 "수구당(守舊黨)"이라 한다. 조정에 있는 선비들은 부강함을 과장하고 재야에 있는 사람들은 옛 제도를 많이 고치지 않았다. 이러니 화의론이 온 나라에 두루 퍼진 것은 아니라는 사실을 알만하다.

우리나라와의 수호에 대해 일본의 조정과 여항의 논의를 보면 좋다고 하지 않은 자가 없다. 이번에 우리나라 조사가 온다는 말을 일주가 듣고 매우 기뻐하여 미리 연로에 신칙하고 우대하도록 하였다. 그러므로 거쳐온 나가사키, 고베, 오사카, 서경 등의 현령과 지사가 매번 음식을 차려 접대하였다. 또 외무성에서 4등속관 미즈노 세이이치를 고베항에 보내 영도하도록 하였다.

◎ 예전 관제는 위로 공경에서부터 아래로 아전, 노비에 이르기까지 오로지 세습이었다. 무진년(1868) 개정한 이후로 서양 법제를 많이 모방하였고 한나라 제도를 참고하기도 하여, 태정대신(太政大臣)과 좌우대신, 참의(參議)라 하고[56] 내무성(內務省), 외무성(外務省), 육군성(陸軍省), 해군성(海軍省), 대장성(大藏省), 문부성(文部省), 공부성(工部省), 사법성(司法省), 궁내성(宮內省)을 설치하였다. 원로원(元老院)을 새로 설치하여 큰일에 대해 회의하고 탄정대(彈正臺)를 폐지하였으니, 서양 제도에 간관(諫官)이 없는 것을 모방한 것이다. 각 성에는 경(卿), 대보(大輔), 소보(少輔), 대서기관(大書記官), 소서기관(小書記官)과 아전과 같은 몇 등 속관이 있다. 지방에는 3부(府) 37현(縣)을 설치하였다. 부에는 지사(知事)가 있고 현에는 현령(縣令), 서기관(書記官), 몇 등 속관이 있다. 또 재판소가 있는데 관직은 모두 8위(位) 17등(等)이고, 위에는 정(正)과 종(從)의 구별이 있으며 10등 이하는 위가 없다.

　관료는 오직 재주를 가지고 임용한다. 화족(華族), 사족(士族), 평민의 칭호가 있으니, 화족은 국족(國族)이고 사족은 옛 번신의 일족이다. 재주와 무용이 있는 평민 역시 많이 임용한다. 직무가 있는 모든 사람은 매일 아침 진시에 관아로 출근하고 미시에 퇴근하며, 일요일을 두어서 반드시 휴가를 주는데, 이른바 일요일은 한 달에 4, 5차례 있다.

---

56 무진년(1868) ⋯ 한다. : 천황을 중심으로 한 왕정복고(王政復古)를 가리킨다. 천황을 직접 보좌하는 최고기관인 정원(政院)의 장관이 태정대신(太政大臣)이고, 그 아래 좌대신(左大臣), 우대신(右大臣), 참의(參議)가 설치되었다.

◎ 새로 농상무성(農商務省)을 설치하였다. 상업은 각기 미쓰비시사(三菱社), 교도사(協同社) 같은 회사를 설치하였다. 어떤 물품을 어떤 나라에서 살 수 있고 어떤 물품을 어떤 지역에서 팔수 있는 지 매일 회의를 하여, 상하이, 뉴주앙(牛莊) 및 유럽 국가들을 오고가며 멀리까지 가서 장사를 하여 이익을 남긴다. 농무는 나에시로(苗代)에 제방을 쌓아 5년간 이미 7, 8백 리의 옥토를 개간하였다. 도미오카(富岡)의 양잠은 1년 동안 수십만 근의 견사를 고치에서 뽑아낸다. 이것은 모두 관에서 설치하여 말리(末利)를 좇는 일이다. 비록 근본에 힘쓰는 일을 논하기에는 부족하나 오히려 가상하다.

◎ 조정에서 축하하는 삼대 절일은 신년절(新年節), 천장절(天長節 : 천황 생일), 기원절(紀元節)이다. 기원절은 진무(神武 : 일본 초대 천황)가 즉위한 날이다. 대소 관원이 모두 궁에 나아가 서로 축하한다. 교토 인민들 역시 깃발을 걸어 경축하는데 깃발은 하루 종일 건다. 그리고 대포를 쏘아 하루종일 즐긴다. 조정에는 무릎을 꿇고 절을 하는 예절이 없고, 다만 모자 벗는 것을 예로 삼는다.

계유년(1873)에 처음 복색을 바꾸어 서양 제도를 따랐다. 그러나 조사의 경우 공무에서 물러나 집에 있을 때와 사적으로 외출할 때 옛날 의복으로 바꾸어 입는다. 농부나 상인 가운데 단발을 하지 않은 자가 간혹 있고 의복을 바꾸지 않은 자도 있다.

◎ 계유년부터 서양 역법을 시작하였다. 축월(丑月 : 12월)이 한 해를 시작하는 달이 되고, 1년이 365일이다. 8월 이전은 홀수 달이 큰달이 되고 짝수 달이 작은 달이 되나, 8월 이후에는 짝수 달이 큰달이 되고 홀수

달이 작은 달이 된다. 큰 달은 31일이고 작은 달은 30일이며 2월은 평달이지만 28일이다. 윤달과 윤일이 없다.

◎ 기후는 비가 많이 오고 맑은 날이 적다. 비가 비록 자주 와도 쉽게 빨리 개고, 폭우가 쏟아지거나 장마가 지는 때가 없다. 눈보라가 치는 추운 겨울철에는 땅이 얼고 얼음이 단단하다. 그러나 바람이 그치면 추위가 풀리기 때문에, 물에는 사흘 가는 얼음이 없고 겨울에도 봄 같은 따뜻함이 있다. 우리나라 절기와 비교하면 전후 시기가 다른 경우가 있기도 하다.

◎ 지세는 천하의 동북쪽에 위치하여 있고, 수륙 모두의 넓이가 2만 3천 2백 8십 리이다. 육지는 동쪽 무쓰(陸奧)에서 서쪽 히젠(肥前)까지 4천 1백 5십 리, 남쪽 기이(紀伊)에서 북쪽 와카사(若狹)까지 8백 8십 리이다. 지형은 사람 인(人) 자 모양이다. 동남쪽 해안은 태평양이고, 서북쪽은 바다를 격해 청나라와 우리나라가 있다. 홋카이도(北海道)는 동북쪽으로 러시아, 류큐국(琉球國)이 있고, 서남쪽으로 타이완(臺灣), 산요도(山陽道)와 산인도(山陰道)가 있으며, 우리나라 영동과 가장 가깝고 에도와 육진(六鎭)이 마주하고 있으며,[57] 기온은 관북과 대략 비슷하다고 한다.

◎ 국토는 9도(道)로 나뉘니, 모두 3부 37현 717군이고 도서는 3573개이다. 가구 총계는 718만 1733호이다. 도쿄부에서 관할하고 있는 가호는

---

57 홋카이도(北海道)는 … 있으며 : 일본이 새로 개척한 홋카이도를 지리적으로 설명한 부분이다. 류큐국 및 기타 지역의 위치가 정확하지 않으나 원문에 따라 번역하여 둔다.

43만 5900여 호, 인구는 331만 1825명이다. 계유년 공법(貢法)을 바꾸어 땅값에 따라 지권(地券)을 만들고 지권에 따라 지조(地租)를 정하여 10분의 3을 받는다. 백성이 여전히 감당하지 못하여 다시 2.5로 줄였다. 정축년(1877)에 쌀 대신 돈으로 바꾸어 거둔 것을 계산하니 3553만 8790원이었다. 일 년 동안 각종 세수를 임시로 계산하면 5633만 1871원이다.

매해 각기 달라 자세히 알 수는 없으나 1년간 5280만 4685원을 쓰고 남는 돈이 352만 7186원이다. 일정치 않게 쓰는 비용이 예산보다 많아서 내외 채무가 오히려 3억 5804만 7291원이 있다. 나라에서 부족한 것을 따져보고 인쇄국을 설치해 지폐를 만들어, 기사년(1869)부터 사용하기 시작하였다. 그러나 간사한 백성들이 빈틈을 노려 위조지폐를 만들어 진짜 지폐와 혼용되니, 대중들이 모두 고생스럽게 여긴다. 금전과 은전의 경우는 모두 유럽 나라들로 흘러들어간다. 비록 매일 수만 전씩 만들어내도 종이 위의 쓸데없는 숫자라 할 만하니, 물가는 급등하고 백성들은 생계 꾸리기도 어렵다. 그러므로 군신상하가 열심히 이익을 쫓아서 미미하고 작은 물건이라도 세금을 걷지 않는 것이 없다.

◎ 공사 궁실의 제도는 모두 겹처마에 층루이고 복도와 둘러싼 사다리가 있다. 단청을 칠하지 않고 석회를 많이 발라서, 검은 기와와 흰 벽이 현란하게 섞여있다. 날 듯한 용마루와 우뚝한 난간이 높고 낮게 층층이 솟아올라 있다. 멀리서 바라보면 채색그림의 풍경과 매우 비슷하지만, 가까이에서 보면 실로 재목 다듬는 법을 모르는 것이다. 기둥은 가늘면서 길고 추녀는 높으면서 짧으니, 바람에 흔들리고 비에 씻겨서 해마다 수리를 한다.

여염집이 땅에 가득하고 깃발 단 정자가 줄줄이 이어진다. 정원에 비록 여유가 없어도 화훼를 가장 아끼는 성품 때문에 소나무 분재와 매화 심은 병을 벽 사이에 걸어두고 주먹 크기 돌과 들풀을 난간 가에 놓아둔다. 큰 공부와 관사의 경우에는 외문을 설치하지 않고, 긴 행랑을 목책으로 둘러싸는데 철문을 두기도 한다. 앞의 뜰과 뒤의 정원에는 소나무와 대나무를 많이 심어 수풀이 그늘을 이루고 꽃향기가 사람에게까지 끼쳐 제법 운치가 있다. 지나온 촌락에 초가집이나 판옥이 있기도 하였으나 교토부의 부치(府治)에서는 보지 못하였다.

성곽에 풀을 덮는 것은 에도에만 있었고, 둘레가 70 리로 네 겹이었으며, 네 개의 해자는 배를 띄울 만큼 깊었고 성가퀴에는 초루를 설치하지 않았다. 외성에는 석문을 설치하지 않았는데 무슨 제도 때문인지 알 수 없었다. 내성에 문이 있다고 하지만 역시 홍예문(虹霓門)은 아니고 판자문과 편철을 설치하였을 뿐이라 매우 성겨 보였다. 지금 어소가 불에 타버린 지 8, 9년이 지났다. 부유한 백성들이 각자 성금을 내서 수백만 원이 모였고 올봄쯤 공사를 시작해 터를 닦았는데, 6, 7년 지나야 준공될 것이라 한다.

◎ 국토는 평원과 광야가 많다. 후지산보다 높은 산이 없고, 비와코보다 큰 호수가 없고 하코네(箱根)보다 험한 고개가 없다. 이곳들은 모두 유명하다. 기타 아타고산(愛宕山), 일접령(一摺嶺)[58], 금절하(金絶河)[59], 로

---

58 일접령(一摺嶺) : 현 히코네시(彦根市) 동북쪽에 있는 스리하리도게(磨針峠, 摺針峠)를 가리키는 것으로 보인다. 에도시대 비와코를 조망할 수 있는 명승지로 알려져 있었다.
59 금절하(金絶河) : 이마기레(今切)을 가리킨다. 하마나코(濱名湖) 호반에 위치해 있다. 1636년 통신사 일행이 일본에서 받은 금을 버렸다고 하여 금절하로 표기하기도 하였다.

쿠고 강(六鄕江)[60], 무쓰의 긴카산(金華山), 시모쓰케(下野)의 닛코산(日光山), 이세(伊勢)의 아쓰타(熱田山), 기이(紀伊)의 구마노산(熊野山) 역시 승경으로 유명하다. 이른바 화산이라는 것 역시 한두 곳이 아니다. 멀리서 바라보면 검은 연기 같은 아지랑이가 휘감은 채 흩어지지 않는다.

　부내의 인가는 지극히 조밀하여 실화(失火)를 제일 꺼린다. 그러므로 경시청에서 불이 나지 않도록 대비하여, 60호마다 한 사람이 순찰을 한다. 경찰을 담당한 사람을 순사【우리나라 포교와 같다.】라고 부른다. 3척짜리 몽둥이를 들고 비바람 부는 날도 상관없이 매일 순행하며 시간을 계산해서 교대하여 밤이 깊어도 해산하지 않는다. 불이 나면 종을 쳐서 경계하라고 전한다.

◎ 국내에 학교가 곳곳에 있으나 모두 경전과 문장을 전공하는 것은 아니다. 어학(語學), 법률학(法律學), 이학(理學), 화학(化學), 중학(重學), 광학(光學), 기학(氣學), 산학(算學), 광학(鑛學), 화학(畵學), 천문학(天文學), 지리학(地理學), 기기학(機器學), 동물학(動物學), 식물학(植物學), 사학(史學), 한학(漢學), 영학(英學), 상고학(商賈學) 등의 각종 학문이 있다. 해군성과 육군성에는 병사를 가르치는 사관학교가 있고, 공부성에는 기계를 가르치는 대학교가 있다. 그 가운데 사학(史學)이라고 하는 것은 먼저 일본 국사 및 통감서(通鑑書)를 가르칠 뿐이다. 또 여자사범학교가 있는데, 사족의 여자 백여 인을 선발하여 교사를 데려다가 큰 글자 쓰는 법과 섬세한 그림 그리는 법을 가르쳐서, 10여 세 정도가 되

---

60 로쿠고 강(六鄕江) : 일본 아키타현(秋田縣)에 있는 로쿠고 선상지(六鄕扇狀地)를 가리킨다.

면 글자와 그림의 모양을 갖춘다고 한다.

◎ 나라 풍속에 예전에는 학술이 없었다. 백제인 왕인(王人)이 서적을 지니고 와서 처음 경전을 가르쳤다. 중세에는 문풍이 제법 진작되어 공자와 맹자를 존경하고 정자와 주자에 대해 얘기할 줄 알게 되었다. 중국의 서적과 역사서도 점차 수입하여 경전에 통달하고 문장을 전공하는 선비가 왕왕 많았다. 근래 서학이 크게 번성하여, 각 번에서 문묘를 고쳐서 관서를 만들기도 하여 폐기한 곳이 반이 넘고, 오경과 사서는 쓸데없는 것이 되어버렸다. 이 때문에 한문을 하는 선비는 세상에 뜻을 잃게 되어 개탄할 뿐이다.

◎ 항상 쓰는 고유음을 이로하(伊呂波)라고 하니 그 나라의 고보대사(弘法大師)[61]가 창제한 것이다. 47자 47음에 불과하고 "지(支)", "미(微)", "가(歌)", "마(麻)" 네 운밖에 내지 못하기 때문에 말이 음을 이루지 못하고 번잡하고 자질구레하다. 문서와 장부, 서책과 편지에는 한자를 섞어서 써서 더 이해하기 어렵다.

이른바 신문지라는 것은 우리나라 조보(朝報)와 같은 것으로, 공사의 잡다한 기록과 떠다니는 거리의 의견을 모두 수집해 모아서 인쇄하여 파는 것이다. 시민과 상인 가운데 보지 않는 자가 없으나, 사실과 어긋난 것이 많고 말이 틀리기도 하여 다 믿기에는 부족하다.

---

61 고보대사(弘法大師) : 구카이(空海, 774~835)를 가리킨다. 고보(弘法)은 시호이다. 804년 출가하여 견당사(遣唐使)의 일원으로 당나라로 선녀갔다가 2년 후 귀국하여 진언종(眞言宗)의 개조(開祖)가 되었다.

◎ 민간에서 처음에는 신을 숭상하였고 뒤쫓아 불교를 숭상하였다. 민간에 섞여있는 거대하고 높은 누각이 신사나 사찰이 아닌 것이 없어 3천여 개소에 이르렀다. 근래 일제가 반대로 되어 신당은 태반이 폐기되고 승도는 모두 떠돌아다니게 되었다. 사찰의 땅이 관아에 많이 몰수되고 결혼하고 고기를 먹는 것을 보통 사람과 똑같이 하도록 허가하여 그 세력이 마침내 쇠퇴하게 되었다. 지나오며 본 것이 비록 수천 칸의 거대하고 이름난 사찰일지라도 승려는 백 명에 지나지 않았다.

◎ 거리를 정리하는 일은 국가의 일대 정사이다. 모든 거리가 가운데는 높고 양 두둑은 낮은데 아침저녁으로 물을 뿌려 신속히 청소를 한다. 만약 집 앞의 청소를 게을리하거나 오물을 버리면 벌금을 부과한다. 그래서 화살처럼 반듯하고 숫돌처럼 평평하다. 거리 입구 곳곳에 은구(隱溝 : 하수구)를 많이 설치하여, 큰비가 와도 아주 미끄럽지는 않고 금방 말라 깨끗해진다. 비록 빈 땅이 있어도 채마밭을 만들지 않고 나무를 심어 기둥을 받치고 울타리로 두른다. 키우는데 법도가 있어서 매년 봄과 여름 사이에 녹음이 거리에 가득하다. 들은 비어있고 산은 적기 때문에 나무와 숲을 대단히 좋아해서 그러는 듯하다.

인가에는 모두 바깥 문에 성명을 쓴다. 고관대작이라도 2, 3촌 되는 목판에 "정1위 아무개", "종2위 아무개"라고 써서 중인방에 건다.

도로 양 옆에는 철주(鐵柱)가 죽 서있고 위에는 유리등이 설치되어 있어, 해 질 무렵 불을 켜서 새벽까지 끄지 않는다. 이것은 기름이나 촛불이 아니고 "매기등(煤氣燈 : 가스등)"이라고 부른다. 매기등 등주(燈柱)의 속은 비어있고 밖은 곧다. 아래로는 구멍이 통하는데 땅을 파서 구멍을 연결하는 것은 은구와 마찬가지이다. 각처 등주가 다 이와 같다. 각각의 구멍을 따라가면 한 곳에 모이는데, 이곳에 큰 구덩이를 만들어두고 날마다 석탄을 태우면, 매기(煤氣)가 각 등에 도달한다. 기름을 더 붓거나 초의 심지를 자르는 고생 없이 저녁에 켜고 동틀 때 끄기만 하면 된다. 석탄을 태우는 곳을 와사국(瓦斯局)이라고 한다. 이것 역시 화학(化學)에서 나온 듯하나 상세한 것은 모르겠다.

◎ 자는 세 종류이니, 곡척(曲尺), 경척(鯨尺), 오복척(吳服尺)이다. 곡척 1척이 경척 8촌이고, 경척 1척이 곡척 1척 2촌 5푼이다. 오복척은 곡척 1척 2촌이고 포백(布帛)을 잴 때 사용하며, 1척 3촌이 우리나라 1척이다. 그리고 땅을 잴 때는 곡척 6척이 1칸이 되고 60칸이 1정(町)이 되고 30정이 1리가 된다. 밭을 재는 방법은 30보가 1무(畝)가 되고 10무가 1반(反)이 되고 10반이 1정이 된다. 해로 1리는 육로 16정 9푼 7리 5호(毫)에 해당한다. 수심을 잴 때는 곡척 6척이 1심(尋)이 된다.

◎ 되는 세 종류이다. 고승(古升)은 직경 5촌, 깊이 2촌 5푼이고, 경승(京升)은 직경 4촌 9푼, 깊이 2촌 7푼이고, 무자승(武子升)은 직경 4촌 6푼 5리, 깊이 2촌 3푼 9리 8호이다. 10홉(合)이 1승(升)이 되고 10승이 1두(斗)가 되고 10두(斗)가 1석(石)이 된다.

◎ 차량에는 사륜이마차(四輪二馬車), 사륜일마차(四輪一馬車), 양륜인력거(兩輪人力車), 이인승거(二人乘車), 일인승거(一人乘車)가 있다. 또 삼륜자전거와 짐차[荷車] 종류가 있다. 대소 합하여 2만 6천 6백 1십 4량이고 모두 일년에 한 번 세금을 낸다.

◎ 도쿄에는 박물원이 있는데 집이 몇 칸이나 되는지 모르겠다. 고적(古蹟)으로는 와당(瓦鐺 : 질그릇 솥)과 정이(鼎彝 : 종묘의 솥) 종류가 있다. 산새, 들짐승, 곤충, 어패류에 이르기까지 산 채로 데려올 수 있는 것은 산 채로 데려왔다. 어리석은 곰과 깜짝 놀란 토끼가 우리에 잡혀서 머뭇거리고, 공작이 깃들어있고 원숭이가 놀고 있어 사람의 눈을 놀라게 한다. 살아서 데려올 수 없는 것은 반드시 가죽과 뼈를 말려서 두었고 형태를 본떠 만들어 둔 것도 있다. 군사 기계와 농기구에 이르기까지 인간에게 소용되는 물건을 갖추지 않은 것이 없다. 명주, 보옥, 산호, 대모(玳瑁), 금석(錦石) 종류가 영롱하고 찬란하다. 우리나라의 깃발과 둑(纛), 의복, 항아리와 단지, 가죽과 털 등속도 모두 있다. 재주 있는 자가 그릴 수 있는 것은 그리고 배울 수 있는 것은 배워서 지식과 견식을 넓히게 하려는 목적이다. 오사카와 서경의 박물원 역시 다름이 없다. 그리고 문부성, 공부성 안에 각기 박물원을 두었다.

또 권농박물회(勸農博物會)를 신설하였는데, 제도는 박물원과 같으나 이곳에 두는 물건은 외국의 물산은 가져오지 않고 자기 나라에 있는 것만을 모아놓았다. 각 지역 사람에게 재주에 따라 솜씨를 다하여 어떤 형태의 물건을 조성하도록 하고 백일의 기한을 두어 박물회 장소에 납입하게 한다. 그러면 총재관 이하 본국 사람들과 각 부와 현의 관원이 우수한 자를 선발하여 시상한다. 5년에 한 번 열리는 것이 정식이다. 이는 전적으로 기예를 장려하는 방법이다. 진열된 물건들이 자기와 목석은 각기 그 묘함을 지극히 하였고, 조수와 벌레, 물고기는 살아있는 듯 형태를 본떴고, 기이한 나무와 돌은 탁상 위에 배치되어 있고, 배와 수레, 교량은 모두 벽에 있다. 또 아름다운 산수를 모래를 모아 형태를 만들었고, 깊은 숲과 큰 나무는 모양대로 색을 칠하여 재주를 다하였다.

기괴한 것을 좋아하고 눈과 귀를 즐겁게 할 뿐 아니라 재능을 자랑해 보이고자 해서이다. 따로 화륜과 수차가 있는 어떤 곳에 가면 베를 짜고 실을 만들고 나무를 깎고 글자를 주조하고 곡식을 타작하고 쌀을 정미하는 등의 일이 모두 화륜이 돌아가며 저절로 이루어진다. 인간 기술의 효과인 것이다.

◎ 물산의 대략은 다음과 같다. 리쿠오(陸奧), 리쿠추(陸中), 리쿠젠(陸前) 등의 고을에서는 금을 생산한다. 에치고(越後), 이와키(盤城), 히다(飛彈), 시나노(信濃) 등지에서는 은을 생산한다. 기이(紀伊), 이와시로(巖代), 이즈모(出雲), 빗추(備中)에서는 동을 생산한다. 히타치(常陸), 오키(隱岐)에서는 철을 생산한다. 사누키(讚岐), 우젠(羽前)에서는 납을 생산한다. 아카마(赤間)의 벼루, 미노(美濃)의 종이, 미카와(參河)의 술, 우지(宇治)의 차, 셋쓰(攝津)의 면화, 에치젠(越前)의 설면(雪綿 : 솜), 지쿠젠의 미곡, 도모노우라(鞱浦)의 인석(茵席 : 자리), 이키(壹岐)의 베, 가가(加賀)의 견(絹), 오와리와 사쓰마의 장창과 날카로운 칼이 나란히 이름이 났다. 석탄, 석류황(石硫黃) 등의 물건의 경우 근래 유럽을 통해 들여와 사용하기 시작하였다고 한다.

나가토(長門), 오스미 등의 고을에서는 말을 생산하는데, 말총과 갈기를 많이 깎아내고 발굽에 짚신을 신긴다. 그러나 마차에 매고 밭을 갈뿐 짐을 싣는 말은 매우 드물다. 기병은 말을 기르지 않는 자가 없고 도로를 달리는데 모두 살지고 건장하고 기운차며 외국에서 구매해오는 것이 많다. 오스미, 가즈사(上總) 등지에서 소를 생산하는데, 흑색의 살진 소가 많다. 역시 밭을 갈고 마차에 맬 뿐 도축하는 일은 절대 없다. 근래 서양인이 좋아하기 때문에 왕왕 고기를 파는 곳이 생겼다.

해산물은 생복(生鰒), 청어, 대구, 연어, 송어, 고등어, 도미, 숭어, 광어, 농어, 방어, 홍어, 은어, 전어, 조기, 오징어, 소라, 대합, 해삼, 홍합, 다시마, 파래 등의 산물이 나지 않은 곳이 없으나, 북어(北魚)는 나지 않는다.

짐승은 멧돼지, 노루, 여우와 너구리, 산달(山獺), 들꿩, 오리, 까마귀와 솔개, 제비와 참새, 닭과 개 등속이 있으나, 날짐승으로는 꾀꼬리와 까치, 들짐승으로는 범과 표범이 본래 없다.

채소는 각각의 종류가 있는데, 무는 길이가 한 자 남짓하고 토란은 주먹 크기이다. 과실은 귤과 유자, 배와 감, 대추와 밤, 복숭아와 살구, 능금 등속이 있으며 노귤(盧橘)이 가장 달고 이른바 밀감(蜜柑), 금귤(金橘)이라고 하는 것은 매우 맛이 시지만 향기와 색깔을 좋아한다. 잣, 호두만은 없다.

화훼는 비파, 소철, 종려, 매화와 국화, 난초와 대나무가 있다. 녹앵(綠櫻)이라는 것은 가지가 길고 수양버들처럼 하늘하늘 늘어지며 꽃잎이 모두 가늘고 짙은 붉은 색과 옅은 진홍색을 띠는데 3월에 흐드러지게 핀다. 해당(海棠)이라는 것은 구슬을 꿴 듯 녹음을 드리운 채 이어져 있어 사랑스럽다. 비파는 겨울에 꽃이 피고 여름에 열매를 맺는다. 동백은 기름을 만들기 위해 심어서 숲을 이루기도 한다. 또 노실(櫨實)을 따서 기름을 짜 초를 만드는데 색깔이 양기름처럼 깨끗하고 도사주(土佐州)에서 많이 생산된다고 한다.

후추, 단목, 흑각, 공작, 설탕 등속은 민절(閩浙 : 중국 복건과 절강성 일대)과 남만(南蠻)의 여러 나라에서 나오기도 하여 무역을 하여 가져온다.

◎ 음식은 담백한 맛을 많이 쓰고 기름진 맛, 매운 맛, 소금에 절인 맛,

매우 짠 맛이 나는 음식은 좋아하지 않으며 오로지 달고 신 맛을 좋아한다. 밥은 찐 것처럼 딱딱하다. 끼니마다 밥이 몇 홉에 불과하고 나물국 한 그릇, 절인 무청 몇 조각, 생선 종류 한 조각, 장두(醬豆 : 낫또) 몇 알을 내온다. 가장 좋아하는 것은 달걀이라서 지지기도 하고 날로 먹기도 한다. 밥을 먹을 때 먼저 작은 사발에 서너 숟가락을 담아 내오고, 먹는 대로 더 담아 남지 않게 한다.

손님을 초청할 때에는 미리 긴 식탁을 설치하고 의자를 마주 놓는다. 먼저 접시 하나, 빈 잔 하나, 수저 한 쌍, 수건 한 폭을 차려두고 구운 생선, 익힌 고기, 삶은 콩, 흰떡 등속을 차례로 내온다. 다 먹으면 다음 것을 내와서 하나도 겹치지 않게 차리고, 매번 다시 내올 때마다 새 젓가락으로 바꾼다. 술에는 소주(燒酒), 청주(淸酒)의 명칭이 있으나 모두 냄새가 나서 좋지 않다. 마시는 대로 첨잔을 하고, 손을 휘두르면 멈춘다. 마지막에 차 한 잔을 내오고야 상을 치운다. 먹는 것은 열 그릇이 되지 않는데 오래 앉아 있으니 지루하게 느껴진다.

옛날에 이른바 생선과 고기에 금과 은을 칠하고 술잔과 소반에 깃털로 장식했다고 하는 것을 지금은 보지 못하였다. 근래 음식도 서양식에서 나온 것이 많으니 비용을 절약하기 위해서라고 한다.

◎ 인물은 대체로 남자는 왜소하고 사나워서 헌칠하고 듬직한 체형이 드물고, 여자 역시 유순하고 영리하며 추악하지 않고 동작이 가벼워 돈후한 풍채는 전혀 없다. 성정이 조급하고 대략 빨리 승낙하는 습관이 있다. 규모가 정긴(精緊)하여 일에 조금도 빠뜨림이 없고 마음에 의심을 품고 있어 말이 마음 깊은 곳에서 나오지 않는다. 겉으로는 친할 수 있을 것 같지만 속은 실로 헤아리기 어렵다.

큰 네거리에는 사람과 마차의 소음이 밤이 깊도록 끊이지 않으니 인구가 많음을 알 수 있다. 그러나 다리를 절거나 앉은뱅이, 몸에 장애를 지닌 사람은 드물고 남루한 사람이나 구걸하는 사람도 항상 드물있다. 여자는 단지 넓은 소매의 두루마기만을 입고 전폭(全幅)의 색 띠를 맨다. 버선은 모두 앞이 두 갈래로 나뉘어있는데 한쪽은 엄지발가락이 들어가고 한쪽은 네 발가락이 들어간다. 그러나 이것은 아주 추운 겨울에야 비로소 신는 것이지 평상시 신는 것은 아니다.

시집을 가면 이를 검게 물들이니 두 남편을 두지 않겠다는 맹세이다. 천한 부류와 창기는 이를 검게 물들이지 않는 경우가 많다. 그리고 남녀에게 내외하는 구별이 없어서 공경 집안의 여자들일지라도 사람이 빽빽하게 모인 넓은 자리를 피하거나 꺼리지 않는다. 또 목욕을 좋아하여 곳곳에 욕실이 있고, 사계절 막론하고 하루에 한 번은 꼭 목욕을 한다.

◎ 오사카성은 셋쓰에 있다. 강은 나니와(浪華)라고 하고, 나루는 난바(難波)라고 한다. 나라의 중심에 위치하여 있고 큰 강을 걸쳐 내해에 닿아 있어, 사방에서 길을 함께 쓰고 수로와 육로가 교차하여 모이니 온갖 재화와 온갖 기술을 갖추지 않은 것이 없다. 예전 관백이 관장하던 곳이기 때문에 사람들이 잘 즐기고 풍속이 사치스럽다. 또 남쪽 언덕을 뚫어서 물을 성안으로 끌어들이고 하천을 만들어 배를 통하게 하였다. 그러므로 십여만 호 가운데 물에 닿지 않은 집이 적다.

조폐국이 있는데, 서기관, 기장, 기수 등속을 두었다. 수십 칸 집을 지어놓고 증기기(蒸氣機) 2좌를 설치하였으니, 하나는 금화와 은화를 주조하고 하나는 동화를 주조하는 것이며, 곳곳에 있는 각각의 기계가 의도한 대로 저절로 움직인다. 먼저 노야(爐冶 : 쇠를 녹이는 곳)에서 녹여

만든 조각 하나를 다른 기계로 옮기면 저절로 움직이고 저절로 나오는
데, 두께와 너비가 동전 몸체에 딱 맞는다. 다시 다른 기계로 옮기면
둥글게 모양이 만들어져 하나하나 저절로 떨어지니, 진흙 판에 찍어내
는 수고를 할 필요가 없다. 또 주워서 어떤 통에 넣으면 앞뒷면에 글자
와 그림이 알록달록 새겨져서 뒤에 있는 구멍으로 끊임없이 나온다. 도
장 찍는 것보다 도리어 더 빠르고 쉬우니 지극한 기교가 사람을 놀라게
한다. 다음에는 그물 그릇에 모아 갈아서 윤이 나게 하고, 되로 계산하
니 손으로 세느라 수고하지 않아도 된다. 하루에 주조하는 동전이 4천
원, 은전이 4만원, 금전이 5만여 원이다. 이것은 공공기관에서 주조하
는 것 뿐 아니라 그 나라의 부유한 백성이나 외국의 거상이 재물을 내서
스스로 주조하기도 한다. 바깥에서 보면 사주전이지만 내적으로 궁리
하면 세금이 들어오는 것이니 공적으로 주조하는 것과 다름이 없다. 금
전은 1원, 2원, 5원, 10원, 20원의 5종이 있고, 은전은 5전, 10전, 20전,
50전, 1원의 5종이 있으며, 동전은 반전, 1전, 2전의 3종이 있다. 그리
고 또 통용되는 1리(厘), 8리가 있으니, 1리는 옛날 동전인 간에몬(寬永
文)이고 8리는 텐포몬(天保文)인데 텐포몬은 옛날 당백전으로 쓰이던 것
이다. 동을 녹일 때는 불꽃이 돌아가는 화로에 매탄(煤炭)만을 쓰고 금
과 은을 녹일 때는 흑연 도가니에 고매(枯煤)를 넣어 쓴다. 역시 서양의
방법에서 나온 것이라 한다.

◎ 왜경(倭京)은 나라의 중앙에 위치하여 있고, 땅은 야마시로주(山城州)
에 속한다. 서경(西京)이라는 칭호는 에도가 도쿄(東京)가 된 것에 대한
칭호이다. 아름다운 산천과 풍부한 인물은 오사카와 첫째 둘째를 다툰다.
  맹아원(盲啞院)을 설치하여 남녀 청각, 시각 장애인을 섞어서 모아놓

고 교사를 두어 가르친다. 시각장애인의 경우 지세의 형편, 도로의 원근 및 본국의 언문을 가르친다. 지도는 목판에 새기고 높낮이를 분별하여, 손으로 만져 가로세로를 구분할 수 있다. 언분은 입으로 가르치고 귀로 들어서 날마다 공부하고 달마다 시험을 보니 자연스럽게 외우게 된다. 청각장애자의 경우 서화, 산수, 조각 등의 기술을 가르친다. 입으로 비록 말을 하지 못하여도 눈으로 보는 것과 손으로 하는 것에 정통하지 않은 것이 없다. 처음에는 급료를 주고 수업을 권장하다가 나중에 기술이 숙련되면 세금을 내게 한다. 비록 이익을 추구하는 것에 가깝지만 백성에게 떠돌며 구걸하는 일이 없고 구렁에 쓰러져 죽는 일을 면하게 하려는 뜻이기도 하다.

또 구육원(救育院)을 설치하여, 부모를 잃고 떠도는 유아와 집이 없이 구걸하러 다니는 빈민을 거두어 양육한다. 그들이 성장하면 각기 직업을 주어서 돌아갈 곳이 있게 해준다.

◎ 역체국(驛遞局)을 설치하여, 관리와 우졸(郵卒)을 두어 공사의 통보를 편리하게 한다. 그 방법은 다음과 같다. 매 정(町)의 네거리에 구리로 만들거나 돌로 만든 우편통을 세운다. 서신을 부치고 싶은 사람은 원근을 막론하고 보내는 곳의 지명과 받는 사람의 이름을 눈에 띄게 써서 전표를 붙이고 우편통에 넣는다. 그러면 우졸 무리가 때때로 찾아 꺼내서 지방에 따라 나누어서 그 다음 우편통에 넣는다. 그 다음에 있는 우졸이 역시 꺼내서 그 다음으로 전한다. 이것이 준칙이다. 하루에 백 리를 가고, 외국의 절역까지 통하지 않는 곳이 없다. 만약 바다를 건너야 하면 해당 선주가 역시 서신을 가지고 가서 전한다. 이는 규정이 엄혹하기 때문에 중간에 사라지는 정황이 없을 뿐 아니라 이익 추구와 큰 상관

이 있다. 관에서 만드는 전표는 몇 원에서 몇 전까지 돈을 주고 산다. 서신을 부치는 자는 봉투의 무게에 따라 전표를 사서 부친다. 봉투의 무게가 1전이면 10전 표를 붙이고, 무게가 2전이면 20전 표를 붙이고, 무게가 3전이상이면 값이 배가 된다. 역체국에서 일 년동안 전표를 파는 금액이 지세(地稅)와 비슷하다고 한다. 걷는 수고 없이 앉아서 서신을 주고받으니 과연 좋은 법이다. 종잇조각으로 수만금을 가져가지만 사람들에게 원망하는 말이 없다.

◎ 철도국(鐵道局)에는 수감(收監), 서기(書記), 기장(技長), 기수(技手) 등을 설치하여 철도를 수선하고 세를 받는 등의 일을 관장한다.

앞서 도쿄와 요코하마 사이의 철도 공사를 경오년(1870) 3월에 시작하여 임신년(1872) 9월 준공하였다. 길이는 73리 남짓이다. 먼저 길을 닦는데 산을 만나면 산을 뚫고 물을 만나면 다리를 놓는다. 화살처럼 반듯하여 조금도 굴곡이 없고 숫돌처럼 평평하여 역시 높낮이가 없다. 쇠막대를 4, 5보 사이를 두고 노상에 가로로 묻는다. 그다음에 기차 바퀴를 실을 수 있는 철선의 본체 네 줄을 쇠막대 위에 이어서 깐다. 철선 가운데는 패이고 아래위는 넓다. 바퀴의 안은 윤곽이 있고 바깥 둘레는 평평하다. 바퀴의 윤곽이 철선을 휘감아 굴러서 조금도 차질이 없이 움직인다. 설치한 선 네 줄 가운데 두 선은 본선(本線), 두 선은 부선(副線)이다. 오는 차와 가는 차를 각기 다르게 두어 충돌하지 않도록 하기 위해서이다. 또 지선(支線)이 있으니, 차륜을 돌리는 곳이다.

차의 제도는 다음과 같다. 차량 하나에 두 칸 방을 가설하고 양쪽 가장자리에 걸터앉을 수 있도록 조금 높게 판을 설치하였으며, 바람을 쐴 수 있도록 사면의 창문을 열고 닫도록 하였다. 차량 하나에 수십 명이

탈 수 있다. 상등, 중등, 하등의 구별이 있고 차세(車稅)도 등급별로 나누어 받는데 등급의 고하에 따라 차비가 현격히 다르다. 화륜은 앞의 차량에만 설치되어 있고, 그 나음 차량부터는 쇠사슬로 연결되어 있다. 차량에 차량을 하나씩 연결하여 수십 량에 이른다.

화륜이 한 시각에 백여 리를 가는데 번개처럼 빨라도 사람은 많이 흔들리지 않는다. 20리마다 역관을 설치해서 검사하는 관인을 두고 여행자에게 세를 받는다. 차를 타는 사람에게 표를 주면 내리는 사람은 표를 낸다. 모든 표는 상등은 백색, 중등은 청색, 하등은 홍색의 구별이 있다. 이를 살펴서 표를 받으니 조금도 문란함이 없다. 고베, 오사카, 서경, 오쓰에서도 마찬가지였다.

서경과 고베 사이의 철도는 신미년(1811) 9월에 시작하여 병자년(1876) 7월에 끝났고 거리는 1백 9십 2리이다. 서경과 오쓰 사이의 철도는 무인년(1878) 8월에 시작하여 경진년(1880) 7월에 끝났고 거리는 48리 남짓이다.

갈 때나 멈출 때 반드시 신호를 한다. 정지할 때 적색기, 빨리 달릴 때 백색기, 서행할 때 녹색기를 쓴다. 밤에는 등불 색으로 알린다. 작은 꾸러미거나 짐승을 싣더라도 모두 거리에 따라 세가 정해져있다. 30근 이하는 5리에 4전, 10리에 8전이고, 60근 이하는 5리에 8전, 10리에 15전이다. 짐승을 데리고 가는 경우, 5리는 5리(厘), 10리는 1전이고 백리까지 이에 준한다.

1년 세입의 총계가 비록 해마다 다르지만 기묘년(1879) 받은 것이 도쿄와 요코하마 사이의 경우 왕래한 인원 178만 771인에 삯이 41만 7767원, 화물 삯이 6만 6059원, 기타 수입금이 2345원이고, 서경과 고베 사이의 경우 왕래한 인원 215만 2702인에 삯이 60만 2567원, 화물 삯이

9만 6793원, 기타 수입금 2036원으로, 총 190만 7657원이다. 서경과 오쓰 사이의 경우 아직 다 세금을 거두지 않았다. 현재 각종 기차가 도합 594량이다.

◎ 광산을 경영하는 법은 다음과 같다. 먼저 땅에 정통하고 지질을 잘 아는 자를 선발하여 금은이 어느 산에서 나오고 구리와 철이 어느 땅에서 나는지를 꿰뚫어 보아야 한다. 그러나 어느 산 어느 땅에 어떤 산물이 나는지 아는 것 뿐 아니라 반드시 몇 근 몇 냥에서 얼마까지 될 지 살펴보게 한 다음에야 광산 개척을 시작할 수 있다. 만약 그렇게 하지 않고 설비를 갖추고 시간 들여 땅을 팠다가 소득이 도리어 소비보다 적어지면 매우 낭패이다. 그러므로 제대로 된 사람을 구하는 것이 제일 어렵다.

　그리고 갱을 파는 법은 먼저 성능 좋은 기계를 써야 효과가 배가된다. 그러므로 착암기(鑿岩機), 복나선기(複螺旋機), 협쇄기(挾碎機), 천정기(穿井機), 선풍기(扇風機), 수압기(水壓機), 사화기(卸貨機) 등의 기계가 있다. 신미년(1871) 처음 경영하기 시작한 이른바 관채(官採)는 모두 9처이다. 2처는 소비한 돈이 수만금이지만 여전히 금 하나 캐낸 것이 없다. 사광(私鑛)의 숫자는 매우 많아서 폐광이 되기도 하고 개척하기도 하는데, 수입 역시 일정치 않다. 광산에는 두 가지 종류의 이름이 있다. 하나는 유광질(有鑛質)로, 금, 은, 구리, 철, 납, 주석이 산출된다. 하나는 무광질(無鑛質)로, 석탄(石炭), 유황(硫黃), 암염(巖鹽), 옥석(玉石) 등이 산출된다. 광산이 될 만한 형편인지 알아낸 다음에야 비로소 광부를 모집하여 채굴한다. 나가사키 현 다카시마 탄광(高島炭鑛)이 이 나라에서 제일 큰 광산이다.

먼저 석맥을 따라 지면에서 파기 시작하여 파고 또 파서 곧바로 30여 장(丈) 내려간다. 다시 꺾어 1궁(弓) 거리를 들어가고 또 꺾어서 8, 9십 보 들어가 채굴한다. 갱의 깊이와 너비는 몇 백 칸 되는지 모르겠다. 지면에서 처음 긴 골짜기로 들어갈 때 양쪽에 성과 해자처럼 튼튼하게 돌을 쌓고 위에 둥근 나무를 깔아서 무너져 내리지 않게 하면 갱 안의 골짜기에 평탄한 길이 엄연히 이루어진다. 만일 촛불이 없다면 한밤중이나 마찬가지이기 때문에 좌우에 각종 등을 설치한다. 그리고 굴착하는 곳에 사람마다 횃불을 든다. 또 네 줄의 철로를 설치하여 채굴한 광물을 마차를 이용하여 옮겨서 내오고 갱 바닥에 도착하면 곧바로 위로 올린다. 승도(昇道)와 강도(降道)가 있는데 각기 쇠사슬을 늘어뜨리고 쇠사슬 끝에 큰 대나무 상자를 매어놓는다. 들어가는 자를 매달아서 내려주고 나오는 자를 매달아 올린다. 모두 인력으로 끌어당기는 것이 아니라 밖에 화륜을 설치하여 마음대로 쇠사슬을 풀고 당긴다. 안에 수차(水車)와 풍기(風機)를 설치하여, 물이 솟으면 수통으로 끌어서 뿜어내게 하고 날이 더우면 선풍기를 틀어 시원하게 한다. 사람의 일을 기륜(機輪)이 전적으로 대신하여 짐을 지는 고생이 없이 옮기는 효과가 있다.

모든 광산은 전부 정부에서 관할하고 모두 공부성에 속해 있다. 갱도를 열기 원하는 자는 광산료(鑛山寮)에 알리고 허가 문적이 나온 후에야 채굴을 시작할 수 있다. 매년 1월과 7월에 채굴한 광물의 양을 계산해서 등급을 나누어 세금을 납부한다. 갱구의 면적 5백 평은 우리나라의 5백 보인데 매년 세금 1원을 낸다. 폐갱(廢坑)에서 다시 채굴하면 천 평에 세금 1원을 정식으로 삼는다.

기묘년(1879) 7월부터 경진년(1880) 6월까지 관광(官鑛)에서 채굴한 대가로 사도 금은광(佐渡金銀鑛)에서 납부한 것이 22만 4412원이다. 영업

비 11만 5500원 및 흥업비(興業費) 5278원을 제외하면 실제로 5만 6964
원에 불과하다. 각 광산에서 채굴한 총계를 보면, 순금이 6066궁(弓)이
다. 1궁은 8전이다. 순은은 15만 5418궁 2푼, 구리는 70만 9742방(磅)
7푼 5리이다. 1방은 16궁이고 1근이라고도 한다. 철은 133만 3660방,
납은 29만 2493방, 석탄은 2억 4357만 5116근, 석해탄(石骸炭)은 56만
1778근이다. 대가와 비용을 비교하면 나간 것은 많고 소득은 적으니 일
단 아무 이익이 없다. 각 곳에 있는 사광에서 1년 간 채굴한 금, 은, 구
리, 주석, 납, 철, 소황(硫黃), 반석(礬石), 역청(瀝靑), 운모(雲母), 산염
(山鹽), 석유(石油), 자황(雄黃), 암목(巖木), 점토(粘土), 석회(石灰), 수정
(水晶), 마류(瑪瑠), 납석(蠟石), 한수석(寒水石), 반석(斑石), 수석(燧石),
도토(陶土), 초자(硝子)를 모두 합하면 수만 수천을 헤아린다. 기계의 난
이도는 광산 갱의 깊이에 달려 있고 갱의 깊이는 물산의 양에 달려 있
다. 납과 구리의 갱은 금과 은보다 크고 유황의 갱은 납과 구리보다 크
고 석탄의 갱은 유황보다 크다.

◎ 영선국(營繕局)이라는 것이 을해년(1875) 설치되어 각 관청의 건물의
건축 및 수리를 담당하고 각종 물품을 사서 필요에 대비한다. 도로와
교량을 수선하는 일은 내무성, 토목국, 각 지방 부와 현에서 주관하고
영선국에서도 관장한다.

◎ 전기보(電氣報)라는 것은 구리로 선을 만드는데 직경이 1푼쯤 된다.
서양인이 제련한 전기를 물 위에 가설하기도 하고 물에 잠기게도 하여
끌어온다. 양 끝에 기기를 달아놓아 전하는 소리가 만 리라도 즉시 전달
된다. 전선이 만 리까지 이쪽에서 저쪽으로 소식을 전하는 것은 하나의

반(盤)에 달려 있다. 반 안에 침이 있고 사방을 글자가 둘러싸고 있어서 침이 회전하여 글자를 가리키면, 가리키는 대로 기록하여 한 폭 서신을 만든다. 원(元), 형(亨), 이(利), 성(貞)을 가리킴으로써 원, 형, 이, 정임을 알게 되는 것과 같은 것이다. 이쪽에 이 침이 돌아갈 때 저편에 있는 같은 침도 돌아간다. 전선의 끝은 집 안으로 들어가 있으니 우리나라의 설렁줄이 집에 들어가 있는 것과 같다. 아래로 상에 늘어뜨리고 상에 기계를 설치하였으며 기계 옆에 상자 같은 그릇이 있고 상자 안에 전기[電]가 있다.

손으로 기기를 두들기면 전기가 상자 안에서 발생하여 번쩍번쩍하며 곧바로 전선으로 올라간다. 옆에 또 그릇이 하나 있는데, 우리나라 목수의 먹줄 통과 비슷하고 통 안에 막대가 있어서 막대가 회전한다. 옆에 또 둥글게 말린 종이 뭉치가 있어서, 종이의 한쪽 끝이 곧바로 막대로 올라가 감싸면서 종이 위에 글자가 생긴다. 옆에 또 종이가 펼쳐지면서 글자가 생기는데 이쪽에서 저쪽에 알리는 글이 된다. 막대에 감긴 종잇조각의 글자가 바로 기기 옆에 펼쳐진 종이의 글자이다. 한 번 글자마다 파동으로 새겨지면 따로 누가 옮겨 쓰지 않아도 홀연 저쪽 앞에 나타나 보인다. 종잇조각이 막대에 오르기 전에 글자가 없다가 막대에 오르자마자 잇따라 글자가 생기지만, 이쪽의 막대와 이쪽의 종이 역시 선과 연결되어 있지 않다. 이것은 모두 삽시간에 일어나는 일이다. 지금 이 시간, 저편이 몇 천 리인지 몇 만 리인지 상관없이 저쪽 편의 집으로 들어가 있는 전선이 홀연 전기를 발생하여 통 안의 막대가 회전하고 막대가 회전하면 둘러싼 종잇조각이 풀려서 내려오고 내려오면 글자가 생겨나 있는데 바로 이쪽 편에서 막대를 감싼 종잇조각에 있는 글자이다. 저쪽 편에서 생기는 일을 본래 본 적이 없으나 이것으로 짐작하면 역시 이와 같으리라 생각된다. 이것이 만 리로 보내는 전신이 같은 시간에 전해지는 까닭이다. 전선을 이은 전신주는 곳곳의 도로에 있다. 3, 4장의 곧은 나무 위에 자기로 만든 잔을 설치하고 잔에 선을 설치한다. 전신주에 설치된 선은 개수가 같지 않다. 보내는 곳과 받은 곳이 하나가 아니어서 많기도 하고 적기도 하며 거리 역시 똑같지 않다. 이것도 그럴 수밖에 없는 일이다. 산을 만나고 들을 만날 때마다 전선을 올리기도 하고 낮추기도 하여 오직 뜻대로 하며 큰 바다에 이르면 곧바로 물 바닥에 가라앉혀 지나가게 한다고 한다.

◎ 전신의 방법은 전기를 끌어내는 것을 먼저 알아야 비로소 함께 얘기할 수 있다. 전기를 발생시키는 방법은 매우 많다.

○ 마전(摩電 : 마찰전기)이라고 하는 것이 있다. 서양 융(絨)과 화칠(火漆 : 봉랍(封蠟)) 각 한 덩이나 유리와 주견(綢絹) 각 한 덩이를 쓰면 종잇조각이나 술 마개 같은 가벼운 물건을 끌어당겨 움직일 수 있으니, 이것이 마전이다.

물체 하나를 자세히 살펴서 마전을 시험해보자. 작고 가벼운 둥근 공을 실에 걸고 이 물건을 문질러 열이 나게 한다. 그리고 가까이 가져가서 만일 공이 끌려오면 이 물건에는 전기가 있는 것이다. 문질러 열이 나게 해도 공이 움직이지 않으면 전기가 없거나 있더라도 힘이 부족한 것이니 곧 이것으로 알 수 있다. 밀랍, 고무, 유황, 유리 종류는 매우 흡인력이 있다. 보석, 목탄, 말린 나무 종류는 약간 흡인력이 있다. 처음 오금(五金 : 금, 은, 구리, 철, 납)의 물건을 보면 아무리 문질러도 흡인력이 없으므로 마침내는 문질러서 전기가 있고 없고에 따라 각각의 물건이 두 종류로 나뉜다고 생각할 수도 있다. 그러나 만약 이렇게 나눈다면 질못이다. 지세히 연구한 사람에 따르면 오금의 묽건도 마찰하면 전기가 생기는데 간혹 생기지 않는 것은 아직 전기가 나오지 않아서이지, 없는 것은 아니다.

○ 또 마전법(摩電法)이 있다. 유리로 바퀴를 만들어서 옆에는 굴러 돌아가는 활축(活軸 : 바퀴와 축이 함께 회전하도록 바퀴를 고정한 차축)을 안치하고 위에는 피점(皮墊 : 가죽깔개)을 안치하고 백연(白鉛) 가루, 주석 가루를 뿌려서 유리 바퀴를 덮는다. 양 옆에는 각기 오금축전통(五金蓄電筒)을 안치하고 유리 기둥 위에 꽂아놓는데, 두 기둥 역시 유리로 다리를 만든다. 통 옆에는 안쪽을 향해 피점을 단단하게 연결하고 바깥쪽을 향해 손잡이를 두어서 쇠사슬을 묶어 늘어뜨릴 수 있도록 한다. 축전통 한 개에는 옆에 쇠로 된 가로대를 안치하는데, 가까이 유리의 전기를 흡수할 수 있는 톱니가 있고, 바깥쪽을 향해 손잡이를 두어서 쇠사슬을 묶어 늘어뜨린다. 만일 양전(陽電)을 취하려면 통 옆에 유리 바퀴를 돌린다. 통 옆에 안치한 늘어뜨린 철련의 톱니가 흡수하여 양전이 통으로 들어가고, 음전(陰電)은 축전통 옆의 쇠사슬을 따라 모두 땅으로 흩어진다. 만약 쇠사슬을 반대쪽으로 늘어뜨리면 음전이 모이고 양전은 사라진다.

○ 또 전기를 많이 수집하는 방법이 있다. 축전병(蓄電瓶)이라는 이름의 병을 하나 만들 수 있는데, 병 안에 주석 가루를 발라서 옷을 입힌다. 병 입구 밖으로 화칠(火漆)을 칠하고 나무로 뚜껑을 만들고 가운데 구리로 만든 젓가락 하나를 부착시키고 머리에도 구리 손잡이를 안치하여 뚜껑을 꽂아 병 안으로 삽입한다. 아래에는 구리 사슬을 매달아 나누어 바닥에 늘어뜨리고 주석 가루에 바싹 붙인다. 만일 병에 가득 채우고 싶다면 밖에 매어놓은 쇠사슬을 땅에 늘어뜨리고 앞의 전기 유리 바퀴

를 돌려서 움직인다. 바퀴가 돌아 병의 젓가락 손잡이와 움직이면서 가까이에서 양전(陽電)을 취하면 젓가락을 통해 쇠사슬로 들어가 입혀놓은 주석 가루 위에 축적되고, 저절로 병 밖에 뿌려놓은 주석 가루를 찾아간다. 음전(陰電)은 이 가루 안에 있고 양전은 앞서 섞여 있다가 이제는 마침내 이탈되어 밖의 철련을 통해 흩어지니, 이것이 축전병이다.

○ 축전병 하나의 전력을 비교해 보자. 많은 병을 한 곳에 펼쳐 바싹 묶어놓고 밖에 주석 가루를 바른다. 오금(五金)의 선을 써서 각 병 젓가락의 손잡이에 종횡으로 연결하여 한 곳에 맨다. 이 연결한 힘이 매우 작은 듯하나 작은 섬의 생물 종류를 다 폐사시킬 수 있을 정도이다. 만약 20명의 사람이 죽 서서 손을 잡아 이어지게 하고 한쪽 끝에 있는 사람이 구리 젓가락의 손잡이에 한 손가락을 얹고 다른 쪽 끝에 있는 사람이 병 밖에 있는 주석 가루에 한 손가락을 얹으면 전기가 사람의 몸을 통과하여 사람들이 일제히 부르르 떨게 된다.

○ 또 두 가지 금속을 합해서 전기를 발생시키는 방법이 있다. 나무 상자 옆에 기둥 두 개를 만들고 가운데 평평한 가로대를 걸친다. 가로대에는 걸 수 있는 갈고리를 많이 건다. 홍동(紅銅), 백연(白鉛)을 상자 가운데 띄엄띄엄 놓되 한 칸은 백연, 한 칸은 홍동을 교차해서 놓고 양쪽 끝도 서로 교차하도록 한다. 이쪽 끝에 백연을 달았으면 저쪽 끝에는 홍동을 달아야 한다. 상자 안에는 강수(强水 : 강산(强酸))를 채우고 오금(五金)의 선을 굽혀서 한 쪽은 백연에, 한쪽은 홍동에 연결한다. 양쪽 끝은 각기 선 하나를 가지고 한쪽은 쇠에 연결하고 한쪽은 나누어 상자 밖을 향해 감아서 나오게 하여 양 끝을 서로 모아 연결하여, 양쪽 모두 상자 밖으로 선의 각 끝에 연결한다.

○ 또 한 가지 방법이 있다. 유리잔 몇 개에 강수를 담고 잔마다 안에

홍동, 백연 각각 하나씩 세우고 서로 이어서 늘어놓는다. 쇠로 된 굽은 선 한 쪽을 저쪽 잔의 백연에 연결하고 한쪽을 이쪽 잔의 홍동에 연결하고 선의 머리와 꼬리는 누 잔 안에 있게 한다. 만약 이쪽 진이 백연이면 저쪽 잔의 홍동과 짝이 되어야 한다. 이어서 각기 선 하나의 한쪽 끝은 쇠와 연결되고 한 쪽 끝은 잔 밖을 향해 감겨서 나와 양쪽 끝이 모여 연결되게 하여서 이쪽과 저쪽이 앞서 말한 상자의 방식처럼 이어지게 한다. 이 법을 전지(電池)라고 한다.

○ 땅 속에는 하나의 자석이 있는데, 쇠를 끌어당길 힘이 있으니 자연의 성질에 따라 이루어진 것이기 때문에 사람이 찾아서 꺼낼 수 있었다. 인력에 기대 만들어서 다시 쇠를 끌어당기게 만들 수 있어 비교하면 더 편리한데, 이름이 흡철석(吸鐵石)이다. 막대자석을 쇳가루 가운데 넣었다가 잠시 후 꺼내면 자석 양 끝에 쇳가루가 많이 붙어있는 것을 볼 수 있다. 안으로 갈수록 점점 적어지고 중간에 이르면 거의 붙지 못하는 듯 쇳가루가 없다. 이 막대자석을 중간에서 잘라 두 개로 만들면 두 개의 양 끝에 역시 쇳가루가 많이 붙고 중간은 붙지 않는다. 만약 나침반의 자석 철침을 평평한 곳에 높이 걸어놓으면 침이 돌아서 남과 북을 가리킨 후에 멈춘다. 그렇기 때문에 정북침(定北針)이라고 한다. 지금 이 침 옆에 또 자석 침을 걸어서 이와 같이 가리키게 한다. 북쪽을 가리키는 침의 끝과 남쪽을 가리키는 침의 끝을 가까이하면 반드시 붙어서 떨어지지 않을 것이다. 만일 북쪽을 가리키는 침의 끝과 북쪽을 가리키는 침의 끝을 가까이하면 반드시 서로 밀어서 붙지 않을 것이다. 그 이유는 무엇인가? 두 침의 끝이 다르면 서로 붙고 같으면 서로 미는 것이 음양의 이치와 같기 때문이다. 지금 자석 하나의 아래에 쇠붙이를 두면 반드시 자석의 붙는 힘이 쇠붙이에 전달되어 쇠붙이와 자석의 차이가

없어진다. 그러나 한 번 떨어지면 흡착했던 쇳가루 역시 가루가 되어 떨어질 것이니, 자석의 힘이 없어졌기 때문이다. 이 쇠붙이 아래 쇠붙이를 연결하면 몇 개가 되든 상관없이 힘이 연결되는 듯하다. 모두 자석에 연결되면 붙는 힘이 생기고 떨어지면 힘이 없어진다. 쇠붙이 대신 강철을 쓰면 비록 쇠와 비교해 힘이 조금 느슨해지지만 떨어질 때도 쇠와 비교하여 느슨하게 떨어져 나가서 힘이 천천히 줄어드니 한 번 떨어지면 즉시 흩어지는 쇠와 다르다. 그래서 오히려 쓸모가 있으니, 철강을 쓰는 세상 사람들이 이 특성을 활용하기 때문이다.

○ 또 쇠를 자석으로 만드는 방법이 있다. 쇠막대 한 개를 평평하게 놓고 자석 한 개를 이용하여 남북 양끝으로 나눈다. 자석의 북단을 일으켜 세워, 쇠막대의 이쪽 끝으로부터 저쪽 끝까지 순차적으로 문지른다. 꼬리에 이르면, 자석을 끌어 일으켜서 다시 이쪽 끝에서 저쪽 끝까지 문지른다. 이렇게 여러 차례하면 쇠막대에 자기가 느껴지고 자석이 되어 앞서 남단에 있던 쪽이 바뀌어 북쪽을 가리키고 북단에 있던 것은 바뀌어 남단을 가리킨다. 이렇게 하면 자석과 차이가 없어진다. 자석을 만드는 방법은 매우 많다. 전보기(電報機) 안의 철침 방식의 경우 강철을 말편자처럼 만들기도 하는데, 힘을 많이 쓰고 싶으면 층수(層數)를 더하면 되고, 오래 써서 힘이 부족할까 걱정되면 아래에 의자처럼 철판으로 받칠 수 있도록 하면 저절로 매달려 일어나 힘이 새나가지 않는다.

○ 또 일명 침전(針電)이라는 것이 있다. 만드는 법은 다음과 같다. 하나의 목궤(木櫃)를 상하 2층으로 만들고 앞을 실오라기만큼 떼어놓고 실로 두 개의 침을 연결하는데 2푼 이내의 침을 만들어 상층 목궤 안에 두고 그 외의 침은 목궤 외면에 두고 호수(號數)를 써두는데, 축전병 안에 음양 두 선의 끝을 나누어 연결시켜 이쪽 끝의 양전이 오른쪽을 통해

들어가고 저쪽 끝의 음전이 왼쪽을 통해 들어가도록 한다. 목궤 밖의 두 침 끝이 오른쪽을 가리키는 것이 몇 호인지, 왼쪽을 가리키는 것이 몇 호인지, 첫 번째 두 번째 움직이는 것이 몇 호인지, 이어서 차례로 움직이는 것이 몇 호인지 기억해 둔다. 목궤 하층의 외부에 활축(活軸) 2병(柄)을 만들어 역시 나란히 배열한다. 음양 전극을 바꾸는 데 편리하기 때문이다. 오금선(五金線) 두 가닥을 써서, 하나는 백연에 두어 양극을 만들고 하나는 홍동에 두어 음극을 만든다. 두 병은 둘 사이가 떨어져 연결되어 있다. 편한 대로 취하여 쓰고 싶으면, 번거롭게 선을 바꾸고 병을 옮길 필요가 없이 이 두 병을 두 손으로 꺾어서 서쪽을 향하면 양전이 나아가는 길을 양보하여 위에 있는 침이 즉시 오른 쪽을 가리켜 양극이 되고, 꺾어서 동쪽으로 향하면 음전이 나아가는 길을 양보하여 위에 있는 침이 왼쪽을 가리켜 양극이 된다. 아울러 아래로 밀고 위로 가리킬 수 있어서, 호수를 골라 한두 번 밀어서 가리키는 것이 몇 호일지 계산하면 생각하는 대로 골라 쓸 수 있으니, 편하게 쓸 수 있도록 한 것이다.

○ 또 방법이 있다. 표반(表盤 : 숫자가 표시된 각도반) 형태의 수궤(水櫃)[62]를 하나 만들고 표면에 미리 서양 글자로 호수를 표시한다. 안팎 두 개의 침을 앞서 만든 정도의 크기로 만들어 안팎에 하나씩 설치한다. 앞서 만들었던 편자 모양의 흡철(吸鐵)과 축전(蓄電)을 각 기기와 모두 연결한다. 이 흡철의 흡입하는 힘과 밀어내는 힘을 이용하여 침이 글자를 가리키게 한다. 시추병(時推柄)으로 음전기와 양전기를 나누어 손이 가는대로 취하여 묵묵히 침이 움직이는 숫자를 기록하는데 매번 움직일 때마

---

62 수궤(水櫃) : 목궤(木櫃)의 오기로 보인다.

다 어떤 글자가 된다. 기록한 숫자는 글자가 되고 글자가 이어져 문장이
된다. 저쪽 편 기기의 작동법도 마찬가지이다. 이쪽 편에서 어떤 글자
의 획을 쓰면 저쪽 편에서도 그대로 글자가 나오는데 한 치의 오차가
없어서 얼굴을 맞대고 얘기하는 것과 다름이 없다.

○ 또 전약(電鑰)이라는 것이 있어서 열고 닫을 수 있는데 종이에 호수를
찍어낸다. 가로대 하나를 만들고 아래에 작은 기둥을 안치하고 중간은
열고 닫을 수 있게 하여 전기를 끌어오는 길을 만든다. 가로대 끝에 원
형 손잡이를 안치하여, 손으로 누르고 들 수 있게 한다. 한 번 들면 전기
가 끊기고 한 번 누르면 전기가 통한다. 이 가로대 옆을 기기와 접촉시
켜서 선이 기기와 통하게 한다. 기기 위에는 세로로 된 통을 안치하고
안에 선을 내장하여 편자 모양의 흡철(吸鐵)을 묶고, 통 밖에는 미리 호
사(湖絲)를 감아두고 통 입구 위에는 쇠를 걸어 마주하게 한다. 그 쇠의
상하 두 장은 말미에 철강 침을 만들어 위를 굽혀서 위의 바퀴에 떠서
들리게 하여 두루마리 종이에 드리우면 칼끝이 종이에 닿아서 긁을 수
도 있고 지나갈 수도 있다. 전약을 통솔하는 권한은 손으로 누르는 데
있다. 손으로 전약을 누르면 기둥 중간이 저절로 전기와 합하여 기기를
통해서 올라가 곧바로 편자 모양의 철에 도달하여 흡인력이 한 번 나오
게 되면 통 입구에 가까이 있는 상면의 철 한 쪽이 흡입되어 반드시 가
까워져서 아래로 드리우고, 한쪽은 반드시 높이 올라가게 된다. 저쪽
편의 구리침이 위를 따라 종이를 긁어서 획을 그을 수 있게 된다. 모두
전약을 누르는 데 달린 것이니, 길게도 짧게도 그을 수 있고 띄엄띄엄
그리거나 이어서 그릴 수도 있어 다 쓸 수 있다. 호수를 쓰는 것과 비교
하면 더 깨끗하여 혼잡스러운 오류가 없다.

○ 또 한 가지 방법이 있다. 쓰이는 기기의 각 방식은 앞과 같다. 다만

남색 유묵(油墨)을 강철 침 위에 발라 찍히는 자획이 모두 남색으로 변하게 한다. 앞의 방법에 비해 글자가 더욱 분명한 듯 하다. 또 이탈리아인 알색리(嘎色利 : 가이슬러)가 방법을 한 가시 처음 만들었는데, 멀리 보내는 전보에 쓸 수 있다. 글자를 인쇄하는 방법으로, 백금, 백연, 약수(藥水)를 미리 흰 종이에 침투시키고 전기를 통과시키는데, 한 번 통과하면 즉시 색이 변한다. 양쪽 끝에 각기 같은 궤안을 설치하여 판을 만들고 위에 철필을 일제히 움직이게 한다. 이쪽 끝의 철필이 어떤 글자를 쓰면 저쪽 끝도 똑같이 쓴다. 기기 위에 통 형태의 바퀴 두 개를 안치하고 나란히 배열하여 기기 위에 가로 눕힌다. 각 바퀴 위에 강철 침이 있어서 이쪽 약지(藥紙)에 닿으면 이쪽 종이가 바퀴 위를 감싸고, 종이가 바퀴를 따라 회전한다. 그 종이는 미리 약수에 침염(浸染)시켜두었다가 칠수(漆水)를 써서 글자를 써낸다. 전기가 한 번 닿을 때마다 전기가 적은 곳에 칠수가 닿으면 종이에 그늘이 가득져서 색이 변하지만 자획이 없는 곳은 하얗게 되어 글자의 형태가 드러난다.

○ 전선로(電線路)는 세 가지가 있다. 하나는 육지에 장대를 세우고 전선을 거는 것이고, 하나는 땅 속에 전선을 묻는 것이고, 하나는 해저에 전선을 연결하는 것이다.

　육지에 장대를 세워 선을 거는 방법은 다음과 같다. 광택이 나고 부드러운 철을 선택하여 긴 선을 만든다. 밖은 부드러운 납을 녹혀 옷을 입혀서 선에 녹이 슬지 않도록 보호한다. 선의 굵기는 세 가지 형태로 나뉜다. 1촌 두께의 선은 나누어 8푼으로 만들고 1푼의 선을 계산하여 작게 만들어서 가까운 전보 용도로 만든다. 현재 상용하는 것은 두께가 6푼이다. 4푼의 경우는 구부러지거나 끊어지는 것을 방지하기 위한 용도이다. 이 철선을 장대 위에 건다. 장대는 잘 마르고 깨끗하고 곧은 나무를 선택하는데 길이는 약 20척에서 30척이다. 나무 뿌리는 불에 말리고 햇빛에 쐬거나 동강수(銅强水)를 침투시키는 과정을 거친 후 땅에 매립한다. 땅을 팔 때 토질을 살펴보아야 한다. 만일 모래가 섞여 푸석푸석한 땅이면 대략 4, 5척 깊이로 깊숙이 파야 한다. 각 장대는 균등하게 사이를 두고 배치하여 매설한다. 3리의 곧은 길이라면 매설하는 장대는 12개에서 16개이다. 만약 굴곡져서 서로 연결해야 할 곳을 만나면 참작해서 20개까지 증설한다. 선을 걸 수 있는 곳은, 장대 머리에서 땅까지 약 15척에서 20척의 높이이고 철선과 장대는 간격을 두어 가까이 하지 않도록 해야 한다. 나무에 전가로(電街路)가 매어있기 때문에 길에 비가 내려 젖으면 전기가 이를 통해 흩어져 버릴 염려가 있다. 장대 머리에 선을 건 곳은 사기그릇을 하나를 만들어서 이곳을 돌아 나오게도 하니, 위에 덮은 것은 비를 방지하는 것이고, 아래 받친 것은 평평하게 하기 위한 것이다.

○ 멀리 전보를 보내려면 사용하는 선이 길어야 했다. 그러나 힘이 점점 빠져서 기기를 운행하기에 부족할까 걱정하였다. 그래서 어떤 사람이 멀리 전보를 보낼 때 몇 개의 분절로 나누어서 도중에 거치는 곳을 몇 곳 늘리고 양쪽 끝 장소에 모두 같은 모양의 기기를 설치하여 사람의 힘으로 분절에 맞추어 전보를 보내는 방법을 생각해 냈다. 그러나 이 일 때문에 한갓 비용만 증가시킬 뿐 힘과 재물만 낭비하였다. 지금은 그렇게 하지 않고 오직 양 쪽 끝에 쓸 물건을 설치하는 외에 중도에 한두 곳만을 참작해서 설치할 뿐이다. 전기가 도착할 때 겨우 한 사람이 필요한데, 그 사람이 약간의 새로운 전기를 일으켜 그 가운데로 집어넣어서 기력을 증진시킨다. 그러면 전기가 빨리 통과하여 조금도 지체되지 않는다. 이전에 분절마다 일일이 손을 쓰던 것에 비할 바가 아니다.

선은 철을 써서는 안 되니, 쉽게 끊어지기 때문이다. 반드시 동사(銅絲)를 써서 땅에 묻어야 한다. 그렇게 하여도 땅 안에 물이 흘러들어가 전가로(電佳路)가 젖게 되면 동사를 통해 선기가 흩어질 염려가 있기 때문에 반드시 수장(樹獎 : 나무액)으로 동사를 감싸 보호한다. 수장을 번역한 말이 "고달벽압절찰(姑達劈鴨切扎)"[63]이다. 그러나 동사를 수장으로 감싸 보호하는 것으로 그치면 견고하지 않을까 걱정되어, 나중에 또 이런 보호 방식 외에 연통(鉛筩)이나 와철(瓦鐵)로 감싸는 방법을 생각해냈다. 모두 분절할 수 있으나 피복을 연구하여 만들어내는 비용이 올라서 선을 거는 비용보다 더 비싸다. 그러므로 지금 사람들은 많이 쓰지는 않고 도회지의 번화한 지구에 쓸 뿐이다.

○ 또 해저에 선을 전달하는 방법은 땅에 묻는 방법과 약간 비슷하지만 용솟음치는 해수의 힘이 강하기 때문에 동사(銅絲) 5, 6근(根) 혹은 7근을 한 데 묶고 밖에는 수장(樹獎)으로 보호하여 감싸야 한다. 또 매유(煤油)에 담근 마(麻)로 얽고 마의 겉은 많은 철사 다발로 감싸서 묶고 매유(煤油)를 겉에 바른다. 철사 몸체를 더 두껍게 하려면 외면에 철사를 다시 더하고 매유를 한 층 더 바르면 쓸 수 있다. 철사를 쓰는 방식은 해저 지면을 고려해야 한다. 만일 지극히 깊은 곳이라면 가볍고 얇은 선을 써야 오래 가는 것을 살필 수 있다. 만약 연안이나 조금 얕은 곳에 배가 암초에 걸려 흔들리는 곳이 있으면 두껍고 무거운 선을 써야 한다. 선의 분량은 네 가지가 있다. 지극히 두꺼운 것은 1리 길이의 선 무게가 1만

---

63 "고달벽압절찰(姑達劈鴨切扎)" : 구타페르카(gutta-percha)의 음역. 말레이 지방에서 생산되는 자연산 수지로, 해저 케이블 제조에 필수적인 재료이다. 당시 영국이 식민지 경영을 통해 생산과 판매를 독점하고 있었다.

2천근이고 그 다음은 5천 5백 근, 그 다음은 2천 근, 가벼운 것은 1천 근이다. 이 선은 해저를 통하기도 하고 땅에 묻어서 지면까지 가게 한다. 중대하고 번잡한 일은 양 끝 장소에 전선을 많이 안치하고 기기를 광범위하게 설치하는 것이다. 기기 하나 당 전보 보내는 기술을 감독 관리할 2인이 필요하다. 지식에 통달하고 수리를 잘 이해한 사람으로 하여금 스스로 막이사(莫爾斯) 글자[모스 부호]와 전약(電鑰)을 치는 법을 배우게 하고 그 수법을 숙련시켜서 신속히 신호를 보내도록 한다.

○ 동치(同治) 9년(1870)에 이르러, 프랑스에서 미국까지 전선을 만들었는데 길이가 약 1만 리이다. 동치 12년(1873) 영국에서 미국까지 전선을 만들었는데 길이가 약 7천리이다. 나중에 또 해저에 매우 긴 전선을 설치하였으니, 영국에서 인도까지 잇고 인도에서 싱가폴까지 잇고 싱가폴에서 홍콩까지 잇기 위한 것이다. 이것이 가장 길다. 중국 해저의 전보는 홍콩에서 샤먼(廈門)까지 가고 샤먼을 경유하여 상하이까지 가는 것으로 모두 3천여 리이다. 상하이에서 일본까지 이르는 해저 전보는 모두 1천 5백 리이다. 또 일본에서 러시아 지방으로 가는 전보는 모두 2천 4백 리이다. 일본은 십여 년 전까지만 해도 전보가 무슨 물건인지 무슨 작용을 하는지 몰랐다. 지금은 그 안에 있는 기교를 살펴 본떠서 만든다. 이미 일본 도성에 두루 설치되어 각 처 지방에 통하니, 종횡으로 뻗은 전선의 총계가 약 3천 여 리이다.

◎ 등대(燈臺), 등선(燈船), 부표(浮標), 초표(礁標 : 암초에 세우는 표지) 등은 기사년(1869)에 시작되었다.

등대는 도쿄만 적색등의 빛이 90리까지 도달하고, 하네다(羽根田) 녹색등의 빛이 80리까지 도달하며, 요코하마 적색등의 빛이 60리 도달하

고, 긴노자키(觀音崎) 백색등의 빛이 140리 도달하며, 부등(副燈)의 적색
빛이 70리에 도달한다. 쓰루기자키(劍崎) 백색등의 빛이 165리 도달하
고, 기지마(城島) 녹색등의 빛이 90리 도달하며, 노지마자키(野島崎) 백
색등의 빛이 175리 도달하고, 미코모토지마(神子元島) 백색등의 빛이
190리 도달한다. 이로자키(石室崎) 적색등의 빛이 100리 도달하고, 오마
에자키(御前崎) 백색등의 빛이 195리 도달하며, 스가시마(菅島) 백색등
의 빛이 150리 도달하고, 아노리사키(安乘琦) 백색등의 빛이 150리 도달
한다. 가시노자키(樫野琦) 백색등의 빛이 180리 도달하고, 석갑(夕岬)[64]
백색등의 빛이 200리 도달하며, 도마가지마(苫島) 백색등의 빛이 190리
도달하고, 덴포잔(天保山) 백색등의 빛이 120리 도달한다. 고베(神戶) 녹
색등의 빛이 60리 도달하고, 와다미사키(和田岬) 적색등의 빛이 120리
도달하며, 에사키(江崎) 백색등의 빛이 185리 도달하고, 나베시마(鍋島)
백색등의 빛이 120리 도달한다. 쓰루시마(釣島) 백색등의 빛이 200리
도달하고, 헤사키(部崎) 백색등의 빛이 160리 도달하며, 무쓰렌시마(六
連島) 백색등의 빛이 120리 도달하고, 시라스(白洲) 적색등의 빛이 100
리 도달한다. 에보시지마(烏帽子島) 백색등의 빛이 194리 도달하고, 오
세자키(大瀨崎) 백색등의 빛이 220리 도달하며, 이오지마(伊王島) 백색
등의 빛이 255리 도달하고, 사타미사키(佐多岬) 백색등의 빛이 210리 도
달한다. 쓰노시마(角島) 백색등의 빛이 180리 도달하고, 노삿푸미사키
(納沙布岬) 백색등의 빛이 100리 도달하며, 벤텐시마(辨天島) 적색등의

---

64 석갑(夕岬) : 시오노미사키(汐岬)의 오기로 보인다. 현재는 "潮岬"으로 표기한다. 기이
반도(紀伊半島) 남단에 있다. 미국, 영국, 프랑스, 네덜란드 4개국과 일본이 체결한 개세조
약(改稅條約)에 따라 설치된 8개소의 등대 가운데 하나로 1869년 준공되었다.

빛이 60리 도달하고, 시리야자키(尻屋崎) 백색등의 빛이 185리 도달한다. 긴카산(金華山) 백색등의 빛이 195리 도달하고, 이누보사키(犬吠崎) 백색등의 빛이 194리 도달하며, 구치노쓰(口之津) 백색등의 빛이 80리 도달하고, 가고시마(鹿兒島) 적색등의 빛이 60리 도달한다. 이상 38개소의 등대는 국가에서 설치하였다.

사카이(堺) 녹색등의 빛이 100리 도달하고, 기즈가와(木津川) 적색등의 빛이 80리 도달하며, 시마바라(島原) 백색등의 빛이 60리 도달하고, 후시키(伏木) 백색등의 빛이 100리 도달한다. 니가타(新瀉) 백색등의 빛이 90리 도달하고, 아오모리(靑森) 적색등의 빛이 60리 도달하며, 이시노마키(石卷) 백색등의 빛이 60리 도달한다. 이상 7개소는 상인이 사적으로 건축한 것이다. 등간(燈竿)은 돌이나 철, 혹은 나무로 기둥을 만든다. 높이는 수면에서 20장(丈) 혹은 4, 5장이 되고, 노란 선이 있다.

등선(燈船)은 적색 목조이다. 두 개의 돛대의 높이는 수면에서 3장 6척이고 색등을 건다. 빛이 100리 도달한다. 부표는 적색 철조이고 꼭대기는 구형이다. 수면에서 1장 높이다. 초표는 적색 철로 된 횡선이고 높이는 2, 3장 정도 된다. 꼭대기는 구형이다. 이것의 설치는 오로지 수심의 깊이와 암초의 존재를 드러내어 공적으로 사적으로 운항할 때 장애가 없이 정박하도록 하기 위한 것이다. 그러므로 형편에 따라 등대를 설치하기도 하고 등선을 설치하기도 한다.

또 부표와 초표 두 가지는 각기 4등관을 두어 점화를 관장한다. 일몰부터 등을 켜서 일출에 이르면 끈다. 만약 안개가 끼고 눈이 많이 내릴 때는 나팔을 불거나 북을 울려서 험함을 표시한다. 관리에게는 월급을 준다. 또 생도 20인을 두어 등 밝히는 법을 연습시킨다.

◎ 공작국(工作局)은 신미년(1871)에 창설된 이래로 교사를 뽑고, 15세에서 30세 사이의 생도를 모집하였으며 또 10세에서 20세까지의 여자를 선발하였다. 각기 재주에 따라 가르쳐서 기술을 배우면 각 국에 나누어 보내는데, 지금까지 십년이 되었다. 크고 작은 기계는 날마다 해마다 가중되고 정묘한 제조는 옛 기술을 고치고 새 기술이 첨가된다. 한 번 새로운 제조법이 만들어지면 곧바로 도식이 나온다.

○ 손으로 운전하는 증기기계는 경작(耕作), 미도(米搗 : 쌀 찧기), 분마(粉磨 : 갈기), 면조(綿繰 : 면섬유 채취), 즉통(喞筒 : 물펌프), 토련(土練機 : 흙 이기기), 석할(石割 : 돌 자르기), 연화기계(煉化器械), 목만(木挽 : 목재 자르기), 세공(細工) 등에 사용하는데 매우 간편한 기계이다. 특히 관(罐)에서 분출되는 증기가 부족한 물을 따뜻하게 보충한다. 그러므로 보충된 물 자체가 따뜻하기 때문에 땔감과 석탄의 비용이 적게 든다. 게다가 이 때문에 파손된 기관 역시 매우 드물다. 또 이 기계 안에는 화염이 날아다니는 것을 방지하는 도구가 있기 때문에 화재가 날 우려도 없다.

○ 또 고압증기기계(高壓蒸氣器械)가 있다. 일반적인 횡증기기계(橫蒸氣器械)에 비하여 기관의 각 부가 매우 간단하고 쉬우면서도 파손될 우려가 적어서 누차 수선을 해야하는 지경까지 이르지 않는다. 기관의 수가 적기 때문에 가격 역시 따라서 저렴하다.

○ 횡관(橫罐) 외부는 단단한 철판을 쓴다. 특히 화기와 접하는 내부의 경우 가장 정련된 철판으로 만들기 때문에 매우 견고하다. 처음 제조할 때 서로 딱 맞는 못을 수압기(水壓器)로 돌려 넣기 때문에 파손되거나 느슨해질 염려가 적으니, 열에 하나도 잃지 않을 것이라 할 만하다.

○ 또 앞 그림의 고압증기기계에 속하여 단단한 대 위에 기관 장치를 세운 것이 있다. 장치하기가 매우 용이하여 어느 곳에 운송하든지 즉시

장치할 수 있다. 그리고 기계와 관이 서로 분리가 되기 때문에 관이 따라서 파손되는 일이 적다. 또 수리하여 덮기가 용이하고, 더하여 이 관의 불이 들어가는 조혈(竈穴)이 매우 넓기 때문에 석탄을 꼭 쓰지 않아도 되고 땔감을 써도 된다.

○ 수차는 통상 종류를 구분하면 두 종류이다. 제1종은 차축(車軸)이 비스듬히 가로지르는 것이고, 제2종은 차축이 곧게 세로로 있는 것이다. 제1종은 또 종류마다 구별이 있으니, 차 위의 물을 아래로 따르는 것이 있고, 차의 배 부분으로 물을 주입하는 것이 있고, 차 아래에 세차게 흘려보내는 것이 있다. 제2종은 또 세 가지 구별이 있으니, 수통으로부터 차 밖으로 흘려보내는 것이 있고 차 밖으로부터 잠입시키는 것이 있고 수통으로 흘러서 곧바로 내려가게 하는 것이 있다. 이해득실은 대개 수원의 형세와 기계에 장치된 모양을 따른다.

1분간 중량 3만 3000방(磅 : 파운드)을 2척 4촌의 높이로 올릴 수 있는 힘을 1마력이라고 한다. 수차의 힘을 알려면 흘러서 떨어지는 높이를 알아야 한다.【장치한 수차를 둔 수면과 물이 있는 방죽 수면의 차이를 말한다.】 흘러 떨어지는 물의 높이를 알면, 밑에 흐르는 물의 속력이 알고 있는 수원의 높이에서 1분간 떨어지는 물의 양이니, 얼마인지 곱하고 또 중량 62방, 면적 4【2척 4촌이 사방의 수량이다.】를 곱한 후 3만 3천【즉 1마력을 이른다.】으로 나누면 마력의 수를 알 수 있다.

흐르는 물의 고저를 알면 하천의 가운데 혹은 하천 양측에 부표를 자주 흘려서 1분간 평균 속력이 얼마인지 계산하여 물이 흐르는 면적을 곱하면 1분간 소용되는 물이 얼마인지 알 수 있다. 그러나 하천 양측 혹은 수면 아래 흐르는 물의 속력에 각기 차이가 있기 때문에 명확하고 상세하게 알기 어렵다. 중앙의 속력을 대략 8푼 3리로 평균을 잡아 실제 상황에 쓰는 방법이 있다.

○ 단나선기계(單螺旋機械)는 증기선 암차(暗車 : 스크류)의 원기계(元機械)를 돌린다. 급제신수즙통(汲除神水喞筒) 혹은 배 바닥의 구수즙통(垢水喞筒)에 부착하고 반동계(反動械)를 갖춘다. 덧붙이는 기기가 작고 차지하는 장소도 역시 작다. 동력복원도(同力複圓擣)에 비해 조금 높을 뿐이고, 동요하는 것에 대해서 양쪽이 우열을 가리기 어려우니 편리한 기계이다.

○ 복나선기계(複螺旋機械)와 단나선기계는 형태가 다르나 기능과 용도는 차이가 없다. 다만 2개의 원도(圓擣)와 형상의 크기가 다를 뿐이다. 그러나 기계의 길이가 조금 짧으니, 선체에 편리한지 아닌지의 차이에 따른 것일 따름이다.

○ 증기즙통(蒸氣喞筒)은 물을 길어 다른 곳으로 보내는 데 쓰는데, 효용이 지극히 크다. 이 기계의 장치는 다른 증기관 및 즙통과 달리 하나의 대에 모두 장치한다. 그러므로 매우 가볍고 편리하여, 겨우 한두 사람의 힘으로도 높이를 가리지 않고 반 리 내지는 1리까지 보낼 수 있다. 또 수원의 형태에 따라 철이나 호모관(護謨管 : 고무관)을 길게 늘여서 관과 즙통을 쓸 수 있다. 이렇게 하면 농업, 정차장, 광산의 돌을 뚫는 데 편리하게 작용하는 요긴한 기계이다.

○ 육송기관(陸送汽鑵)은 다음 그림의 횡관(橫鑵)과 다르다. 관 안에 있는 많은 작은 대롱이 물 안에 있기 때문에 물이 빨리 증발하는 속도가 다른 것에 비할 바가 아니다. 그렇더라도 만약 대롱이 가까이 닿는 것이 느려서 물때를 막지 못하면, 물때가 홀연 끈끈하게 붙어 열의 전도를 방해하고 자연히 적정 온도를 넘어선다. 그러므로 더러운 물이 있는 곳에서는 다른 기관처럼 편리하지는 않지만 증기의 속력으로 운송하는 편

리함을 따지면 연와석(煉瓦石)이 필요하지 않아서 또 다른 기계에 손색
이 없다.

○ 횡기관(橫氣鑵)은 연와석을 중첩하고 연돌통(烟突筒)을 설치하고 감
싸니, 전적으로 열기가 새지 않도록 하기 위해서이다. 또 이 횡기관에
는 두 개의 화통(火筒)이 준비되어 있기 때문에 설령 한쪽을 청소하고
수선하더라도 일을 쉴 염려가 없다. 또 한 개의 화통에 석탄 혹은 목탄
을 넣는다. 반쯤 타는 석탄의 이치에 기초하여 물기를 증발시키고서도
또 태워버리는 것이 있어서 가스를 태우는 편리함에 비해 무용하다. 기
차의 견고함은 이미 앞에 기재하였다.

○ 횡증기기계(橫蒸氣機械)의 제작은 보통고압기계와 다르다. 각 부는
간이하면서도 견고함에 주안점을 두었다. 그러나 쓸모없는 견고함은
생략하여서 또 증기를 낭비하지 않는 데 주안점을 두었으니, 정교한 기
술을 가장 극진히 한 것이다.

○ 양수기(揚水器)는 가옥, 정원, 농업에 쓰기 위해 물을 끌어오는 기계
이다. 장치는 매우 간단하고 쉽게 수원으로부터 끌어내 흘러 떨어지게
한다. 물이 기계 가운데로 통하면 반은 기계가 움직이는 데 쓰이고 반은
높은 곳으로 오른다. 이 기계의 힘으로 물을 밀어 올리는 것은 수원의
높이에 따른다. 그리고 비교해 보면 비록 철관이 마찰하고 기타 장애가
그 힘을 얼마간 감쇄하더라도 대략 위로 밀어올리는 물의 부피는 5배의
땅에서 7분의 1이고, 10배의 높이에서는 14분의 1이다. 설령 수원의 차
가 10척일지라도 1석 2두 5승의 물이 있으니 얻은 것이 많다. 분량은
50척 높이에 대략 1두 7승 8홉의 물을 밀어올리니, 1백척에 8승 9홉 2샤
(夕)를 밀어올리는 이치와 같다. 그러므로 물이 편한 땅을 얻어 이 기계
를 가옥에 설치하면, 몸은 섬돌 위에 있어도 여전히 섬돌 아래 물가에

있는 것처럼 수수방관한 채 철철 넘치는 샘물을 얻을 수 있다.

○ 증기즉통(蒸氣喞筒)의 용도는 매우 많아서 제지장(製紙場), 유피장(柔皮場) 혹은 전원의 관개와 소방, 광갱(鑛坑) 등 쓰는 곳을 다 열거할 수 없을 정도이다. 기계의 대소 및 각종 수량은 제각각 용량이 있다.

○ 정호즉통(井戶喞筒)은 일반적인 정수궤(井水櫃) 혹은 지수기(池水器)에 쓴다. 장치가 역시 간단하여 곧장 우물가에 부착시킨다. 혹은 장소의 형태에 따라 우물 가운데 장치하기도 하니, 이것은 편의 때문이다. 이 기계가 이처럼 가볍고 용이하기 때문에 우연히 수비(水扉) 혹은 다른 곳에 파손이 생겨서 물을 잘 길어올릴 수 없을 때라도 두 개의 철전(鐵銓)을 재서 점검하고 수선할 수 있다. 그러므로 물을 항상 많이 쓰는 집에 필수불가결하다.

○ 활차(滑車)는 무거운 물건을 끌어올릴 때 쓴다. 또 운전할 때 한 사람의 힘을 쓰면서도 매우 신속하여 무거운 물건을 들기에 가장 편한 기계이다.

○ 풍차는 바람의 방향과 상관없이 자유롭게 운전한다. 힘으로 바닥에 있는 물을 높은 곳에 끌어올리는 기계이다. 이 기계의 동력은 통산 20척 쯤 되는 지하로부터 샘물을 매우 쉽게 길어올린다. 큰 것은 1백 척 지하로부터 물을 끌어올린다. 또 가벼운 바람에는 운전할 수 없다. 장치는 증기나 소와 말의 힘으로 운전하여도 물을 쓰는 데 장애가 없기 때문에 가물고 척박한 땅에 반드시 설치하여야 한다.

○ 한 사람이 제사기계(製絲器械)를 잡고 공녀 한 사람에게 발판을 밟게 하면 즉시 크고 작은 차의 움직임에 따라 실 틀이 함께 회전하고, 물이 솥에서 끓어올라 누에고치를 삶고, 실끝을 잡아서 틀에 감는다. 기계의 중요한 부분은 철제이기 때문에 손상을 입는 일 역시 드물다. 또 다른

제사기(製絲器)가 있으니, 증기 혹은 수력을 통해 운전하는 제사기계이다. 비록 대소의 차이는 있으나 사용법은 앞의 기계와 다름이 없다.

○ 철제수함(鐵製水函)은 물을 옮기는 함이다. 철로 만든 철판이 만나는 곳마다 나선형의 못으로 박았기 때문에 운송하기 불편하면 해부하였다가 각 부분을 다시 장치하므로, 전체를 운송하느라 고생할 필요가 없다. 그러므로 큰 함(函)을 만들면 더욱 편리하다.

○ 철관시험기(鐵管試驗器)는 가스관이나 수관(水管)이나 상관없이 주조한 관이 어느 정도 양호한지 검사하는 기계이다. 지금 지금 시험하려면 수압즉통(水壓唧筒)에 부착하여 관 속의 공기를 배출하고 수압의 강도를 점차 높인다. 만약 관에 미세한 구멍이 있으면 물이 반드시 솟기 때문에 관을 쓸 수 없으니, 철관의 주조에 반드시 써야하는 좋은 기계이다. 또 각종 철관은 길이와 무게가 같지 않아서 쓰임새가 매우 편리하다.

○ 피심즉통(避心唧筒)은 물을 길어 건조시킬 때 쓰인다. 수선하는 배와 도랑, 축축한 밭의 더러운 물을 길어서 제거하는 일에 가장 적당하다. 만듦새가 수선이 용이하기 때문에 한두 군데 분해하면 내부를 점검할 수 있다. 사용할 때 증기기계 혹은 수차와 피차(皮車)와 연결하여 회전하고 움직이게 한다.

○ 또 다른 종류의 즉통(唧筒)이 있다. 웅덩이 물을 길어올리거나 20척쯤 되는 우물의 물을 끌어올려 용기에 넣는 편리한 기계이다. 그러나 우물의 깊이에 따라 변환하는 기계를 함께 올려야 한다.

○ 관원즉통(灌園唧筒)은 정원의 초목과 화훼에 물을 대거나 마차와 인력거, 창호를 세척할 때 쓴다. 장치는 지극히 가볍고 간편하다. 사용할 때 역시 한 사람의 인력이 필요할 뿐이다. 뿜어나오는 물 역시 다른 기

게와 면면히 이어져서 단절되거나 결핍될 염려가 없다.

○ 심정즙통(深井喞筒)은 특히 깊은 우물에 쓴다. 가옥에 필요한 물이나 맑은 물이 필요할 때 2, 3인의 인력으로 60척 내지는 70칙 정도의 깊은 우물로부터 물을 길 수 있다. 많은 물을 얻으려면 양에 맞게 넓고 큰 것을 사용하면 된다. 그러므로 산과 언덕처럼 높은 지대에 이 기계를 장치하면 공적이 더 잘 드러난다.

○ 운반증기즙통(運搬蒸氣喞筒)은 전원에 물을 대거나 고인 물을 길어서 제거하는 용도에 가장 적당하다. 사용할 때는 전적으로 운반의 편리함을 따지니, 직립관(直立鑵), 횡립관(橫立鑵)과 운동하는 데 차이가 전혀 없다. 물속에 가라앉아 젖어있는 곳이라 사용하지 못할 때 분해해서 차에 실으면 자유롭게 운반할 수 있다.

○ 개전기계(漑田器械)는 운반증기즙통(運搬蒸氣喞筒)과 같은 종류로 농업 기물에 쓴다. 24마력의 힘으로 하루밤낮 사이에 8만 5천 석의 물을 1장 높이의 장소에 끌어올릴 수 있다. 만약 통(桶)이나 대나무 관으로 물을 사방으로 나누어 흘려보내면 5십 정(丁) 전원에 1촌 깊이의 물을 댈 수 있다. 신목(薪木)을 비등(沸騰)하면 하루밤낮 사이에 1천 관목의 나무를 얻을 수 있고, 석탄을 비등하면 비록 석탄의 질에 따라 차이는 있으나 보통 3백 5십 관을 얻을 수 있다. 그러므로 신목과 석탄이 풍부한 곳에서 매우 편리한 기계이다.

○ 복동즙통(復動喞筒)은 세 종류가 있다. 우물 혹은 갱 안에서 사용하고 또 물을 끌어올리는 것이다. 아래와 위를 손으로 잡으면 세 개의 즙통이 끊임없이 함께 물을 길어 올린다. 장치는 통상의 즙통과 같은 종류가 아니다. 제1종은 즙통 1개를 구비하고, 제2종은 즙통 2개를 구비하고, 제3종은 즙통 3개를 장착한다.

○ 공기즉통(空氣唧筒). 이 기계는 프랑스에서 만든 공기즉통을 모방하여 만든 것으로 철관의 압력 여부가 적당한지 시험하는 기계이다. 시험하려면 먼저 기계 안에 밀어넣은 후에 고무관을 시험하려는 철관 한쪽에【철관의 두 입구는 폐쇄한다.】붙여서 이어지게 한다. 그렇게 해서 수중에서 철관에 공기를 밀어 넣는다. 그 결과 철관에 미세한 구멍이 있으면 앞서 밀어 넣었던 공기가 이 압력에 의해 배출되면서 관에서 새어나와 외부의 물이 기포를 일으킨다. 그러므로 철관의 조밀함을 시험할 때 필수불가결한 뛰어난 기계이다.

○ 잠수기(潛水器)의 즉통은 2종이 있다. 하나는 영국형이고 하나는 프랑스형이다. 여기에 제시하는 것은 프랑스 형으로서 가볍고 편리하면서 저렴하다.

○ 잠수기계(潛水器械)는 사람을 물속으로 들여보내 자유자재로 움직이게 하는 것이다. 잠수기는 머리에 투구를 쓰고 몸에는 견고한 고무 옷을 입고 발에는 단단한 장화를 신게 하고, 배안이나 육지로부터 즉통을 통해 공기를 보내 호흡하도록 하는 것이다. 그러므로 하천이나 해저에서 육지에 있는 것처럼 동작이 자유롭다. 용도는 침몰한 배를 끌어올리거나 배 바닥을 보수하거나 해초나 어패류를 채취하는 등이다. 항구나 만에서 이처럼 이익이 되니 어찌 빼놓을 수 있는 기계랴. 물의 깊이에 따라 사용하는 방법이 있고 동작 시간의 완급이 있다. 또 다른 종류의 즉통이 있으니 정원에 물을 댈 때에 쓴다. 손발을 움직이듯 방향을 운전할 수 있기 때문에 정원의 험한 곳에서도 움직이지 못할 걱정이 없다. 쓰지 않을 때는 해체하여 멀리 떨어진 곳으로 운반한다.

○ 탄입기(彈入器)는 증기관(蒸氣鑵)을 보수하는 기계이다. 동작은 안개를 불어내는 원리에 기초하여 증기로 공기를 흩어내고 물을 길어올려서

그 물을 기관(汽鑵)에 주입한다. 물의 양은 압력에 달려 있으므로 시험하여 기억하였다가 맞는 양의 용기를 설치하면 공인들이 간편하게 사용할 수 있다.

○ 소방즉통은 밭에 물을 대는 일과 화재에 전적으로 사용한다. 실제로 간략하고 저렴한 물건이다. 맹렬한 화재를 막기도 하고 크게 가뭄이 든 밭에 쓰기도 하니 용도가 이루 셀 수 없다. 차대(車臺)가 있어서 움직여 옮기기에 편하기 때문에 목대(木臺) 역시 없어서는 안 된다. 그러므로 상관에 만들어두고 기타 큰 빌딩에서 만들어 두니 가장 필수불가결한 기계이다. 이 즉통에도 영국형과 프랑스형 2종이 있다. 운전이 신속한 것은 피차 우열이 없고 모두 먼 곳에 수함(水函)을 두고서도 물을 공급할 수 있다. 프랑스형 즉통이 움직일 때 인력이 매우 적게 들면서도 용도가 많기 때문에 영국형보다 일보 앞선다.

○ 율초착압기(葎草搾壓器)는 맥주를 양조하는 기계이다. 7백 목(目)의 율초 지게미에서 3두(斗)의 새 맥주를 얻을 수 있으니, 버려지는 풀로 이런 훌륭한 술을 만들어낸다. 이것에 공기로 압력을 가해 즙을 제거하고 건조시켜서 소와 말의 먹이나 땔감으로 쓰니 쓸모가 많다. 장치는 철을 주조하여 만든다. 철함(鐵函)을 부착하고 율초를 철함 안에 넣어 단단히 덮는다. 그런 후에 증기나 인력으로 누르고 물이 흘러나오면 물을 제거한 후 다시 철함에 넣어서 딱딱하게 굳은 물건을 꺼낸다.

○ 수압착기(水壓鑿器)는 수력을 통해 금속의 구멍을 뚫는 것이다. 먼저 위에 있는 수비(水扉)를 닫고 제1 철정(鐵鋌)을 내리면 물이 자연히 도랑을 통해서 착추(鑿錐)를 압박한다. 비록 쇠가 단단해도 즉각 구멍이 뚫린다. 그런 후에 그 수비를 열고 제2 철정을 착거(鑿鉅) 위에 내린다. 매우 용이하다.

○ 하착기계(荷搾機械)는 많은 함의 짐을 압착하는 것으로, 나무껍질, 양털의 면적을 줄이기 위해 사용한다. 수압의 힘을 이용해 압착하는 것은 통상의 하착기계와 같으나 간편하고 쉽다. 제1 함을 기계 안에 견고하게 부착하여 절대 다른 곳으로 떨어지지 않게 한다. 또 철로를 설치하니 앞뒤로 자유롭게 누르고 꺼내기 위해서이다. 제2 함은 판(板)을 써서 모두 가로로 조직한다. 그러므로 심상한 물건에 비하여 엄격함이 네 배라서 수압이 매우 강하여도 파괴될 염려가 없다. 그러므로 나무껍질, 양털 류를 운반할 때 수하물의 면적을 줄여가지고 운반할 때 편하리라는 것을 알 만하다. 운임의 비용도 더욱 싸게 할 수 있다.

○ 수압기계(水壓機械)는 아마씨, 유채, 올리브 등의 기름 혹은 생랍(生蠟 : 검양옻나무 기름)을 짜는 데 사용한다. 장치의 사용법은, 네 개의 원주(圓柱)를 세우고 견고한 철로 상하의 대를 만들어 그 사이에 기름을 받는다. 뒤에서 하부의 원도(圓檮)에 물을 주입하여, 그 수력에 따라 점차 유종(油種)을 압착하여 기름을 충분히 짠 후 끝낸다. 물을 원래 있던 곳에 돌려보내고 기름통을 꺼내고 다음 작업을 한다. 이 기계는 대략 한 번에 1두 5승의 유종을 수용하고, 한 사람의 힘으로 30분간 1회 압착할 수 있다. 다른 곳에 운반할 때 각 부분을 분해하지 않고, 장애 없이 돌아간다. 궤 안에 물을 넣기만 하면 철정(鐵鋌)이 오르내리니, 지극히 간편한 기계이다.

○ 기중기(起重器)는 목재, 암석, 기타 무거운 짐을 오르내리고 운반하는 기계이다. 장치는 좌우의 철정(鐵鋌)을 말아서 축소시킨다. 무게가 얼마든지 용이하게 들어 올리고 난 다음에 원하는 장소에 점차 떨어뜨려서 놓는다. 또 그 전체를 움직이고 싶으면 회전해서 움직일 수 있다. 이처럼 편리하기 때문에 목재소의 정차장 혹은 돌과 흙을 사용하는 기

타 제조소에서 사용하는 기계이다.

○ 또 다른 종류의 기중기(起重器)가 있어서, 육지로 운송하는 회사의 역장(驛場)이나 기타 하역장에서 시용한다. 벽돌로 만든 벽이나 기둥에 장치하여 끝에 있는 차를 이용해 짐을 오르내리거나 옮겨 쌓을 때 인력에 큰 도움을 주는 편리한 기계이다.

○ 또 한 종의 기계가 있는데, 지지할 기둥이나 벽이 필요 없이 어느 곳이든 사용할 수 있다. 또 가격이 매우 저렴하고 운반 역시 용이하다. 그러므로 건축하는 곳에 수시로 자유롭게 가지고 가서 운전한다. 철과 돌, 무거운 목재를 올리고 내리는 데 정말 없어서는 안 될 기계이다.

○ 또 다른 종류의 기중기(起重器)가 있는데, 철로 또는 마차가 다니는 길에 쓰이는 기중기이다. 차대(車臺) 위에 장치하여 사용법도 차대 위에 있으면서 한다. 손잡이를 잡고 말기도 하고 펴기도 한다. 혹은 한다. 팔에 옮길 짐을 가벼운 짐처럼 팔에 싣고 회전하기도 한다. 옮기는 작업을 하지 않을 때에는 차대와 함께 소와 말의 힘을 사용해 함께 끌어서 자유롭게 운반한다.

○ 또 다른 종류의 기중기(起重器)가 있어서, 차도 및 철로의 하역장, 기관제조공장, 주물공장, 기타 무거운 짐을 운반하는 장소에 쓰이는 기계이다. 대들보 사이에 장치를 하여서, 대들보에서 손잡이를 회전하여 차대(車臺)를 좌우에 운송할 수 있다. 또 건축하는 곳의 중앙에 장치를 두고 사용자가 그 좌우에 있으면서 운반하는데 모두 건축 장소의 넓이에 따라 편리한 곳으로 가서 제작할 수 있다.

○ 수류기(水溜器)는 물이 흐르는 곳으로부터 수궤(水櫃)까지 가도록 물을 길어 옮기는 기계이다. 형태는 가지가지이나 통상 두 가지 종류로 나뉘는데, 하나는 선수기(旋水器)이고 하나는 원수기(圓水器)이다. 선수

기는 호칭처럼 돌아서 수궤 사이로 갈 수 있는 것으로, 고무관을 물까지 연결하여 수궤 안에 물을 채울 수 있다. 원수기는 장치를 한 장소를 움직일 수 없기 때문에 기계제조장에 차 안에 있는 수궤를 운송해 오지 않으면 수궤 안을 채울 수 없다. 그리고 비록 수원의 위치와 장치한 장소의 형세에 따라 차이가 있을지라도 양쪽 모두 편리한 기계이기 때문에 기차를 위해 철도에 많이 설치한다.

○ 이종기(二種器)는 굴곡을 선로의 철에 적용시키는 기계, 혹은 곧게 바로잡는 데 적용하는 기계이다. 굽은 길을 견고히 건축하기 때문에 철로에 반드시 쓰이는 기계이다.

○ 철로의 수궤(水樻)는 견고한 주철(鑄鐵)로 만든다. 장치는 기차에 장해가 되지 않도록 철로 위에 충분히 높게 건축하고 옆에 준비해 둔 즉통(喞筒)을 이용하여 때때로 물을 길어 기차의 수요에 응한다. 사용하고자 하면 긴 자물쇠를 끌어당겨 관 입구의 수비(水扉)를 열고서 고무관을 기차 안 수류기(水溜器)에 주입한다. 이 기계는 수궤 안이 넘쳐서 새는 문제가 있었던 적이 없으니 어째서인가? 목제 부표 및 지시기(指示器)를 옆에 두어서 수궤의 깊이를 알게 하기 때문이다. 이런 기계는 철도회사에 가장 필수불가결한 것이다.

○ 수압사화기계(水壓卸貨機械)는 석탄 혹은 광석을 증기차에 옮겨서 소용되는 다른 곳에 가서 부려놓는 것이다. 장치가 매우 간단하고 용이하며 실효가 있다. 차도 중앙마다 설치하고 옆에 수압즉통(水壓喞筒)을 준비해둔다. 기관은 모두 철위(鐵圍) 안에 장치하기 때문에 외물이 접촉하여 상하게 하는 일이 없다.

○ 공기압착기계(空氣壓搾機械)는 착암기계(鑿岩機械)에 부속되어 공기를 압착한다. 갱 밖에 장치하여, 증기력으로 운전하고 공기력을 압착하

여 공기관(空器鑵)에 모은다. 철관을 넘치는 것은 고무관으로 나누어 보
내 옮겨서 착암기계에 전하는 것이다.

○ 착암기계(鑿岩機械)는 광물이니 석탄의 터널 같은 곳에서 암석을 쪼
갤 때 없어서는 안 되는 기계이다. 운전은 공기의 힘을 이용한다. 그
원리는 갱 안 공기의 유통은 짙은 연기에 감싸여 있고 또 대기가 희박하
여 거의 일을 할 수가 없다. 그러나 이 기계가 공기【대기와 공기는 명칭이
다르나 같은 종류이다.】를 분출시켜 공인(工人)이 숨쉬도록 도울 수 있고
또 갱 안의 연기를 불어서 제거하기 때문이다. 그래서 이 장치를 광산에
두면 인력의 수고와 비용을 줄이고 사업이 신속해진다. 진실로 추천할
만한 좋은 기계이다.

○ 부균전륜산(敷均轉輪鏟)은 도로나 공원지, 경마장, 풀밭에서 모래나
할율석(割栗石 : 잘게 쪼갠 자갈)을 펼 때 평평하고 고르게 되도록 운전하
는 기계이다. 원도(圓擣)는 가장 견고한 주철로 제조하여, 돌이 많은 땅
에서 운전하더라도 마모될 염려가 적다. 쓸 때마다 원도를 물에 잠기게
하여 중량을 증가시키고 다 쓰고 나면 물을 제거하여 운전하기에 가볍
고 간편하게 한다. 소와 말이 끌거나 인력을 쓰기도 하는 것은 편리한
대로 한다.

　원도의 크기와 중량은 다음과 같다. 운전하는 직경은 2촌, 사방 30
혹은 36, 42이다. 위와 같고 길이는 2촌, 사방 30 혹은 36, 42이다. 무
게는 83관 혹은 84관, 135관이다. 총 무게는 175관, 283관, 323관이니
크기에 따라 다른 것이다.

○ 선상(鏇床)에는 갑, 을, 병 세 종류가 있다. 갑종과 을종 선상은 금속
을 깎아 나선의 선반(旋盤)을 조작하는 데 사용한다. 장치된 것에는 기
교를 다 하였으니, 겨우 톱니바퀴를 교환하는 것만으로도 대소 나선(螺

旋), 좌우 나선에 구애받지 않고 제작을 한다. 또 오목한 형태의 선반을 제공하기 때문에 아무리 직경이 큰 것이라도 깎을 수 있다. 또 기계를 변화시켜 운전하는 방법이 있으니, 금속의 크기에 적응시켜 속도를 높이는 것이다. 그러므로 제조공장, 조선공장 등에서 반드시 쓰는 기계이다. 병종은 갑종, 을종과 조금 비슷하나 속도를 변전시키는 장치가 있다. 또 선반에 빗살형을 갖추고 있어서 이를 더하면 나선을 깎을 수 있다. 한 번 사용하면 저절로 운전하여 사람의 노력을 줄여준다.

○ 답선기(踏鏇機)는 선반(旋盤)의 일종으로, 항상 인력으로 운전하는 것이다. 금속 세공이나 목세공에 쓰이기 때문에 작은 세공 공장에 없어서는 안 될 귀중한 기계이다.

○ 추조기계(錐操器械)는 금속을 뚫는다. 이런 종류는 대소의 형태가 있다. 반궤(盤机) 위에 장치하여 작은 구멍은 인력으로 뚫고 큰 구멍은 증기력으로 뚫는다. 또 만력기(萬力器)를 옆에 장착하여 화로 작업에 겸용한다. 그러므로 작은 세공 공장에서 이 기계보다 쓰임새가 많은 기계가 없다.

○ 자동작형기계(自動作形機械)는 금속 표면, 측면을 깎는 기계이다. 장치는 두 개의 판대(板臺)를 옆에 설치하는데, 하나에는 만력기(萬力器)를 갖추기 때문에 어떤 제품이라도 잘 지탱하여 움직이지 않도록 하는데 용이하다. 또 이 판대는 종횡으로 운전할 수 있기 때문에 자유자재로 깎을 수 있으므로, 제조 공장에서 더욱 요긴하게 쓰인다.

○ 자동포상(自働刨床)은 대피(帶皮 : 벨트)로 운동하는 것이다. 각 부가 자동으로 평면에서 종횡으로 금속을 둥글고 기울어지게 만든다. 자동으로 움직이며 예리하게 나아가게 하고자 하면서도 천천히 물러날 수 있고 천천히 물러나게 하고자 하면서도 예리하게 나아가게 할 수 있다.

그러므로 사용되는 시간은 매우 적고 인력은 현저하게 감소하니, 금속 세공사에게 좋은 기계이다.

○ 선반(旋盤)은 기차의 두 바퀴를 깎는 기계이나. 장치는 통상의 선반과 달리, 좌우에 판을 부착하고 옆에 도물대(刀物臺)의 설비가 있다. 쌍방이 일시에 회전하여 두 바퀴를 깎기 때문에 두 바퀴에 터럭 하나만큼의 차이도 없이 평평하고 매끄럽다. 그러므로 기차제조장, 차륜수선장에 없어서는 안 될 좋은 기계이다.

○ 무찬기계(舞鑽器械)는 금속에 구멍을 뚫는 무찬(舞鑽 : 돌아가는 끌)이다. 사용법이 통상의 물건과는 달리, 철판의 금속 횡면을 뚫는 것이 매우 용이하다. 대에는 홈이 설치되어 있기 때문에 어떤 형태의 물품일지라도 여기에 견고하게 부착하여 움직임 없이 뚫을 수 있고, 찬기(鑽器)가 자유자재로 회전하기 때문에 다른 찬기에 비할 바가 아니다.

○ 판곡기계(板曲器械)는 굴곡지거나 곧은 철판(鐵板), 동판(銅版), 연판(鉛板)에 쓰이는 것이다. 장치는 먼저 증기력으로 회전하는 두 권축(卷軸 : 롤러)을 판 사이 틈에 끼워서 원하는 대로 굽게 하고 곧게 한다. 상부의 권축은 나선으로 자유롭게 상하로 움직이고, 또 다른 권축은 조금 구부러진다. 일부분을 분해하여 수선을 할 수 있기 때문에 편리한 기계이다.

○ 교정기계(鉸釘機械)는 철판에 구멍을 뚫어 못을 박는 기계이다. 선박용 관(罐), 증기기관차나 농기구의 관(罐)에 쓰이기에 가장 적당하다. 이 기계의 가장 우수한 점은 저렴한 가격이다. 이것에 사용하는 것이 증기 수압기가 아니기 때문에 기초를 조직할 때 매우 간단하면서도 낭비를 많이 줄인다. 또 가장 큰 것은 1분간 1촌 2푼의 못을 1촌 두께의 철판에 12개를 박을 수 있으니 어찌 편리한 기계가 아니겠는가?

○ 찬전기계(鑽剪器械)는 견고한 장치로, 용도는 금속에 구멍을 뚫고 금

속을 자르는 것이다. 기계가 움직여서 구멍을 넓게 할 수 있을 뿐 아니라 금속을 빨리 자를 수도 있다. 실로 한 기계가 한 번 움직이면 뚫는 것과 자르는 것을 겸비하였으니 기관(汽罐)을 제작하는 공장에 필수불가결하다.

○ 수전거기계(竪剪鋸機械)는 목재를 곧게 자르는 것이다. 한 번 돌면 목판 수십 개를 자르니 쓰임새가 매우 크다. 비록 증기를 쓰지만 산간에서 있을 때는 나뭇잎이나 톱밥으로 태울 재료를 충당하기 때문에 비용을 계산할 필요가 없으니 더욱이 물을 쓰기 편리한 곳에서랴? 수차를 이용하면 매우 이익이다. 실로 나무하는 자들에게 반드시 쓰이는 기계이다.

○ 원거기계(圓鋸器械)는 목판을 자르거나 모나거나 둥근 목재 등을 가로로 자르는 날카로운 기계이다. 운전은 증기력이나 수력을 이용한다. 1시간 동안 통상적인 목재로 두께가 5촌에서 1척짜리 수백 매의 목판을 자른다. 이 기계에는 대소 2종이 있다. 큰 종류는 톱이 조금 크고 대(臺) 역시 따라서 넓은데, 큰 톱이 회전할 때 함께 목재를 잡아서 내보내는 장치이다. 그러므로 작은 종류의 톱에 비해 더욱 편리하다.

○ 대거기계(帶鋸器械)는 목판으로부터 모난 목재를 자르거나 굴곡이 있는 모형을 잘라내니 매우 편리하여 차의 바퀴를 담당한 사람에게 없어서는 안 된다.

○ 삭재기계(削材機械)는 목재를 깎거나 홈을 판다. 또 나무의 성질에 상관없이 어떤 형태든 어떤 모습이든 겉과 안이 동시에 조각된다. 1분간 20척에서 40척의 조각을 끝낼 정도로 신속하니 어찌 지극한 보배가 아니겠는가?

○ 거마인기계(鋸磨刃機械)는 대소의 톱니를 만들어 적용시키는 기계이다. 전체 돌출된 철봉이 있고 그 끝에 철침이 있다. 만약 인원거(刃圓鋸)

를 장착하려면 그 철침을 통해 중앙에 꽂아서 인원거가 자유롭게 회전하거나 동요하지 못하게 한다. 또 톱니를 만드는 기계는 쉽게 분해가 되어 수선에 편리하다.

○ 예착기계(枘鑿機械)는 목재에 결합시키기 위한 요철 부분을 파내는 기계이다. 장치는 정신을 집중하고 신경을 써야 만들 수 있기 때문에 비록 아동이 사용하더라도 장정보다 빠르게 만들어낸다. 6인 각각의 손이 날카로운 송곳을 잡고서 힘을 합쳐 요철을 파낸다.

○ 또 어떤 종류는 크고 작은 형태가 있다. 큰 것은 증기 혹은 수력을 장치하여 사방으로 깊이 2촌 쯤 되는 요철 부분을 뚫을 수 있는데, 이것은 구멍을 뚫을 뿐이다. 만약 떡갈나무나 물푸레나무 같은 단단한 목재를 만나면 먼저 이 기계로 구멍을 뚫은 후 송곳으로 요철을 만들면 다른 것보다 낫다.

○ 증기추(蒸氣鎚)는 증기력으로 운전하는 망치로 철 등을 단련할 때 필요한 기계이다. 용도는 쇳덩어리를 때려서 늘리거나 쇠를 단련해서 성질을 한 번 변하게 한다. 그러므로 통상적인 망치와 비교하여 단련된 철의 성절이 가장 치밀하게 드러난다. 이 기계 안에는 흡자(吸子 : 실린더)와 즉자(喞子 : 피스톤)의 봉은 그 철로 만들어 견고하다.

○ 금속종삭기계(金屬縱削機械)는 금속을 세로로 깎는 기계이다. 판대가 자동의 힘에 의해 장치되어 가로로 혹은 둥근 형태로 운전을 한다. 그러므로 판대 위의 물건이 한 줄로 깎일 뿐이다. 이른바 원형이라는 것 역시 깎을 수 있으니 어찌 기이한 기계가 아니겠는가?

○ 또 한 종류는 철관(鐵管) 혹은 철전(鐵銓)에서 나선(螺旋)을 나오게 하는 기계이다. 쓰는 방법은 먼저 철을 조금 두들겨 단단하게 만들어 철관 혹은 철전에 묶은 후 큰 철정(鐵梃)을 회전하여 나선을 만들 수 있다.

길이를 자유자재로 만들 수 있고 속도는 다른 것에 비할 바가 아니다. 가볍고 편리하기 때문에 가지고 옮기는 데 편하다.

○ 또 한 종류는 운동의 가장 요긴한 개략을 전달하는 것이다. 원래 기계의 크기에 따라 운동력의 차이가 있다. 그러므로 비록 어렵더라도 반드시 기계 등을 설치하려는 자가 있는 것은 이유가 있기 때문이다.

○ 또 다른 종류의 즉통(喞筒)이 있다. 통상적인 벽이나 나무 대에 장치하여 집 안에서 방을 따뜻하게 하는 데 쓰는 기계이다. 견고한 공기실(空氣室)이 부착되어 있기 때문에 물을 계단 위로 보내기가 매우 용이하여 지극히 편리한 기계이다.

○ 음용분수기(飮用噴水器)는 물을 마시는 데 쓰는 기계이다. 장치가 청결하여 먼지가 들어갈 길이 없다. 물을 마시고 싶을 때 옆에 있는 물을 마시는데, 한 점 그릇 가운데 있는 수비(水扉)를 누르면 저절로 열려서 맑은 물이 흘러나와 홀연 물그릇에 가득 넘친다. 이렇게 사용하려면 손 하나로 충분하다. 그러므로 만약 이 기계를 설치하면 더운 날씨에 통행하는 사람 및 차부(車夫) 등에게 더욱 이익이 되는 기계이다.

○ 선풍기(扇風器)는 주철소(鑄鐵所), 단야소(鍛冶所), 광산 등 바람이 공기를 흘려줄 필요가 있는 곳에 쓰이는 기계이다. 다른 종류에 비해 매우 간단하고 쉽다. 또 회전하여 다른 곳에 바람을 보내는 것도 기계 안의 기관의 뛰어난 기능 때문에 진로를 방해하는 물건이 없게 된다. 다른 기계에 비해 바람의 용량 역시 훨씬 낮다. 운전 기관의 힘을 더하면 도리어 다른 선풍기보다 감소한다. 또 이 기계는 비록 운전이 신속할지라도 소리가 나지 않아 매우 조용하고 고장이 나는 일 역시 드물다.

○ 회전선풍기(回轉旋風器)는 응고된 철을 용해하는 용광로에 사용하는 것이다. 그 이익은 다음과 같다. 첫째, 이 기계로부터 나오는 바람의

정도에 힘이 있어서 보통 선풍기가 미칠 수 있는 것이 아니다. 둘째, 1분간 백 번에서 4백 번 회전하는 통상적인 부채와 동시간에 2천 번에서 4천 번 회전을 하니 시로 못지않게 뛰어나다. 셋째, 반쯤 탄 석탄을 완전히 태워버리기 때문에 비용이 이에 따라 감소한다. 넷째, 기계가 매우 견고하고 내구성이 뛰어나다. 또 기관 조직이 교묘하고 운전이 매우 신속하기 때문에 차에 가죽을 두르면 기타 회전하는 부분이 마모될 염려가 없다.

○ 다섯째, 이 기계에 쓰이는 반쯤 탄 석탄은 아무리 하등품이라도 쓸 수 있으니 이는 실로 다른 기계가 미칠 수 있는 바가 아니다. 여섯째, 이 기계를 바탕으로 주물을 하면 철의 질이 좋아지고 또 부드러운 반구(半毬)가 된다. 용광로 안의 반쯤 탄 석탄이 연소하여 치우침이 없기 때문이다.

○ 연석회혼합기(煉石灰混合機)는 압괴기계(壓塊機械)와 조금 비슷한 것이다. 이것의 소형 기계는 다른 힘으로 회전하는 것이 철반(鐵盤)이고 전륜(轉輪)만이 스스로 회전한다. 또 대형 기계는 철반과 전륜이 상대하여 회전하는 장치이다. 연석회(煉石灰) 혹은 연합점토(煉合粘土)를 혼합할 때 이 기계를 사용한다. 채워 넣는 혼합물의 점도가 연화(煉化 : 벽돌)로 건축하여 보존하는 데 제일 상관이 있기 때문에 필수불가결한 기계이다.

○ 압괴기계(壓塊器械)는 유석회(油石灰)를 분쇄하거나 아마씨 혹은 유채를 섞어서 분쇄하는 데 쓰는 것이다. 동작의 대개는 다음과 같다. 두 개의 무거운 전륜(轉輪)이 철반(鐵盤) 위에서 돌면서 번갈아가며 돌덩이를 분쇄한다. 미세한 부분은 그릇의 구멍을 따라 떨어져 들려서 다시 그릇으로 들어간다. 체를 통과한 부서진 가루는 통으로 들어가고 체에

남은 작은 덩어리는 다시 철반으로 들어간다. 동작이 이와 같으므로 유석회를 제조하는 데 없어서는 안 되는 기계이다.

○ 항타기계(杭打器械)는 20척 높은 곳으로부터 40척 견고하게 사다리를 드리운 틀을 세우고 정상에 분차(鎭車)를 두어서 1백 관 내지 2백 관의 철괴(鐵塊)를 말아 올려서 정상으로부터 떨어뜨려 목재를 땅속에 박아 넣는다. 비록 이런 종류는 증기를 쓰는 기계가 있을지라도 3, 4인의 힘을 필요로 할 뿐이다. 교량이나 건물을 건축하기 위해 지반을 만들 때 반드시 필요한 기계이다.

○ 권양기계(卷揚器械)는 목재를 때릴 기계의 철괴를 말아 올리거나 유정에서 석유를 길어 올리거나 광산 구멍에서 광석 등을 인양하는 기중기(起重器)이다. 이것으로 무거운 것을 인양할 적에 제어장치가 있어서 단동기(斷動器)의 설비를 더하면 비록 공인(工人)이 잘못하여 손이 느슨해진 때라도 무거운 물건이 추락해도 지탱해낼 수 있다. 그러므로 이 기계는 실로 어려울 게 전혀 없다.

○ 천정기계(穿井器械)는 기구가 각양각색으로 각기 우물을 뚫고 파고 재는 데, 또 광물이 지하에 있는지 없는지 검사하는 데 쓰인다. 기타 건축하는 지반의 질을 시험하는 등에 요긴하게 쓰이는 기계이다. 이것과 동종의 기계에는 증기력으로 석유 유정을 파는 데 쓰는 것이 있다.

○ 유석회시험기(油石灰試驗器)는 석회의 접착력을 시험하는 데 쓰는 기계이다. 제조와 건축을 청부받은 회에 좋은 기계이다.

○ 연화석제조기계(煉化石製造機械)는 증기력 혹은 수력으로 운전하기 때문에 천연의 순수한 장소에 더욱 도움이 된다. 또 분해하여 다른 곳에서 운전하기에 매우 가볍고 편리하다. 하루에 제조하는 개수가 평균 1만 개 이상이다. 연화석(煉化石 : 벽돌)을 만들려면 더욱 반드시 써야하

는 기계이다.

○ 협쇄기계(挾碎器械)는 광석을 두들겨 부수는 도구이다. 먼저 광산에서 나온 돌의 아가미 같은 것 사이에 넣고 증기력 혹은 인력으로 차에서 회전하여 그 움직임에 힘입어 철의 아가미와 아가미 사이에서 자연히 부서진 가루가 고운 가루가 된다. 또 깊은 산속으로 운반하려면 각 부분을 분해하여 말에 실어 보낸다. 광산에서 쓰는 기계 가운데 이것보더 더 편리한 것이 없다.

○ 옥촉서(玉蜀黍 : 옥수수) 알갱이를 취하는 기계는 곡물을 선별하는 설비이다. 운전이 매우 빠르고 기계의 마모가 지극히 드물다. 만약 이 기계를 다른 곳으로 운반하거나 배로 보내려면 역시 묶어서 쌀 필요가 없다. 장치가 다 간편하고 각 부분이 견고하여 수선해야 할 것이 매우 적다. 그러므로 농가에 가장 필요한 기계이다.

○ 집초기계(集草機械)는 볏집 혹은 마른 풀을 모으는 기계이다. 말에게 끌게 하고 사람은 그 뒤에 있으면서 자유자재로 쇠써레를 잡는다. 비록 요철이 있는 들이나 밭일지라도 자동의 힘으로 위치를 잃지 않고 높낮이를 조정할 수 있는 것이다. 이 기계와 건초기계(乾草器械)는 지극히 편리한 농기계이다.

○ 건초기계(乾草器械)는 소로 끌게 하기도 한다. 볏짚이나 마른 풀을 펼쳐서 말리는 데 쓰는 기계이다. 장치는 큰 톱니 모양의 쇠써래 6조가 차축(車軸)에서 똑같이 운동을 하여 마른 풀 등을 나누어 보낼 수 있다. 차축의 장치와 달리 쇠써레는 앞뒤로 움직인다. 또 장소에 따라 쇠써레 역시 위아래로 움직일 수 있다. 그러므로 농가에 편리한 기계이다.

○ 만마기(挽磨器)는 두 쌍의 숫돌을 갖추고 있어서 수정(修整)을 가함으로써 곡식을 가는 것이다. 제조가 견고하고 운반이 매우 가볍고 간편하

다. 증기력 혹은 수력을 조금 써서 운전하고, 기관이 운동하는 중에 소음을 일으키지 않는다. 그러므로 목제의 톱니바퀴가 크고 작은 보리와 다른 곡식을 빠르게 가루로 만든다. 실제로 농가 및 업종에 관련된 시장 업자들이 소유한 기계이다.

○ 또 다른 종류는 아마씨를 분쇄하여 줄기에서 껍데기를 분리하는 기계이다. 또 다른 종류의 기계는 줄기를 털어낸 후 쇠 빗으로 골라서 나누고, 그물을 만드는데 요긴하게 쓰인다. 이 세[65] 종류의 기계를 홋카이도(北海道)에서 시험하였는데 실제로 효과가 있었다.

○ 또 다른 종류는 아마씨를 체를 쳐서 종자를 상, 중, 하 세 등급으로 선별하는 데 쓰는 기계이다. 위의 두 종류는 줄기를 분리하는 데 쓰는 기계이다.

○ 정미기계(精米器械)는 미국의 기계를 모방하여 만들었는데 한두 가지 개정을 더하였다. 운전을 하려면 증기 또는 수차의 힘을 빌린다. 대혁(帶革 : 벨트)이 수대차(受帶車)를 따라 전차(全車)로 옮겨 가면 절구 가운데 있는 나선이 급히 돌아간다. 이로 인해 절구 안의 쌀이 회전하여 중앙을 압박하면 쌀알이 교차하여 오르내리면서 주위에 저촉이 되어 마찰을 심하게 받는다. 그러므로 30분도 지나지 않아 정미 5두(斗)를 얻을 수 있으니 실로 편리한 기계이다. 다만 5 실마력(實馬力)이 필요할 뿐이다. 쌀을 중등으로 정미하면 손실이 1푼에 불과하기 때문에 정미영업장(精米營業場)에 필수불가결하다.

○ 제강기계(除糠器械)는 쌀이나 보리에서 겨를 제거하는 기계이다. 운전은 증기 혹은 수력을 이용한다. 대혁(帶革)이 수대차(受帶車)에 통하여

---

65 세 : 원문에 "三"으로 표기되어 있으나, 문맥상 "二"의 오기로 보인다.

회전을 한다. 한쪽에 설비된 것은 쇠그물의 원도(圓擣)이고 한쪽은 수많은 그릇이 움직이는 대혁이다. 또 쌀이 한 말짜리 함의 느슨한 바닥 판으로부터 새는 깃처럼 끊임없이 조금씩 떨어져서 1홉을 채워 움직이는 그릇으로 들어간다. 그릇이 정상에 도달하면 전부 중앙으로 던져 넣으면 맹렬하게 원도의 내부에 저촉한다. 이에 따라 마찰이 되고 품고 있던 겨가 흩어져 버리고 진짜 정미가 무거운 성질 때문에 아래로 떨어져 함 밖으로 나온다. 이렇게 하면 인력을 쓰지 않으면서도 빠르게 몇 말의 정미를 얻을 수 있으니, 다른 기계가 미칠 바가 아니다.

○ 감자액증발관(甘蔗液蒸發鑵)은 사탕수수의 진한 액체에서 수분을 증발시키는 동관(銅鑵)이다. 장치는 먼저 액즙을 오른 쪽의 물받이를 통해 점차 관 안으로 주입한 후에 증기를 관 안의 몇 개 동관에 통하게 한다. 즉시 액즙이 끓어오르면서 물 역시 홀연 증발하고, 왼쪽으로 응축기에 흘러들어가 수축한다. 그 옆에는 공기즉통(空氣喞筒)의 설비가 있어서 증발하는 공기를 배출하기 때문에 관 안의 압력이 감소하여 저절로 진공이 되므로 증발 역시 따라서 빨라진다. 관 안의 온도 및 액체의 농도를 시험해 보면 각기 적당한 기계가 있다. 각설하고 액체를 얻는 방법은 곧바로 관 바닥에서부터 흘러 옮겨가서 다시 정제기(精製器)를 통해 순백의 결정인 설탕을 얻는다.

○ 감자압괴기계(甘蔗壓壞器械)는 미국제를 모방하여 만들었다. 다음에 설명할 종류와 달리 조금 간단하면서 소와 말을 사용하는 것이다. 그러므로 높은 곳에 큰 기계를 옮기기 어렵다. 수많은 기계를 써야 하는 곳에 장치하여 사탕수수 혹은 단수수의 운송비를 절약한다. 증기나 수력에 비하여 매우 편리하다.

○ 다른 한 종의 기계는 사탕수수 혹은 단수수를 눌러 으깨서 액즙을

착출하는 기계이다. 이것의 요체가 되는 부분은 다음에 설명할 다른 종류의 기계와 같다. 기계에 세 가닥의 권축(卷軸)이 있어서 서로 평행을 이루고 증기 혹은 수력을 빌려 움직인다. 권축에 사탕수수를 통과시키면 즉시 함유하고 있는 액즙이 강한 압력 때문에 곧바로 배출된다. 이 액즙을 모아 정제시켜 순수한 설탕을 얻는 데 이른다.

○ 다른 한 종의 기계는 증기 등을 쓰지 않고 말의 힘을 써서 사탕수수 혹은 단수수의 설탕을 짜내는 데 쓰는 것이다. 다루는 방법이 전에 쓰던 기계와 조금 비슷하지만 권축을 세우지 않고 삽입하는 수숫대에 가로로 댄다. 두 사람의 손을 쓰지 않으니 훨씬 편리하고 또 이 기계가 가장 간단하다. 그러므로 사탕수수와 단수수를 제조장에 운송할 필요 없이 곧바로 산지에서 액즙을 짜낼 수 있는 편리함이 있다.

○ 감자액증발기(甘蔗液蒸發器)는 사탕수수의 액즙을 끓이는 큰 솥이다. 길이는 통상 30척에서 40척에 이르는 것을 쓰고 깊이는 2척에서 2척 5촌이다. 높이 걸어놓고 아래에서 목탄 혹은 석탄을 태워 달군다. 이 기계 안을 수비(水扉) 여러 개로 경계를 나누어 놓고 필요한 때 수비를 열어 액즙이 첫 번째에서 두 번째로, 두 번째에서 세 번째로 순서대로 옮겨가도록 한다. 그러므로 옛날에 손잡이를 바꾸어가며 길어내던 수고를 줄였다. 액즙이 끓으면 곧바로 그 정도를 알 수 있어 주둥이가 있는 관을 통해 흘러나오게 한다. 이것의 온도는 화씨온도계로 2백2십4 도이다. 옛날에 비해 온도가 조금 낮아졌기 때문에 액즙이 변색한 적이 없다.

○ 관육증관(鑵肉蒸鑵)은 생선, 육류, 야채의 철엽관(鐵葉鑵 : 양철로 만든 캔)을 만들어 부패를 방지하는 데 쓰이는 기계이다. 관은 세로 3척 5촌, 직경 3척이다. 그 안에 철 격자로 만든 상자를 같은 것을 넣는데 바닥면

역시 격자이다. 이 상자는 출입이 자유롭다. 또 관 안에 물을 넣는다. 각설하고 찌는 방법은 먼저 육류를 겹쳐 쌓은 철엽통을 상자 안에 들이고 밀폐해서 닫은 후 증기로 관 안의 물을 끓이는 것이다.

○ 고절기계(稿切器械)는 보리나 벼의 짚단을 가늘게 자르는 데 쓰는 기계이다. 장치가 간이하면서 견실하다. 톱니를 단 바퀴를 많이 지닌 철대 위에 볏단을 내보내면 날카로운 칼이 내가 원하는 길이로 잘라준다. 또 동작이 가볍고 편리하기 때문에 겨우 한 사람이나 어린 아이도 돌려서 즉시 수많은 양을 얻을 수 있기 때문에 동물을 키우는 곳에 요긴하게 쓰인다.

○ 면조기계(綿操機械)는 어떤 종류의 목화든지 씨를 잘 뽑아내는 기계이다. 장치는 엇갈린 평평한 날이 아래위로 나누어 목화씨를 빼내고 솜 부분을 앞에 꺼내놓는 것이다. 신속함과 장치가 정교하여서 조금도 섬유에 손해를 끼치지 않는다. 그리고 이 기계는 수차의 힘에 의지하여 회전하여, 하루 밤낮 6, 7십 관 이상의 솜을 만들어내기 때문에 농가에 가장 필수불가결하다.

○ 살종기계(撒種器械)는 농가에서 씨를 뿌릴 때 쓰인다. 쓰려면 말의 힘이나 인력으로 운전한다. 자연히 지하에 구멍을 뚫어서 위에서부터 채소의 씨를 흘려보내 적당하게 구멍에 떨어뜨린다. 이때 뒤에 있는 권축(卷軸)이 땅 가운데 밀착시킬 수 있는데, 이것은 싹을 틔우는 지극히 중요한 조건이다. 이 기계는 사탕무, 당근, 파, 무청(蕪菁) 종류의 물건에 가장 잘 적용된다.

○ 문과 담을 만드는 방법에 철제로 견고하고 아름답게 하는 것이 있다. 유럽과 미국의 각국 상관(商館)은 문마다 이를 써서 비와 이슬, 서리와, 눈, 더위와 추위에 잘 견디면서도 썩거나 망가질 염려가 없다. 밤에 좌

우 기둥 꼭대기에 등불을 켜서 지나다니는 사람에게 편리하다. 이 등은 비록 폭풍우가 치는 밤이라도 꺼질 걱정이 없고 도둑을 방지하는 데에도 일조하니, 없어서는 안될 물건이다.

○ 모자괘(帽子掛)에 모자를 건다. 또 박쥐우산이나 지팡이를 꽂는다. 종류는 대소가 있다.

○ 의자는 쇠로 좌우의 대를 만들어 공원에서 쓴다. 나무로 만든 것도 있다.

○ 뒷간은 서양 각국 모두 철제이나, 이 나라는 나무로 길가 혹은 집 안에 만든다.

○ 피뢰간(避雷竿)은 가옥의 가장 높은 곳 및 굴뚝에 부착시키는 것이다. 금 종류가 제일 좋으나 가격이 매우 비싸고, 구리로 만든 것이 통상 쓰인다. 높이는 6척에서 10척으로, 낙뢰를 방지하는 간격이니, 장소의 크기는 이 높이의 1.5배 되는 둘레이다. 그러므로 뾰족한 곳이 많은 가옥은 나누어 설비한 적당한 피뢰침들을 도선(導線)에 맡겨서 결합할 수 있다.

○ 난방기(煖房器)에는 두 종류가 있다. 하나는 증기 혹은 온수를 철관(鐵鑵)에 통하게 하여 따뜻하게 하는 것이고, 하나는 공기를 한 번 관(鑵)에서 데운 후 난방 장소로 보내는 것이다. 물이 필요한 난방기는 관사, 은행, 여관 및 상관과 같이 큰 장소에 쓰인다. 후자는 일반 가옥 및 사원 등에 쓰인다. 첫 번째 난방기는 물의 편의성 여부에 관계가 있고 또 가격이 조금 비싸다. 두 번째 난방기는 가격이 싸면서도 청결하여 난로에 비할 바가 아니다.

○ 와사등(瓦斯燈)은 놋쇠로 만들었고 실내에서 켠다. 광선(光線)이 가지 않는 곳이 없기 때문에 유럽과 아메리카 여러 나라에서 전적으로 쓰는 기계이다.

○ 이등기(二燈器)는 평상시 책상 위에 둔다. 위에서나 옆에서 고무관으로 가스를 끌어와서 불을 붙인다. 자유롭게 등불을 움직일 수 있기 때문에 독서하는 곳에서 쓰기 편리하다.

○ 또 등기(燈器)는 만들어서 기둥 혹은 벽에 설치하여 밤마다 낮처럼 밝게 불을 켠다. 그러므로 불을 켤 장소에 매우 편리하다.

○ 또 등기(燈器)는 객실이나 식당에 쓰이는데 매우 아름답다. 상하 두 부분으로 나뉘어 있다. 하부는 두세 개의 무거운 고리가 있기 때문에 불을 켤 때 아래로 당기고 적당한 곳까지 밀어올린 후 묶는다. 설령 다른 물건에 부딪쳐도 상하지 않는다.

○ 위의 기계는 모두 도식이 있다. 쓰이는 바를 대략 논하면 편리함을 다 말할 수 없다. 제조와 방식은 오랜 시간 보고 들어서 익숙해지지 않으면 실제로 이해하기 어렵다.

○ 기계 제조법은 처음에 종이모형으로, 두 번째는 목각형으로, 그다음은 흙으로 판을 만들고 쇠를 녹여 주조해 내서, 공적인 데도 쓰고 사적인 데도 쓴다. 대체로 외국인이 무역해 가는 것이 많아서 일을 하는 사람들이 그 일의 다소에 따라 속도를 내서, 4, 5백 명에게 부과하거나 1, 2백 명에게 부과하거나 한다. 고용한 각 인원에게 매일 주는 임금이 34전이다. 【즉 우리나라의 1냥 남짓이다.】

○ 나가사키(長崎)에 공작분국(工作分局)을 설치하였다. 기계를 제조하는 등의 절목은 본성[공부성]과 차이가 없다. 또 조선소 한 곳이 있어서 막 큰 기선을 만들었는데, 일을 맡은 사람들이 모두 서양인이고 선박역시 미국인이 만든 것이라고 한다.

◎ 학교의 법은 학교에서 6년 기한으로 학업을 닦는다. 새로 모집한 생

도가 여비를 스스로 감당할 수 있으면 자기가 가지고 오도록 하는데 사비생도(私費生徒)라 한다. 그렇지 않은 경우는 관에서 도움을 주는데 관비생도(官費生徒)라 한다. 이들은 서약하는 글과 보증서에 이름이 올라서 졸업 후 그에 따른 보답으로 관직을 담당한다. 관직에 나아간 자는 월급을 계산하여 제한다.

○ 생도가 거처하는 관내에는 약속관(約束官)을 두어 항상 관내에 있으면서 생도들의 행동을 감독한다.

1. 식비는 관에서 정해 지급하고 생도들이 음식물을 지니고 오지 못하게 하며, 음주를 엄금하고 흡연방을 따로 설치하여 아무 곳에서나 흡연하지 못하도록 한다.

1. 교사 안에서 사역하는 복관(僕官)은 정해진 급료가 있으니 생도가 사적으로 수고료를 주는 것을 일절 금한다.

1. 생도에게 일이 생겨 오후 5시에서 6시 사이에 나가고자 하는 자는 약속관에게 알려 허가를 받을 수 있다. 9시에 문을 닫으므로 그 전에 반드시 돌아와야 한다. 만약 허가 없이 밤에 다른 집에서 침식한 자는 즉시 퇴교시킨다.

1. 시간 제한의 규칙을 굳게 지키는 것은 약속한 규정을 따르는 것이고 가장 중요한 일을 지키는 것이다. 혹시 형식적인 것으로 본 자가 있다면 경중에 따라 징계하고 퇴교를 시키기도 한다. 방, 창문과 문을 파손한 생도는 변상하도록 하여 이것으로 수선한다. 방안 청소는 반드시 생도가 당번을 정해 돌아가면서 하도록 한다. 만약 정돈과 청결이 제대로 되지 않으면 당번이 그 책임을 진다. 국법을 범한 자는 퇴교시켜 경시서(警視署) 혹은 지방 관서에 송치하고 범죄의 사유를 알린다. 퇴교할 때 족적(族籍), 성명, 행위를 기재하고 일지를 간행하여 반포한다.

○ 학과가 비록 영어수습(英語修習). 공업성취(工業成就)를 과목명으로 삼았을지라도 본조(本朝)의 과목명도 설치하고 생도들을 대상으로 재기의 우열을 가리고 본조의 문자도 가르치니, 기술을 가르치고 학문을 권할 뿐만이 아니다. 신체를 운동하고 마음대로 놀아서 혈기를 길러야 저절로 건강해진다고 한다. 그러므로 수업의 여가에 특별히 몇 시간 휴식을 허락한다. 교습이라고 이름을 붙이고 체조, 씨름, 축구 등의 놀이를 하지 않는 것이 없다. 이것 역시 교원 한 사람이 있어서 잡스러운 놀이를 금지시키고 우등을 선발하고 상을 주어 면려한다. 이 교습은 서양과 통교한 후에 시작되었는데, 공사(工師 : 공인의 우두머리)를 유럽인이 많이 관장하였기 때문이다.

◎ 도쿄에서 경치가 뛰어나다고 소문난 것은 기네가와(木下川)의 소나무, 닛포리(日暮里)의 오동나무, 가메이도(龜井戶)의 등나무, 쇼세이코(小西湖)[66]의 등나무, 호리키리(堀切)의 꽃창포, 가마타(蒲田)의 매화, 메구로(目黑)의 모란, 료센(隴川)[67]의 단풍이다. 좋은 시절 아름다운 풍경 때문에 놀러가는 곳이다. 3월 꽃이 필 때 공경 및 모든 관료가 모두 휴가를 받아 꽃구경을 하고, 화려하게 꾸민 마차와 말을 탄 남녀가 뒤섞여 몰려들어 온 나라가 미친 것 같다고 한다.

◎ 나무를 잘 심어서, 한아름 되는 나무를 걸핏하면 멀리 옮기는데 꽃이

---

66 쇼세이코(小西湖) : 시노바즈노이케(不忍池)를 가리킨다. 일본 도쿄도(東京都) 다이토구(台東區) 우에노공원(上野公園) 안에 있는 천연의 못이다.
67 료센(隴川) : 미상. 에도시대부터 단풍으로 유명한 정원인 리쿠기에(六義園)의 중국풍 지명일 가능성이 있으나 분명하지 않다.

필 때 옮겨오는 것이 많다. 꽃이 필 때 옮겨 갔던 것은 꽃, 나무, 대나무, 돌과 나란히 하나하나 예전과 다름없이 배치한다. 나무를 키우는 유럽의 방법이 모두 책으로 번역되었다. 권양국(勸養局)이 있다.

◎ 지진이 한 달에 몇 번씩 일어난다. 심하면 담과 벽, 건물이 모두 요동치는데, 지진에 앞서 서 큰 바람이 파도 치듯 흉흉한 소리를 낸다. 몇 개월 지진이 없으면 현지인들은 도리어 의아해 한다. 수십 년에 한 번씩은 꼭 대지진이 나서 사람과 가축이 압사하기까지 한다.

◎ 관부에는 모두 부속 병원이 있고, 요양하는 병자를 둔다. 나무, 대나무, 돌을 우아하고 깨끗하게 진열해 두고 그 안에 의사를 모아서 치료하게 한다. 치료하지 못한 병은 왕왕 태의원(太醫院)에 이송하여 부검해서 질병의 원인을 찾으니, 역시 서양의 방식이라고 한다.

◎ 데릴사위를 아들로 삼아서 끝내는 성을 물려준다. 풍속이 무력을 좋아하여 같은 성씨를 많이 길러서 무리를 굳건히 한다. 또 혈족이 끊어질 것을 염려하여 딸을 처로 주고 조상을 받들어 죽은 후 제사를 지내게 한다. 제후국에 후사가 없어 세습할 방법을 생각하였던 것을 마침내 따라 하여 풍속이 된 것이다. 혹은 처가 죽으면 누이를 후실로 삼는다. 백성의 집에서도 누이를 부인으로 맞는 경우가 많았으나 나중에 금지되었다고 한다.

◎ 사대부 이상은 옛날에 모두 장도와 단도 각각 하나씩 차고 다녔다. 외출할 때는 허리에 가로로 꽂고 자리에 오를 때는 손으로 잡고 자리에

앉을 때는 옆에 놓았다. 죽음을 좋아하고 삶을 가볍게 여겨서 한 마디 말에도 노려보고 칼을 잡고 사람을 죽였고, 때때로 자살하기도 하였다. 지금은 칼의 휴대가 금지되었으나, 자객과 협사는 여전히 많이 종횡한다고 한다.

◎ 수뢰포(水雷砲)는 미리 물 바닥에 묻어서 형태가 보이지 않는다. 선을 해안에 설치하여 선 끝에 불을 붙이면 조금 있다가 하늘이 무너지고 땅이 꺼지는 듯 큰 소리가 울리고 불덩어리 한 개가 곧바로 하늘로 솟구친다. 파랑이 뒤집히고 곧바로 한바탕 소나기가 쏟아지다가 잠시 후 낙수가 방울방울 떨어진다. 문을 열고 보면 하늘에는 구름이 없으나 수면은 여전히 끓고 있다.

◎ 상을 치를 때 예전에는 화장을 많이 했다. 목관을 똑바로 불감(佛龕)처럼 세워서 죽은 자로 하여금 합장을 하고 결부좌를 틀게 한다. 밖에는 종이를 바르고 "나무아미타불(南無阿彌陀佛)" 혹은 "나무묘법연화경(南無妙法蓮華經)"이라고 쓴다. 장례 치르기 전날 줄지은 종이 깃발 2, 30개에 역시 목관과 똑같이 쓰고 함께 돈을 뿌리면서 다니는데 "매로전(買路錢)"이라고 한다. 대나무를 엮어 화장터를 만들고 주인이 짚신을 많이 둔다. 장례에 참석하는 사람은 가죽신을 갈아 신고 화장터에 들어갔다가 나올 때 다시 갈아 신고 돌아간다. 상가에서는 처음에 흰옷과 흰 두건을 사용하여 장례를 치렀다가 오색빛깔 옷으로 갈아입고 돌아간다. 서양의 방식을 배운 후에 국가에 대상(大喪)이 있으면 국기를 걸어 슬픔을 알린다. 다른 나라 역시 이렇게 하여 위로한다는 것을 알린다. 장례일에는 관급(官級)에 따라 포를 쏜다.【1등관은 22번 쏘고 2등관은 14번 쏜

다.】장례 참석은 모두 대례(大禮)이고, 예복은 길례(吉禮)와 같다. 삼년 상이 없으며 부모의 상을 당한 자 역시 벼슬을 그만두지 않는다. 상의 경중에 따라 휴가를 지급받고 상가의 명함은 검은 가선을 두른다.

◎ 아들을 낳고 처음 맞는 5월에 잉어 모양 깃발을 만들어 문의 중인방에 높이 꽂아 아들이 많음을 축하한다. 어떤 이는 "잉어가 등용문을 올라가는 것을 의미한다."고 한다.

◎ 여자가 새로 시집을 갈 때 오색실로 올린 머리를 묶고 새 나막신을 신고 시가에 들어간다. 형제자매가 전송할 때 시집가는 여자는 출발에 앞서 옷을 모두 열세 가지 색으로 갈아입는데, 흰색으로 시작하여 가장 마지막에 검은 색을 입으며 검은 옷이 끝나면 문을 나선다. 여자는 바지를 입지 않고 안에 둘러서 입는 치마가 있다. 버선 앞은 두 갈래로 갈라져 있는데 하나는 엄지발가락이 들어가고 하나는 나머지 발가락이 들어간다.

◎ 이른바 만국공법(萬國公法)이라는 것은 여러 나라들이 연맹을 맺는 것이니 여섯 나라가 연맹을 맺었던 방법[68]과 같다. 한 나라에 어려움이 있으면 모든 나라가 구하고 한 나라가 잘못을 하면 모든 나라가 공격하여, 애증이나 공격을 편파적으로 하지 않는다. 이것은 서양의 법인데

---

68 여섯 … 방법 : 전국시대 진나라에 대항하여 여섯 나라가 합종(合從)하였던 것을 깨뜨리기 위해 소진(蘇秦)이 여섯 나라를 설득하여 개별적으로 진나라와 연맹을 맺게 했던 일을 가리킨다.

바야흐로 규율마다 봉행하여 감히 잘못을 저지르지 못한다.

◎ 전권대신(專權大臣), 전권공사(全權公使)의 명칭이 있다. 한 번 군주의 명을 받아 국가에 이로운 일이 있으면 마음대로 결정할 수 있다. 거느리고 있는 사람을 죽일지 살릴지, 쫓아낼지 등용할지와 하고 있는 일을 간편하게 할지 아닐지, 빠르게 할지 늦출지 모두 마음대로 할 수 있다. 이른바 전권이라는 것이 제마음대로 날뛰며 행동하는 것을 말하는 것은 아니다.

◎ 화륜선의 모양은 대소가 각자 다르다. 작은 것은 길이 30보, 너비 4칸쯤 된다. 큰 것은 길이 80보, 너비 5칸 남짓 된다. 3층으로 구성되어 있다. 가장 아래층에는 물건을 싣는다. 2층은 중간에 화륜 기계를 배치하였다. 쇠공이와 구리 기계가 저절로 오르락내리락 움직여서 현란하여 헤아리기 어렵다. 아래에는 큰 구리 북을 안치하였는데 이름이 증기부(蒸氣釜)이다. 석탄을 태워 담긴 물을 끓이면 기계가 자동으로 움직이고 바퀴가 자동으로 돌아가서 선박이 나는 듯이 간다. 바람의 상태가 어떤 지 구애받지 않고 1시각에 백여 리를 갈 수 있다. 순풍을 만나면 돛을 걸 수도 있다. 선박의 크기에 따라 돛이 한 개, 두 개, 세 개가 되기도 한다. 높이 연통을 세웠는데 구리로 둥글게 주조하였고 선박 위로 노출되어 있다. 길이는 4, 5장 된다. 운항할 때 검은 연기가 하늘을 덮고 냄새 맡기 어려울 정도로 악취가 난다. 바퀴는 한 개나 두 개다. 선박이 작으면 바퀴 하나를 고물에 달고 선박이 크면 바퀴 두 개를 양쪽 옆에 설치한다. 선실은 상층과 중층에 설치되어 있고 선실마다 2인이 거처하게 한다. 흰 벽, 조각한 창, 비단 이불, 면 요가 지극히 세련되고

사치스러우니 가격이 매우 비쌀 것임이 틀림없다. 높이가 10장이라도 쇠사다리를 걸어서 오르내리기에 편하다.

◎ 류큐국(流球國)은 본래 일본 사쓰마주(薩摩州) 서남쪽 바다에 있다. 쇼(尙) 씨 성이 이미 오래 전에 나라를 개국하였다. 중고 시대 일본인 미나모토노 다메토모(源爲朝)[69]라는 자가 류큐로 도망가서 오자토(大里) 아지(按司)[70]의 누이와 결혼하였다. 아들 하나를 낳고 이름을 손톤(尊敦)[71]이라 하였는데 어려서부터 기량과 견식이 있었다. 15세에 나라 사람들이 추천하여 우라소에(浦添)의 아지가 되었다. 이때 류큐 국왕의 덕이 다하여 리유(利勇)에게 해를 입었다.[72] 손톤이 의병을 일으켜서 리유를 토벌하여 쫓아내자, 나라 사람들이 매우 기뻐하여 마침내 추존하여 왕이 되었고 3대를 거쳐 쇼 씨가 부흥하였다. 이 때문에 왕족이 미나모토(源)와 쇼(尙) 두 성을 병칭하고 모두 때에 맞추어 일본에 조공하였다.

대명 홍무(洪武 : 명 태조 연호) 연간에 이르러 처음 봉작을 받아 의관을 모두 명나라 제도를 채용하였고 마침내 일본과 관계를 끊었다. 강희

---

69 미나모토노 다메토모(源爲朝) : 일본 헤이안 시대 활을 잘 쏘았던 전설적 무장으로, 이야기책으로 생애가 전한다. 여러 전설 가운데 류큐로 가서 아들을 낳아 그 아들이 류큐 왕이 되었다는 것도 있다.

70 오자토(大里) 아지(按司) : 오자토는 지명이고 아지는 위계(位階)로 왕족 안에서 왕자 다음 정도의 위치이다. 실제로 누구인지는 확실치 않다.

71 손톤(尊敦) : 류큐의 첫 번째 국왕으로 알려져 있는 슌텐(舜天, 1166~1237)의 신호(神號)이다.

72 류큐 … 입었다. : 류큐의 정사를 다룬 『중산세감(中山世鑑)』에 따르면 류큐 최초의 왕통인 덴손(天孫) 씨가 25대에 이르렀을 때 덕이 쇠하여, 신하인 리유(利勇)가 정치를 농단하였고 마침내 술에 독을 타서 주군을 죽이고 왕위에 올라 중산왕(中山王)을 칭하였다고 한다.

(康熙 : 청 성조 연호)에 이르러 또 왕으로 봉해져서 격년으로 공물을 바쳤다. 그러나 일본이 침략할까 두려워 역시 해마다 조공을 바쳤다.

임신년(1872) 타이완 침략[73] 때문에 류큐왕 쇼타이(尙泰)가 사신을 파견해 내빙하여, 전부 일본 판도에 들어가 마침내 번왕(藩王) 1등관에 봉해져 화족(華族)의 반열에 들었다. 류큐국을 오키나와 현으로 만들고 종5위 우에스기 모치노리(上杉茂憲)를 보내 현령으로 삼았으며 서기관 등속을 설치하였다.

◎ 외교를 맺고 통상하는 나라는 모두 17개국이다. ○ 러시아【아라사(俄羅斯)】는 황제 3세[알렉산드르 3세]를 칭한다. ○ 북아메리카합중국【북아미리가(北亞米利加)】는 대통령을 칭한다. ○ 영국은 여왕이다. ○ 프랑스는 대통령을 칭한다. ○ 네덜란드는 왕을 칭한다. ○ 포루투칼은 왕을 칭한다. ○ 독일은 황제 1세[빌헬름 1세]를 칭한다. ○ 스위스는 대통령을 칭한다. ○ 벨기에는 왕을 칭한다. ○ 덴마크는 왕을 칭한다. ○ 이탈리아는 왕을 칭한다. ○ 스페인은 왕을 칭한다. ○ 스웨덴【또는 노르웨이.】은 왕을 칭한다. ○ 오스트리아는 왕을 칭한다. 【이상은 모두 유럽이다.】 ○ 대청(大淸).【일본인은 시나(支那)라고 칭한다.】 ○ 하와이【아시아이다.】는 왕을 칭한다. ○ 페루【남아메리카이다.】는 대통령을 칭한다. 교토(京都)에는 공사를 보내 두고 항구에는 영사를 보내 두어, 외교의 의리를 보존한

---

73 타이완 침략 : 1871년 류큐의 미야코지마(宮古島)의 배가 타이완에 표류하여 생존자 가운데 54명이 원주민에게 살해당하는 사건이 발생하였다. 일본이 청에 배상을 요구하였으나 거절당하였고 1874년 타이완에 출병한다. 청나라가 배상하기로 한 협상으로 마무리되었으나 이로 인해 류큐에 대한 청나라의 종주권이 부정되었고 결과적으로 일본에 귀속되는 원인이 되었다.

다. 그리고 통상 사무를 관장하며 나란히 건물을 짓고 가족과 함께 거주한다. 혹은 관직에서 일하면서 봉록을 받고 떼로 왕래하는 사람도 있다. 교묘한 기술 때문에 기계를 만드는 곳과 증기선, 화륜선 위에 포진해 있는데, 그 나라 사람이 아니면 주장할 수가 없다.

◎ 개항하여 통상하는 곳은 모두 여섯 곳이다. 요코하마에서 거두는 1년 세금은 122만 3809원이다. ○ 고베는 31만 7644원이다. ○ 오사카는 5만 1013원이다. ○ 나가사키는 12만 2842원이다. ○ 하코다테는 2만 683원이다. ○ 니가타는 307원이다. 세금의 액수는 해마다 같지 않기 때문에 근래 가장 많은 것을 든 것이 이와 같다. 세법은 백을 벌면 5를 거둔다. 또 혹은 10을 벌면 1을 거두는 경우가 있는데 이것은 원래 책정된 액수는 아니다.

이로하(伊呂波)[74]

가기그게고[75]	나니느네노	다디드데도
カキクケコ[76]	ナニヌネノ	タチツテト
加幾久計已[77]	奈仁寸禰乃	多知津天止

---

74 이로하(伊呂波) : 일본의 가나문자를 가리킨다. 본래는 가나문자를 겹치지 않고 배열하여 노래로 외울 수 있도록 만든 이로하우타(伊呂波歌)에 처음 나오는 세 글자이다.

75 가기그게고 : 하단에 있는 가나문자의 음을 한글로 적은 것이다. 이후 순서는 마찬가지이다.

76 カキクケコ : "가기그게고"의 음을 가진 가타카나(片仮名) 문자이다. 일본에서 쓰는 문자 종류의 하나로, 본래 한문 구결이나 외래어 표기 등에 쓰였다.

77 加幾久計已 : "カキクケコ"가 가차한 본래 한자이다.

라리르레로　마미므메모　사시스세소
ラリルレロ　マミムメモ　サシスセソ
良利留禮呂　末美武計毛　左之不世曾

아이으에오　하히호헤호
アイオエヲ　パピプペポ
阿伊於江與　波由和返保

와요우이야유은
ワヨウ井ヤユン
□□宇井也惠

시테 고도　도모　도기[78] 괏　귓 옷 렛 온 다
ノ　丁　㐄　乑　ガ　ギ グ ゲ ゴ ダ

딋 루 테 놋 사 닌 윳 녀 욧 마
ヂ ヅ デ ド ザ ジ ズ ゼ ゾ バ

무 미 몟 모 파 피 프 페 포
ブ ビ ベ ボ パ ピ プ ペ ポ

일본에서 글자의 음을 읽을 때 동(東), 동(冬), 강(庚), 청(靑), 증(蒸)의
운은 두 개의 음으로 소리를 내니, 동(東) 자는 "도우", 양(陽) 자는 "요
우", 청(靑) 자는 "세이", 강(江) 자는 "에이"라고 한다. 진(眞), 문(文), 한

---

78 시테 고도 도모 : 많이 쓰는 가나를 줄여 만든 합략가나(合略仮名)로, "爲", "事", "時"의
음을 적은 것이다.

(寒), 산(刪) 등의 운은 우리나라 음과 대략 비슷하고 천(天), 천(千), 천(泉) 등의 글자는 모두 "셴"이라고 읽는다. 타(它), 소(蕭), 효(肴), 호(豪) 운 및 입성 역시 두 개의 음으로 발음한다.

유람조사수행인원(遊覽朝士隨行人員)

◎ 조준영(趙準永)【계사년 출생. 자는 경취(景翠). 직위는 참판(參判). 호는 송간(松澗).】. 본관은 풍양(豊壤).

　　수행원: 이봉식(李鳳植)【무자년. 원강(元岡). 참봉(參奉). 소은(小隱).】. 본관은 전의(全義).

　　　　　서상식(徐相直)【을미년. 사온(士溫). 사인(士人). 인초(仁樵).】. 본관은 달성(達城).

　　하인: 　문순석(文順錫), 최윤이(崔允伊).

◎ 박정양(朴定陽)【신축년. 치중(致中). 참판. 죽천(竹泉)】. 본관은 반남(潘南).

　　수행원: 왕제응(王濟膺)【임인년. 치수(稚受). 참봉. 소암(小巖).】. 본관은 제남(濟南).

　　　　　이상재(李商在)【경술년. 계호(季皓). 사인. 월남(月南).】. 본관은 한산(韓山).

　　통사: 　김준(金俊). 하인 이수길(李壽吉).

◎ 엄세영(嚴世永)【신묘년. 윤익(允翼). 승지(承旨). 범재(凡齋).】. 본관은 영월(寧越).

　　수행원: 엄석주(嚴錫周)【기해년. 경치(景致). 사과(司果). 북란(北蘭).】. 본관은 영월.

최성대(崔成大)[79]【갑오년. 사행(士行). 오위장(五衛將). 운고(雲皐).】. 본관은 수성(隋城).

통사: 서문두(徐文斗). 하인 박춘봉(朴春奉).

◎ 강문형(姜文馨)【신묘년. 덕보(德甫). 승지. 난포(蘭圃).】. 본관은 진주(晉州).

수행원: 강□□.[80]

변택호(邊宅浩)[81]【갑신년. 양오(養吾).】. 본관은 원주(原州).

통사: 김순이(金順伊). 하인 유복이(劉福伊).

◎ 조병직(趙秉稷)【계사년. 치문(致文). 승지. 창혜(蒼惠).】. 본관은 양주(楊州).

수행원: 안종수(安宗洙)[82]【기유년. 경존(敬尊). 사인. 기정(起亭).】. 본관은 광주(廣州)

유기환(兪箕煥)[83]【무오년. 경범(景範). 사인. 선간(仙澗).】. 본관은

---

79 최성대(崔成大) : 1834~?. 본관은 수성(隋城). 자는 사행(士行). 호는 운고(雲皐). 수원(水原) 거주. 1732년 정시문과에 병과로 급제하였으며, 춘방대사간 등으로 지냈다. 시문의 재능이 뛰어나, 『두기시집(杜機詩集)』을 남겼다. 1881년 사법성(司法省)을 시찰한 조사시찰단(朝士視察團) 엄세영(嚴世永)을 수행하였다. 메이지시대의 교육가 미시마 주슈(三島中洲)과 유학자 기타야마 바이잔(川北梅山)과 필담하여 『삼도중주・천북매산・최성대필담록(三島中洲・川北梅山・崔成大筆談錄)』 및 『담초(談草)』를 남겼다.

80 강□□. : 저자 강진형(姜晉馨, 1830~?)이다. 본관은 진주(晉州). 자는 경선(景先). 호는 지포(芝圃). 1881년 조사시찰단(朝士視察團)의 일원으로서 공부성(工部省)을 시찰한 강문형(姜文馨)을 수행하였다. 신분은 오위장(五衛將)이었다. 본인이라 휘를 한 것이다.

81 변택호(邊宅浩) : 생애는 미상이다. 본관은 원주(原州). 동래부(東萊府)에 거주. 1876년 강익수(姜益洙)와 함께 향서기(鄕書記)가 되어 제1차 수신사(修信使) 김기수(金綺秀)의 수행원으로 일본에 다녀온 경력이 있다.

82 안종수(安宗洙) : 1849~1896. 본관은 광주(廣州). 자는 경존(敬尊). 호는 기정(起亭). 일본에 머물렀을 때 근대화된 농법에 특별한 관심을 갖고 일본의 농학자 쓰다 센(津田仙)을 통해 많은 농서를 구입하였다. 귀국 후 서양식 근대농법을 소개한 『농정신편(農政新編)』을 편찬하였다. 이후 1886년 통리교섭통상사무아문 주사를 지냈으나, 김옥균(金玉均)의 여당을 성토하여 쓰시마에 정배되었다. 1895년 나주부(羅州府)에서 참서관(參書官)으로 재직하던 중 을미의병에 의해 살해되었다.

기계(杞溪).

통사:　김기문(金基文).　하인 임석규(林錫圭)

◎ 민종묵(閔種默)【을미년. 현경(玄卿). 승지. 한산(翰山).】. 본관은 여흥(驪興).

　수행원: 민재후(閔載厚)【경술년. 경곤(景坤). 사인. 석남(石南).】. 본관은
　　　　여흥.

　　　　박회식(朴會植)【을사년. 계로(季老).】. 본관은 밀양(密陽).

통사:　김복규(金福圭).　하인 이정길(李正吉).

◎ 이헌영(李𨥨永)【을미년. 경도(景度). 승지. 동련(東蓮).】. 본관은 완산(完山).

　수행원: 이필영(李弼永)【기유년. 여랑(汝良). 오위장. 양재(養齋).】. 본관
　　　　은 완산.

　　　　민달호(閔達鎬)【계묘년. 성로(聖魯). 사과. 해은(海隱).】. 본관은
　　　　여흥.

통사:　임기홍(林基弘).　하인 김오문(金五文).

◎ 심상학(沈相學).【을사년. 덕초(德初). 참의. 난소(蘭沼).】. 본관은 청송(青松).

　수행원: 이종빈(李鍾彬)【갑오년. 화경(華卿). 부장(部將). 이당(彝堂).】.
　　　　본관은 정읍(井邑).

　　　　유진태(兪鎮泰)【신묘년. 중암(重岩). 진사(進士). 기천(杞泉).】.

---

83 유기환(兪箕煥) : 1858~?. 본관은 기계(杞溪). 자는 경범(景範). 호는 선간(仙澗). 1881년 세관을 시찰한 조사시찰단(朝士視察團) 조병직(趙秉稷)을 수행하여, 안종수(安宗洙)·통사 이장호(李章浩) 등과 함께 일본에 다녀왔다. 신분은 유학(幼學)이었다. 1889년 부산항방판(釜山港幇辦)이 되었으며, 궁내부참서관(宮內府參書官) 등을 역임하였다. 1897년 중추원이등의관·법부형사국장·특명전권공사로 지냈다. 1898년 외부대신서리·군부협판를 거쳐 군부대신서리(軍部大臣署理)가 되었으며, 독립협회 등의 개화세력을 탄압하는 데 힘썼다. 이후 고등재판소재판장 등을 지냈으며, 주일한국대리공사로서 김옥균(金玉均) 암살을 시도한 홍종우(洪鍾宇)를 귀국시켰다.

본관은 기계.

통사: 김영득(金永得). 하인 윤상룡(尹相龍).

◎ 홍영식(洪英植)【을묘년. 중육(仲育). 참의. 금석(琴石).】. 본관은 남양.

수행원: 고영희(高永喜)[84]【기유년. 자중(子中). 주부(主簿). 우정(雨亭).】.

본관은 제주(濟州).

함낙기(咸洛基)【경술년. 건지(建之). 참봉. 옥파(玉波).】. 본관은

강릉(江陵).

전낙운(全洛雲).

통사: 백복주(白福周). 하인 정용석(鄭用石).

◎ 이원회(李元會)【정해년. 선경(善卿). 승지. 중곡(中谷).】. 본관은 광주(廣州).

수행원: 송헌빈(宋憲斌)[85]【신축년. 문재(辛丑). 사인.】. 본관은 은진(恩津).

심의영(沈宜永)【계축년. 명여(命汝). 무과 급제.】. 본관은 청송.

통사: 이수만(李壽萬). 하인 김홍규(金鴻逵), 이순길(李順吉).

◎ 어윤중(魚允中)【무신년. 성집(聖執). 교리(校理). 일재(一齋).】. 본관은 함

---

84 고영희(高永喜) : 1849~?. 본관은 제주(濟州). 자는 자중(子中). 호는 우정(雨亭). 참봉(參奉)을 역임하였고, 1866년 부사용(副司勇)이 되었으며, 뒤에 요직을 두루 거쳤다. 친일파 정객으로 알려져 있다. 1876년 강화도조약 체결 후 일본에 파견된 제1차 수신사(修信使)의 일행으로 일본의 문물제도를 견문하고 돌아와서 일본의 발전 모습을 알렸다. 수신사로 파견되었을 때 통역관(通譯官)으로서 건량관(乾糧官)의 임무를 수행하였다. 1881년 8월 정사(正使) 조병호(趙秉鎬)가 일본을 방문하였을 때에 당상역관(堂上譯官)으로 수행하였다.

85 송헌빈(宋憲斌) : 1841~?. 본관은 은진(恩津). 자는 문재(文裁). 호는 동산(東山). 1881년 육군의 훈련(陸軍操鍊)을 시찰한 조사시찰단(朝士視察團) 이원회(李元會)을 수행하여, 심의영(沈宜永)·통사 이수만(李壽萬) 등과 함께 일본에 다녀왔다. 신분은 유학(幼學)이었다. 귀국 후 1883년 기무국(機務局) 위원과 전환국(典圜局) 위원이 되었다. 이후 농상공부(農商工部) 상공국장(商工局長), 농상공부 광산국장, 중추원의관(中樞院議官), 농상공부 공무국장(工務局長), 태인군수(泰仁郡守) 등을 지냈다. 1910년부터 1921년까지 조선총독부 중추원부찬으로 지냈다.

종(戚從).

수행원: 유길준(兪吉濬)[86]【병진년. 성무(聖武). 사인.】. 본관은 기계.

유정수(柳定秀)【정사년. 이정(而靜). 사인.】. 본관은 전주(全州).

윤치호(尹致昊)[87]【을축년. 성흠(聖欽). 사인.】, 본관은 해평(海平).

황천욱(黃天彧)【계묘년.】.

하인: 김영근(金永根).

---

86 유길준(兪吉濬) : 1856~1914. 본관은 기계(杞溪). 자는 성무(聖武), 호는 구당(矩堂). 서울 출신. 어릴 때부터 한학을 배웠으며, 박규수(朴珪壽)에게 실학사상을 배웠다. 1881년 조사시찰단(朝士視察團)의 일원으로 대장성(大藏省)을 시찰한 어윤중(魚允中)의 수행원 으로 유정수(柳定秀), 윤치호(尹致昊), 김양한(金亮漢), 황천욱(黃天彧) 등과 함께 일본에 다녀왔다. 신분은 유학이었다. 시찰 후에도 일본에 체류하였으며, 게이오의숙(慶應義塾) 에서 수학하여 후쿠사와 유키치(福澤諭吉)와 교류하였다. 1882년 임오군란 발생 후 민영 익(閔泳翊)의 권유로 1883년 1월에 귀국하게 되었다. 귀국 후 통리교섭통상사무아문(統理 交涉通商事務衙門)의 주사(主事)가 되었으며,『한성순보』발간 에 힘썼다. 같은 해 7월 보빙사(報聘使) 민영익(閔泳翊)에 따라 미국으로 건너갔으며, 모스(Morse)박사 등에게 배 웠다. 1884년 담마아카데미(Governer Dummer Academy)에서 수학하여 갑신정변 실패의 소식을 듣자 학업을 중단해, 유럽을 견문한 후 1885년 12월에 귀국하였다. 그러나 개화파 의 일원이라는 의심을 받아 7년 동안 연금생활을 하였으며, 이때 유럽을 견문한 것을 기반 으로『서유견문(西遊見聞)』을 저술하였다. 이후 갑오개혁을 주도하였으나, 1896년 아관파 천(俄館播遷)을 인해 김홍집 내각이 무너지자 일본으로 망명하였다. 망명 후 일심회(一心 會)에 관여해 쿠데타를 노렸다는 혐의로 일본정부에 의해 오가사와라섬(小笠原島)에 유폐 되었다. 1907년 귀국 후 계산학교(桂山學校)·노동야학회(勞動夜學會)를 설립해, 흥사단 (興士團)을 발족하는 등 국민계몽에 힘썼다.

87 윤치호(尹致昊) : 1865~1945. 본관은 해평(海平). 자는 성흠(聖欽). 호는 좌옹(佐翁). 1881년 조사시찰단의 일원으로 시찰을 마친 후에도 1883년 4월까지 일본에 체류하였다. 1882년에는 도쿄대학교에서 영어를 배웠다. 후쿠자와 유키치(福澤諭吉)와도 교류하였다. 1883년 초대주한미국공사 푸트(Foote,L.H.)의 통역으로 귀국하였으며, 통리교섭통상사무 아문의 주사가 되어 조선의 독립과 내정개혁에 힘썼다. 이후 중국과 미국에서 유학하였으 며, 기독교인이 되었다. 1895년 미국유학을 마친 후 외부협판과 학부협판 등을 지냈다. 1897년부터 독립협회에 관여하여 독립협회운동을 이끌었다. 1905년 을사조약 체결 후 관 직에서 사퇴하게 되었다. 1920년대에 들어가 일본에 협조하였으며, 1941년에는 조선총독 부중추원고문(朝鮮總督府中樞院顧問), 1945년 귀족원(貴族院) 의원이 되었다.

◎ 김용원(金鏞元)[88]【임인년. 선장(善長). 우후(虞候). 미사(薇史).】. 본관은
　청풍(淸風).
　수행원: 손봉구【임자년. 석규(錫奎).】.
　통사:　김대홍(金大弘).

시를 부록함[附詩錄]

흥인문에서 우연히 정(情) 자 운을 얻다[興仁門偶得情字]

도성문을 한 번 나서 만 리 먼 길 떠나니	一出都門萬里程
수레 멈춰 왕성을 몇 번이나 바라봤나	駐車幾度望王城
미끄러운 길 때문에 마음은 갑갑한데	滑泥爲是關心悶
큰 바다가 어찌 손바닥 같기를 기대하랴	滄海何期似掌平
늙은 아내 말 없어도 이별 정말 슬퍼하고	老婦雖疎眞惜別
어린 손자 귀여우니 견디기 어렵구나	稚孫鍾愛難爲情
억지로 술 힘 빌려 천 가지 일 잊으리니	强憑酒力消千事
빠른 길 편히 지나 소매 가볍게 날리리	快道安過擧袖輕

---

88 김용원(金鏞元) : 1842~1896. 본관은 청풍(淸風). 자는 선장(善長). 호는 미사(薇史).
1876년 제1차 수신사(修信使) 김기수(金綺秀)의 수행원으로 일본에 다녀왔다. 화원(畫員)
으로 수행하였으며, 관직은 부사과(副司果)였다. 김용원은 일본에 머물렀을 때 화원으로
활동하는 한편 기계·총포·아연 등의 구입을 담당하였다. 1881년 4월 조사시찰단(朝士視
察團)의 일원으로 기선(汽船)의 운항을 시찰하였으며, 손붕구(孫鵬九)가 수행하였다. 귀
국 후 하나부사 요시모토(花房義質)의 권유로 부산에서 사진기술을 배웠으며, 1882년에도
김옥균과 동행하여 일본에서 사진기술을 배웠다. 이후 1903년 천연당사진관(天然堂寫眞
館)의 사진가가 되었다.

영남루(嶺南樓)

영남 제일루를 봄날에 올라서	春日人登第一樓
천 리 끝 바라보니 생각은 아득하네	眼窮千里意悠悠
신라의 산 풍경은 푸른 하늘 안에 있고	新羅山色空青裏
도호부 성곽 부리 옅은 푸름 위에 있네	都護城根淡翠頭
범패와 새벽 종 옛 절에서 들려오고	梵唄曉鍾來古寺
어부 노래 저녁 피리 긴 모래에 깔리네	漁歌晚笛下長洲
대 수풀의 황폐한 사당 가장 가련하니	最憐叢竹荒祠屋
술 따르며 얼마나 객수를 더했던가	澆酒幾添旅客愁

유진태 상사의 바다를 바라보며 지은 시에 차운하다[次兪上舍鎭泰望海韻]

이 물가 밖으로 다른 물가 없으니	此涯之外更無涯
위아래로 하늘 풍경 한 빛깔로 기울었네	上下天光一色斜
서불의 누선은 그림 밖에 비어있고	徐市樓船空畵外

【기이주(紀伊州)에 서불의 사당이 있다.】

하이의 섬나라는 스스로 황가라네	蝦夷島國自皇家

【해외의 섬 오랑캐 가운데 황제를 칭하지 않는 곳이 없다.】

높이 일어 갑자기 수천 산의 눈 만들고	崢嶸俄作千峯雪
잠깐사이 뒤집혀 수만 떨기 꽃이 되네	頃刻飜成萬朶花
가소롭다, 내 몸은 좁쌀보다 미미하니	可笑吾身渺於栗
머리 돌려 막혀 있는 부상이 한스럽네	回頭猶恨扶桑遮

일본 가케이 여사[89]가 시를 잘하고 그림을 잘 그리는데, 올해 사십여 세로 시집은 가지 않고 시와 술을 즐기며 제자 몇 십 명을 두었다고 듣다.[聞日本有花蹊女史 能詩善畵 今年四十餘 尙不嫁人 但以詩酒自娛 有女弟子幾十人云]

글씨를 잘하면서 제 몸을 깨끗이 해	工於翰墨潔其身
남자를 꼽아보면 몇 명이나 있으려나	歷數男兒有幾人
들리는 말 따르면 가케이 여사는	聞道花蹊女史氏
전연인[90]에 조금도 부끄럽지 않다네	千秋無愧錢蓮因

난포 영공, 변 인수와 함께 홍 금석의 시에 차운하다[與蘭圃令公邊忍叟 共次洪琴石韻]

항구에 오자마자 돌아갈 길 생각하니	纔來渡口便思歸
눈 맞으며 집 떠나서 꽃이 이미 지고 있네	冒雪離家花已稀
근래에 무슨 일로 성난 물결 많은지	近日緣何多駭浪
붕새처럼 나는 방법 못 배운 게 한이로다	此身恨不學鵬飛

---

89 가케이 여사 : 아토미 가케이(跡見花蹊, 1840~1926). 현재의 오사카 출신. 데라코야(寺子屋)을 경영하는 집안에서 태어나, 어린 시절부터 글씨와 그림을 배웠다. 17세에 교토로 유학을 가서 그림과 서예를 배웠고, 20세 때 오사카로 돌아와 사숙을 열었다. 1870년 도쿄로 이주하여 사숙을 열었고 1875년에는 아토미여학교를 설립하였다. 옛 문화와 풍속을 중시하여, 한학, 서예, 다도, 체조 등을 여학교에 도입하였다. 1872년과 1893년에는 천황 앞에서 글씨를 쓰는 영예를 얻어 교육자 뿐만 아니라 화가로서도 이름을 얻게 되었다. 서예가로서 "아토미류(跡見流)"라는 서풍을 구축하였다.

90 전연인 : 전수박(錢守璞, 1801~1869). 자는 수지(壽芝). 호는 우향(藕香)·연인(蓮因)·연연(蓮緣). 강소성(江蘇省) 상숙(常熟) 출신. 장기(張琪)의 처. 시와 그림, 음률에 뛰어났다. 진문술(陳文述)의 여제자이다. 깃발을 드리우고 그림을 팔았는데, 일시에 종이값이 올랐다는 얘기가 전하다.

버릇처럼 물가 여인 생선 소쿠리 살펴보고　　　慣從浦女觀魚箔
매번 이웃 노인과 술집을 찾아가네　　　　　　每與隣翁訪酒扉
만사의 열에 여덟 뜻대로 안 되는 법　　　　　萬事不如十居八
바다 위를 소요하다 봄옷을 다 입었네　　　　逍遙海上盡春衣

다시 전운을 써서 어촌에서 본 일을 읊다[復用前韻詠漁村卽事]

가지도 못하고 돌아가지도 못하고　　　　　　欲去不能又不歸
어부 집 자주 볼 일 생애에 드물겠지　　　　慣看漁戶生涯稀
물결 쫓아 미역 따도 두려움이 전혀 없고　　逐波拾藿全無畏
폭풍 뚫고 운항하니 나는 듯이 빠르네　　　衝颷行舟疾若飛
헤진 그물 많이 걸린 성긴 울을 잘 고치고　工補疏籬多弊綱
반쯤 기운 사립문에 가는 대를 잘 둘렀네　巧圍纖竹半斜扉
모두가 잠삼(岑參) 장적(張籍) 같은 시인이라　斯人都是岑張類
다리 서쪽 걷다보니 비에 흠뻑 옷 젖었네　緩步橋西雨滿衣

전어관 다케다 구니타로의 시첩에 쓰다[題傳語官武田邦太郎詩帖]

두모산 산길을 가로 질러 달리다가　　　　豆毛山路橫馳過
말을 내려 만나니 정이 더욱 들었네　　　下馬相逢情更多
더욱이 한 배 타고 먼 바다를 건넜는데　況復同舟滄海外
이제 이별 하자니 내 마음이 어떠랴　　　今當分別意如何

판리공사 하나부사 요시모토[91]의 시첩에 쓰다[題辦理公使花房義質詩帖]

이웃나라 삼백년 이어온 외교　　　　　　三百年交鄰
먼 바다 오천 리를 건너온 손　　　　　　五千里遠客
층층바다 멀지 않다 알게 됐으니　　　　層溟知不遐
하나의 푸른 하늘 오고갔을 뿐　　　　　來去一空碧

변 인수 택호에게 주다[贈邊忍叟宅浩]

별장 지을 그윽한 곳 찾고 있다 들었으니　　聞道尋幽卜墅家
이제부터 봉래가 안개 노을 잠기겠네　　　　自是蓬萊鎖烟霞
반평생에 인간사를 두루 다 겪었더니　　　　半生盡閱人間事
육년만에 바다를 또 건너게 되었구려　　　　六載重浮海上槎
뜰에 새 벼 말리면 닭들이 살지고　　　　　庭曬新稻雞子大

---

91 하나부사 요시모토 : 花房義質. 1842~1917. 오카야마현(岡山縣) 출신이다. 사쿠마 쇼잔(佐久間象山)에게 사숙하여 유학을 배웠고 오가타 고안(緖方洪庵)의 학숙에 들어가 난학(蘭學)을 배웠다. 미국에 유학 후 외교관으로 고용되어 외무대승(外務大丞)이 되어 조선과 청에 파견되었고 특히 조선에는 1871년 공사관 서기생(書記生)으로 오고 그 해 9월 대리공사로 부임하여 한일교역 교섭에 종사했다. 1873년에는 러시아 공사관 서기관으로 에노모토 다케아키(榎本武揚) 공사를 도와 1875년 화태천도교환조약(樺太千島交換條約)을 체결하였다. 1880년 판리공사(辦理公使)에 승진, 인천 · 원산의 개항을 위해 진력하였고, 1882년 임오군란(壬午軍亂) 때 스스로 공사관 건물을 불태우고 서울을 탈출하여 제물포에 정박 중이던 영국선박에 의해 구조되어 나가사키(長崎)로 갔다. 1882년 요코하마(橫濱)에서 그는 이노우에 카오루(井上馨)와 함께 조선에서 파견된 수신사 일행과 임오군란에 의한 피해보상을 논의하고, 그 해 일본 군함을 타고 조선으로 들어와 제물포조약을 체결하면서 공사관 호위를 명목으로 군사주둔권을 획득하였다. 그 뒤 러시아 주재 공사로 근무하였고 농상무차관(農商務次官), 궁중고문관(宮中顧問官), 제실회계심사국장(帝室會計審査局長), 추밀고문관(樞密顧問官), 일본적십자사(日本赤十字社) 부사장(副社長) · 사장(社長)을 역임하였다.

저녁에 시내 불면 물고기들 좋으리라	溪添晚漲魚兒嘉
한가로이 창가에서 서상기 낭독하며	閑窓朗讀西廂記

【『서상기(西廂記)』를 샀으므로 말한 것이다.】

| 모자가 벗겨지든 말든 술잔 가득 따르겠지 | 滿酌香醪帽任斜 |

절영도를 나서다[出絶影島]

부산의 포구를 떠나자마자	纔離釜山浦
부산의 해관을 바라다보네	便望釜山關
남쪽으로 떠가면 쓰시마 있고	南去是馬島
동쪽으로 향하면 아카마가세키	向東直赤間
빌려 탄 배 내 맘대로 할 수가 없어	賃船非自意
나가사키 항구로 돌아간다네	迂回長崎灣
알겠구나, 정말로 하루 동안에	知信一日內
강릉까지 천 리를 돌아가겠지	千里江陵還

또 짓다[又]

아카마가세키를 밤에 떠나 정오가 되니	夜發赤關日正午
만 겹 물결 가벼운 배 하나로 건넜네	萬重已過一輕舟
바다에 잠시 멈춰 봉래섬을 바라보니	中流暫泊蓬頭望
남쪽의 푸른 산이 이요라는 고장이네	南抹青山伊豫州

선박 안에서 어 학사 일재 운에 차운하다[船中次魚學士一齋韻]

한바탕씩 부는 남풍 바다는 거칠지 않아	陣陣南風海不驚
이번 길은 무탈하게 새 도성에 도착하리	此行無恙到新城
고향의 구름 끊긴 삼천 리 먼 길에	故鄕雲斷三千里
해안 너머 원숭이나 두세 번씩 우는구나	隔岸猿啼兩三聲
대낮에 허공 걷듯 내 눈은 상쾌하고	白日步虛快吾目
한밤중에 북두성 보며 임금을 그리네	中宵倚斗憶君情
오늘 이후 뉘라서 물에 대해 말하랴	嗣今誰有能言水
강이니 하는 것이 도랑처럼 보이리라	所謂江河視瀆輕

나카타 생의 시첩에 쓰다[題中田生詩帖]

동해에 난 명성은 그대가 진짜이니	東海聲名子是眞
일당춘 서가에는 도서가 가득하네	圖書滿架一堂春
내가 항상 도수교한[92] 안타까워 하였더니	郊寒島瘦吾常恨
나카타를 만나서야 괜찮은 이 보게 됐네	始到中田見可人

또 짓다[又]

이별할 때 떠난 후의 그리움 먼저 생각하니	臨別先思去後情
도화담[93] 물 깊이가 몇 길이나 되겠는가?	桃花潭水幾尋淸

---

92 도수교한 : 郊寒島瘦. 소식(蘇軾)이 당나라 시인들을 평하면서, "맹교의 시격은 청한하고, 가도의 시격은 수척하며, 원진의 시격은 경조하고, 백거이의 시격은 비속하다.[郊寒島瘦 元輕白俗]"라고 하였다.

정운⁹⁴ 한 조각이 아득한 곳에 있어   停雲一片蒼茫際
울부짖는 기러기에 잠 이루지 못하리라   叫雁應令夢不成

시나노 사람 고바야시 유타카가 여관으로 내방하여 서화 1첩을 보여
주고 글을 써주기를 요청하여 응하다[信濃人小林溫來訪店舍示書畫一帖
要求書故書應]

노을 종이 아지랑이 글자 둘 다 기이하니   霞牋嵐字兩相奇
멀리서 와 시간 걸려 늦게 안 게 한스럽네   來遠多時恨晚知
시나노의 맛있는 술 세 잔을 마신 후에   信濃美酒三杯後
다리 버들 거리 그늘 가는 곳곳 생각나리   橋柳街陰去去思

이당 이종빈이 함께 에도에 온 사람들의 시필을 구하여 병풍으로 만들
려고 하였으므로 떠날 때 그 자리에서 절구 2수를 짓다[彝堂李鍾彬求伴
行江戶人詩筆要作屛障卽臨發也走草二絶]

고운 풀이 무성하게 자라난 4월에   芳草萋萋四月天
먼 바다 배를 띄워 신선처럼 앉았네   泛舟滄海坐如仙
화륜이 한 번 돌아 천 리를 항해하니   火輪一轉行千里
부상이 눈앞에 있을 줄 뉘 알았으랴   誰識扶桑在眼前

---

93 도화담 : 이별하는 슬픔을 비유한다. 이백(李白)이 왕륜(汪倫)에 준 시에 "도화담 물은
깊기가 천 척이나 되지만, 왕륜이 나를 보내는 정엔 미치지 못하리.[桃花潭水深千尺 不及
汪倫送我情]"라고 하였다.

94 정운 : 친구를 그리워하는 마음을 가리킨다. 도잠(陶潛)이 '정운(停雲)'이라는 시에서
친구에 대한 그리움을 절절히 표현한 데서 연유한다.

또 짓다[又]

오동잎 날리니 여름이 지나갔고	梧葉一飄大火流
일렁이는 파도에 객수를 깨닫노라	崢嶸頓覺添羈愁
이역 땅에 오랫동안 머물 필요 없으니	不須異域留連久
임금 계신 장안이 꿈에서도 그리웠네	日下長安夢想悠

외무성 관리 나카노 교타로[95]의 시첩에 써서 주다[書贈外務省官中野許多郎詩帖]

만 리 밖 먼 곳에서 각기 태어나	各生萬里外
한 배 타고 동행하는 사이가 됐네	便作一舟人
세상일은 정해진 것 원래 없으니	世事元無定
만나게 되자마자 가까워졌네	相見卽相親

아키타 선비에게 주다[贈秋田士人]

오천 리 떠나온 손 누각에 함께 하여	五千里客一樓間
붓 들고 사귀니 다른 언어 상관없네	把筆論交語不關
인품과 사는 곳은 공융(孔融)과 흡사하고	人地似同孔北海
풍류는 쓸데없이 사안(謝安)을 부러워 하네	風流空羨謝東山

---

95 나카노 교타로 : 中野許多郞. 1875년 12월 외무육등서기생(外務六等書記生)으로 조선에 파견된 사절에 참가하였다. 1876년 제1차 수신사가 일본에 파견되었을 때, 부산까지 와서 수신사를 영접하고, 귀국할 때 부산까지 수행하였다. 1891년 부산허서방(釜山許書房)에서 출판된 기초 일본어 학습서 『일어공부(日語工夫)』를 저술하였다.

【이 사람은 홋카이도에 살고 시와 술을 좋아한다.】

녹수 있는 다리끝 여관에서 만나서	相逢綠樹橋頭店
노랗게 된 홰나무 꽃[96] 꿈꾸는 얼굴 했네	因作黃槐夢裡顏
아키타가 촉도처럼 험하다 하지 마오	莫說秋田如蜀道
나도 역시 겹겹 바다 돌아갈 날이라오	重溟吾亦日將還

우에노 게이스케[97]에게 부채에 써서 주다[書贈上野敬助便面]

먼 바다 만 리 길을 그대 함께 건넜으니	滄溟萬里共君濟
우연찮은 여행에 우연찮은 인연이네	不偶之行不偶緣
더구나 아름다운 서경에 돌아오니	況復西京佳麗地
물처럼 녹음 지고 자리처럼 풀 깔렸네	綠陰如水草如茵

---

96 노랗게 된 홰나무 꽃 : 과시 준비에 여념이 없음을 가리킨다. 당(唐)나라 때 과거에 떨어진 응시생들이 장안(長安)에 머물면서 홰나무 꽃이 노랗게 될 무렵 해당 관원에게 새로 지은 글을 지어보여 천거되기를 원했으므로 "홰나무 꽃이 노래지면 수험생들이 바빠진다.[槐花黃 擧子忙]"라는 말이 유행하였다고 한다.

97 우에노 게이스케 : 우에노 가게노리(上野景範, 1845~1888). 사쓰마(薩摩)출신. 나가사키(長崎)에서 난학(蘭學)과 영학(英學)을 배웠으며, 메이지유신 이후 메이지정부의 외국사무국어용괘(外國事務局御用掛)가 되었다. 1869년 특명전권공사(特命全權公使)로 하와이(Hawaii)에 파견되었으며, 미와 모토이치(三輪甫一)와 함께 당시 노예와 같은 취급을 당하고 있던 일본인 이민자의 대우 개선문제에 힘을 썼다. 이후 민부권소승(民部權小丞), 대장대승(大藏大丞), 주미 변리공사(辨理公使), 외무소보(外務小補) 등을 역임해, 1873년에서 1879년까지 영국공사로 영국의 주재하였다. 귀국 후 외무대보(外務大輔)가 되었으며, 불평등조약개정에 힘썼다.

사쿠라이 엔의 시축에 쓰다[題櫻井園詩軸]

만 리 와서 25경을 구경하게 되었으니	萬里來看卄五景
【집에 25경이 있다.】	
풍경은 사물에 있지 않고 정에 있네	景非在物在於情
왕유 별장 아름답다 지금까지 전하고	王維別墅今傳美
양자의 일 구역⁹⁸은 예로부터 이름 있네	楊子一區古有名
뜬 구름 같은 인생 공연히 조급하니	大抵浮生空自急
원래부터 인사는 경영하기 어렵네	元來人事素難營
알았으랴, 하늘 끝에 각기 살던 그대와 나	那知君我天涯隔
근래 술잔 조용히 기울이게 될 줄을	近日從容樽酒傾

또 짓다[又]

유자산 집에는 당연히 아들 있으리니	有子山家宜有子
아들 뿐 아니라 손자도 많이 두리	非徒有子又多孫
맡은 일에 맘 바빠도 친구 항상 맞이했고	心忙職事常邀友
도성에 살다가 멋진 마을로 돌아갔네	居在城都返勝村
벗 그리는 동강에서 시는 상자 가득찼고	雲樹東江詩滿篋
풍류 있는 북해에서 술은 잔에 가득하네	風流北海酒盈樽
어긋난 지난 밤을 어느 땐들 잊으랴	前宵齟齬何時忘
같은 글로 말을 함께 못한 것이 한스럽네	却恨同文不共言

---

98 양자의 일 구역 : 양계(楊季)이다. 양계는 벼슬이 여강 태수에 이르렀으나 일 전의 전지와 일 구의 주택만을 지닌 채 대대로 농업과 잠업을 하였다고 한다. 《太平御覽 卷822》

남을 흉내 내 화운하여 주다[擬人贈和]

만학도가 일본까지 멀리 유람 왔으니 / 晚學遠遊到日東
지나온 세 도시는 과연 웅장하였네 / 所過三府果稱雄
번화함은 원래 있어 신식 때문이 아니지만 / 繁華自在非新制
부강함은 전적으로 옛 풍속을 고쳐서라네 / 強富專由變舊風
사귀는 도 근원 있어 물처럼 담박하고 / 交道有源如水淡
세태는 박정하여 빈 구름 같음을 탄식하네 / 世情太薄歎雲空
백수로 경전에 전념하는 그대 가련하니 / 憐君白首窮經志
만 리 먼 부상에 아침햇살 붉구나 / 萬里扶桑初旭紅

또 짓다[又]

석류 열고 비파 익어 역시 좋은 시절이니 / 榴開枇熟亦佳辰
우리 여행 어찌 봄에 못 끝낸 게 섭섭하랴 / 何恨吾行未趁春
천고에 만나기 어려운 백락을 탄식하고 / 千古難逢嗟伯子
한 시대 호쾌한 선비로 소진을 꼽아보네 / 一時快士數蘇秦
에도라는 번화한 곳 오랫동안 들었으나 / 久聞江戶繁華地
부상으로 건너오랴 어찌 생각 하였으랴 / 豈料扶桑渡涉津
호방한 말 의미 없다 말하지 마시오 / 莫謂豪談其無味
짙은 그늘 비 내린 끝에 이제 막 갰다오 / 濃陰正值雨餘新

내무소보 히지카타 히사모토[99]에게 화운하다[和內務大輔土方久元]

풍상을 겪다보니 어느덧 중년인데	閱歷風霜已中身
이제는 온자한 사람이 되리라	便作從今蘊藉人
한가로이 바둑 대해 승부를 살펴보고	閒對棋枰觀勝負
교우를 다시 논해 친소를 정정하리	更論蘭契訂疏親
집에 가면 색동옷을 입고서 춤 출테고	歸家應戲斑衣舞
봉직할 때 크게 돕는 신하라 칭찬 듣네	奉職常稱大輔臣
세이요켄 주변 푸른 나무 속에서	靜養軒邊綠樹裏
꾀꼬리가 봄이라 우는 소리 어찌 알랴	那知黃鳥喚聲春

다른 사람을 대신하여 화운하여 주다[代人贈和]

그대와의 이별 슬퍼 더욱 주저하노니	爲君惜別更盤桓
근래에 사법성에서 함께 다녔지	近日相從司法官
물 같은 공관 뜰에 홰나무 그림자 흩어지고	如水公庭槐影散
바람 없는 집무실에 새 소리 즐거웠네	無風鈴閣鳥聲歡
손 잡으니 층층바다 멀지 않음 알겠고	握手重溟知不遠

---

99 히지카타 히사모토 : 土方久元(1833~1918). 호는 진산(秦山). 도사번(土佐藩) 사무라이 출신. 메이지유신 후 신정부에 참여하여, 도쿄부판사(東京府判事), 궁내소보(宮內少輔), 내무소보(內務大輔), 태정관내각서기관장(太政官內閣書記官長), 원로원의관 등을 역임하였다. 1885년 내각제가 발족되자 1차 이토 내각에 농상무대신에 입각하였다. 천황의 친정을 주장하여 입헌군주제 확립을 위해 천황의 권한을 제한하는 이토 히로부미와 대립하였다. 1894년 메이지 천황을 보좌하는 궁내대신에 임명되었으나 1898년 사직하였다. 만년에 제실제조조사국(帝室制度調查局) 총재, 황전강구소장(皇典講究所長)을 거쳐 교육 관련 일에 종사하였으며, 『명치천황기(明治天皇紀)』 편찬에 전념하였다. 1918년 폐렴으로 사망하였다.

마음 맑아 누추한 골목 한기가 느껴지네 　　　清心陋巷覺生寒

하늘이 막막하니 나중이 한스러워 　　　　雲天漠漠他時恨

꿈 속에서 삿갓 쓰고 길이 애를 쓰리라 　　片夢長勞細竹冠

유두절 밤에 변 인수 택호와 함께 읊다[流頭夜與邊忍叟宅浩共吟]

동쪽으로 건너온 지 오래되어서 　　　　居然東渡久

숲에는 베짱이가 날아다니네 　　　　　　林下莎雞飛

사람들은 도마 모양 나막신 신고 　　　　人着兀形屐

길에는 정 자 모양 덮개가 많네 　　　　路多井字扉

누대는 보기 좋게 들어오지만 　　　　　樓臺來眼好

입은 옷과 신은 신은 번거롭구나 　　　　衣履劇心非

오로지 하늘 가에 달이 떠있어 　　　　　惟有天邊月

사심 없이 사방을 비추어주네 　　　　　無私四海輝

세이요켄에서 취중에 부채에 써 내무서기관 사쿠라이 쓰토무에게 주다[靜養軒醉中書贈內務記官櫻井勉便面]

녹음 짙게 드리운 여름날 길고 긴데 　　　綠樹陰濃夏日長

못가의 그대 집은 청량함이 곱절이네 　　池邊井館倍清凉

고상한 모임 다시 기약하기 어려우니 　　諸公高會期難再

거친 웃음 요란한 말 술잔까지 넘쳐나네 　龘笑轟談又濫觴

밤에 사쿠라이의 누각에서 마시다[夜飮櫻井樓]

문장 명성 집안 대대 전한 지 오래이니	文章名世傳家久
옛 그림과 새 서화가 벽에 가득 길렸네	古畵新書滿壁間
주인의 속되지 않은 뜻에 감사하니	多謝主人不俗志
공무 틈에 벗 부르면 번민이 풀린다네	公餘邀友惱還閑

붓을 달려 핫토리 모토아키의 시에 차운하다[走次服部元彰]

바다 건너 만나니 머리 이미 백발이라	蒼海相逢已白髮
그 시절 책을 파지 못한 것이 한스럽네	恨未當年蠧魚間
풍진 속 고생한 일 말하지 말아주어	莫說風塵辛苦事
오늘 밤은 한가한 달 얘기나 하십시다	今宵只可談月閑

붓을 달려 사쿠라이의 이별 시에 차운하다[走次櫻井別詩]

꿈 속에서 만났다가 꿈 속에 헤어지니	夢裡相逢夢裡別
한 평생을 모두 다 꿈처럼 오갔구나	生平都是夢翩翩
강과 나무 걸맞은 새 시구를 못 찾겠고	沒稱江樹新詩句
못가에서 함부로 옛날 술 신선 말하노라	浪道臨池舊酒仙
석 달 동안 저자에서 번거롭게 돈을 썼고	三月市樓煩貨貝
한 밤중 높은 지붕 안개가 감쌌네	半宵懸屋繞雲烟
다정한 말 해주는 그대에게 감사하니	殷勤贈話多君意
만 리 멀리 떠나는 정 이 시편에 남기네	萬里情留此一編

또 짓다[又]

이별 생각 수천 가닥 만 마디 말도 모자르나	千條離緒萬難言
양쪽 땅에서 그리워할 이 뜻만은 남으리	兩地長思此意存
먼 바다가 육로와 무엇이 다르랴	滄海何殊行陸路
배의 바퀴【배는 화륜선이다.】평탄하여 수레처럼 굴러가네	
	舟輪猶坦轉車轅
이웃과 외교 맺어 순망치한 같은 사이	交修鄰國爲脣齒
한묵이 그대 집 자손에게 전해지리	翰墨君家傳子孫

【그대의 집에 조선 사신의 시문이 많이 있으므로 한 말이다.】

푸른 갈대 흰 이슬이 내리는 훗날 밤에	他日葭蒼露白夜
반 내린 주렴 너머 초승달을 어찌 보랴	半簾那見月生痕

출발할 때 여관 주인 후루타 진나이에게 주다[臨發贈店主古田甚內]

【도쿄 간다구 렌자쿠초 18번지 반다이야】

반다이 다리 옆 렌자쿠 초 거리는	萬代橋邊連雀町
베를 짠 듯 그늘 짙고 풀들은 푸르네	濃陰如織草青青
거리 앞의 높은 누각은 오늘 이후로	臨街高閣從今後
손님 맞아 우리가 묵었다고 전하리	對客應傳我馬停

발(跋)

이것은 내 아우 지포(芝圃)가 일본을 유람할 때 쓴 글이다. 귀국하고 나서 해를 넘기고 다시 영남과 호서 지방을 유람하느라고 반도 수집하지

못하고, 잘 간직해 둔 지 어언 십 년이 지났다. 글은 비록 남았으나 사람
은 없다. 글을 보면 그 사람이 떠오르니 어찌 슬프지 않으랴. 내가 만약
뒤이어 책을 만들지 않으면 멀리 유람했던 행적을 징험할 것이 없을 것
이고 진심을 다했던 노고가 장차 없어지게 될 것이다. 이 때문에 마치지
못했던 것을 수선하여 그의 자손에게 남겨서 일동에 가서 바다를 유람
했던 전말을 알게 하노라.

임진년(1892) 정하(正夏) 석하산인(石荷山人)[100]이 쓰다.

---

100 석하산인(石荷山人) : 호가 석하(石荷), 자는 태로(兌老), 본관은 광주(廣州)인 안종덕
(安鍾惪, 1841~1895)인 듯하다. 경상남도 밀양시 초동면 금포리 출신이다. 1882년(고종
19)에 영의정 홍순목(洪淳穆, 1816~1884)의 천거로 6품직에 나아가 평리원 검사와 전라도
순찰사 등의 벼슬을 역임하였다. 저서로는 《석하집》이 있다. 《석하집》권1에 〈송수신사지일
본(送修信使之日本)〉 시가 실려 있고, 권9에 〈송수신사시서(送修信使詩序)〉가 실려 있다.
수신사의 역할에 기대를 걸고 서문을 지어 격려한 것을 보면, 조사시찰단의 기록에도 관심
을 가지고 발문을 지었을 가능성이 있다.

日東錄

辛巳正月。上命前參判趙準永·朴定陽、前承旨嚴世永·姜文馨·趙秉
稷·閔種默·李𨯶永·沈相學·洪英植、前校理魚允中、前水使李元會,
賃乘日本船隻, 渡往彼地, 國勢形便、人物風俗、交應通商等事, 詳探
以來爲教。余與承旨族從偕往, 酒於二十八日, 自京離發, 二月二十九
日, 到東萊府, 留宿鄭同知漢楨家。過咸昌歷省贊成公、舍人公山所,
自邑西去十里許有齋室, 門外多竪孝竹, 或立或臥, 故問于山下宗人,
則曰:"無論京鄉子孫之有文武大小科者輒竪云。"亦美事也。到密陽
登嶺南樓, 畫棟雕檻, 俯臨淸江, 樓高軒豁, 果不虛第一之名。風日甚
惡, 仍還店舍。過梁山, 迂回四十里, 投宿通度寺, 佛殿僧舍, 不知其幾
百間, 果我東傑寺, 但無泉石幽趣, 亦別無奇觀。爲待追來諸公, 仍留萊
府一月。

三月二十八日。移住豆毛浦, 以待火輪船之來。支供, 辦察官玄星運
自當, 而浦屋甚窄, 多日逗留, 極爲悶菀。

四月初八日。乘我小艇下釜山浦, 憩于海關。戌刻登火輪船, 卽彼人
商社船, 號爲安寧丸者也。仍宿船中, 供饋所謂艦長擔當, 而一小漢
先抱甫兒幾介而來, 每人許分置二介而去, 又持兩介小木筒而來, 一
則飯也, 一則饌也, 及其分派, 不過硬飯數匙、蒸魚一片, 末乃進茶一
鐘而已, 不敢下咽矣。

初九日。午初發船, 出絶影島前洋, 風作浪驚, 巨舶之搖蕩, 如同簸揚,
不得前進, 還泊釜浦, 數時之間, 往還水路, 爲一百四十里云, 而舟中之

人, 無不眩臥嘔噦, 彼人之同騎者, 亦無異, 我人之難耐, 慣於水者且如
是, 況如吾衰病而初當乎? 還發一哂眩則甚矣, 不至於嘔亦幸也。

初十日。雨。巳刻復發船, 申刻到對馬島四百八十里。昨日駭浪, 尙
未恬靜, 偃臥蓬底, 莫敢擧頭, 止泊後始飮一盃, 出坐船頭, 滄海汪洋,
渺無涯畔, 島樹翳鬱, 勢不高峻, 浦邊小屋, 亦皆覆瓦, 禿頭尺童, 獨
能刺舟, 所見生澁, 旅懷尤新, 留宿船中。此州今廢島主, 改爲嚴原
縣, 屬長崎島云。

十一日。晴。寅初發船, 未正止泊于長崎島五百七十里, 所經一路, 卽
一岐島、平戸[1]州、備前州、長崎港也。下陸定次于外浦町, 靑木屋留
宿, 所供與船無異焉。且屋宇雖極精灑, 衾褥各爲分鋪, 但無煙埃, 冷
氣侵人, 夜實難寐矣。

十二日。晴。此港有男神山、女神山, 兩兩相對, 作爲水口, 港內闊而
長, 石築埠頭, 橫旦十里, 如城堞焉。洋舶俄艦, 帆檣如林, 官舍民居,
檐甍相接, 挾道樓閣, 重重酒旗, 店肆依山, 樹林隱隱, 名園神社, 可
謂一都會也。縣令內海忠勝, 邀設夕饌于別園, 而所進不過酒一鍾、
飯一掬大如鵝卵、魚一片、菜一撮, 初無盤器, 憤不下箸, 而歸宿店
樓。大淸公使余瑪來住云。暫往寒暄而歸。

十三日。晴。將理裝向船, 而居人携紙磨墨而來索書者甚衆, 雖余拙
筆, 辭之不得, 半日揮灑, 繡縫其索, 或有來獻酒果者。酉時上船, 戌
正揚錨, 達夜行船, 風恬浪靜, 心神稍安。與同行諸益賦一律, 又書贈
便面之來請者。

十四日。晴。卯初下碇于筑前州, 福岡縣博多浦六百里暫憩, 巳正擧
碇, 申正到赤間關三百里下碇, 港不甚廣, 山回水抱, 亦一都會也。居
土男女, 紛紛刺舟, 擔果携酒, 蟻附船底, 不啻爲買賣之計, 全在於觀

---

1 "戸": 底本에는 "湖"로 되어 있으나 지명에 따라 "戸"로 고침.

光之意也。協同商社 釜山館支店谷村維助, 呈納橘魚, 使問行勞。酉
末擧碇達夜行舵。
十五日。晴。巳刻到讚岐州 多助津九百里暫泊, 午正擧帆, 戌正到攝
津州 兵庫縣 神戶港三百二十里止泊。港口之廣、埠頭之長、舟楫之
林、立旗亭之稠密, 比於長崎, 不啻倍蓰焉。亥正下陸, 定次于新盛舍
淡島彌兵衛店留宿。所經一路, 長門、伊豫、備前、讚岐、肥前、肥
後、攝津等州, 而殘山短麓, 兒列左右, 蒼松翠竹, 喜人眼目, 兼値風
恬, 可謂坦洋也。
十六日。陰。自外務省, 送屬官守野誠一問勞。盡日汨汨於酬應索書
者。
十七日。晴。縣令森岡昌純來問。中國領事官廖錫恩來留云, 故往訪
而未逢。午正乘火輪車, 未初抵大阪鐵道局一百二十里。所經站路,
三宮、住吉、西宮、新岐四站所也。每站來往人民與負物, 互相上下,
故每站暫駐旋發矣。該府知事建野鄕三, 送屬官迎接, 定次于大長寺
下綱島町白山彦治郎家留宿。大坂, 古關白所都, 而平秀吉之刱設
也。鑿海貫都, 至于琵琶湖數百里, 兩邊以石堅築, 宛如城址, 種種臥
波長橋, 并以鐵柱木板, 在在連橋, 高欄無異畫舫水樓, 且自此連陸數
千里, 舟車之來往、人民之殷富, 極盡山海之利, 果海中一大都也。
十八日。陰。安寧丸再明還歸釜山港, 故修付家書。余以憊甚, 不能
振作, 獨臥樓上, 持綾抱紙, 携酒與魚, 來索翰墨者多, 難孤其求, 鎭
日揮毫, 足忘羈懷, 而諸君往刑獄分署與博物會及病院, 周覽而來。
十九日。陰。協同社長高須謙三, 與安寧丸主住友, 請邀于自由亭。
亭在水邊, 宏暢可居, 而盛備酒肴, 奏以音樂鼓缶之聲, 略同我國簫管
之音, 只是噪切, 男唱女歌, 又爲迭奏, 而音異曲殊, 宜難解悟。燈燭
之煒煌、器皿之鮮潔, 可稱盛擧。該府知事、各局長官十數人, 亦參
會焉。夜深後乘小艇, 帶月還次。

二十日。晴。未末乘火輪車、申正抵西京一百三十里。所經、吹田、
茨木、高槻、山崎、向日町五站所也。每站人民上下、與前無異也。
該府知事北垣國道、遣屬官迎接、定次于三條橋邊中澤淸治郞家。與
趙・朴兩台、嚴・沈兩公同處。西京、古日主所都、仕宦巨族、多在於
此、而海路稍隔、舟楫遠通、故人物雖極華麗、殷富不及大阪、但依山
設都、始見淸川橫流可愛、水味甚冽。

二十一日。晴。余憊甚不出、諸公往博物會、織錦所、相國寺、磁器
等所、周覽而回。

二十二日。朝晴晩雨。與北蘭、養齋、烹鮮沽酒、盡日歡娛、渡海後初
有事也。

二十三日。晴。與杞泉、仁蕉、北蘭諸益、往本願寺、卽日東古利、佛
殿、神宇、食堂、僧房、長爲二千間、廣爲一千五百間云、而金壁銅
尾、極其玲瓏、琳宮寶塔、果是嚴邃、老小男女之羅拜堦下者、不知其
幾百人、而皆有囁嚅之聲、似是各以所願而祝焉、語實難曉、蓋其崇信
如是矣。諸僧迎接、供以茶果、茶罷請其主釋、則辭以有事、有一人駒
澤格理者、稱西京華族【卽國族。】、引導其隨喜之方、晚到積翠園、有靑
蓮榭、踏花塢、艶雪林、嘯月坡、醒酪泉、龍存橋、飛雲閣、滄浪
池、黃鶴臺、蝴蝶亭十勝地、奇花異卉、翳翳成陰、方塘曲水、涓涓相
引、亭榭之高低隱現、花木魚鳥之游泳自得、池塘雖不足爲宏暢、亦可
知其精緻、蓋種樹養花馴物之性、得其妙也。坐臨水小樓、進酒果魚
麵之屬、酒半酣、幷陳龍涎鳳味、白綾洋紗、與崔君成大、分書數十
幅。申後還次。

二十四日。晴。諸公將琵琶湖玩賞、余則只與下人乘汽車、巳正還發、
午正抵神戶前度店舍。

二十五日。陰雨。衣藥之物、付送東京、入去船便。

二十六日。雨。所待廣島丸來泊、酉正冒雨乘小艇向船、舟輕波揚、喫

了一場危險。丑正發船。此船與他最大，不甚搖蕩雖幸，然而此海名
爲太平洋也，最險難涉，古所不通，及出大洋，四望無涯，亦無他來去
舟楫，但見波濤洶湧，鯨犀群躍，滿心悚然，益覺去國離鄉之懷，且同
舟之人，天下諸國皆會焉，衣冠相殊，言語不通，尤甚無聊，而其中最
黑色眼黃者，天竺國人云。

二十七日。晴。晝夜行舵。左有紀伊、相模、土佐等州。

二十八日。晴。巳刻到橫濱，卽武藏州神奈川²縣也。自神戶，水路爲
二千五百三十里，下陸點午供，申刻乘汽車，經神奈川、鶴³見、川崎、
大森、品川、新橋等六站下車，仍乘人力車，抵東京，自橫濱八十里
許。自外務省，定爲舍館於芝公園，園卽海軍省所屬公院也，留數日，
諸公議以私行難處公廨，送言于外務省，各移接于旅店。聞其國法，則
他國人來留者，先往外務省，言其來由，然後行止無碍云，故先往外務
省，則卿井上馨適公退，小輔芳川顯正、大書記官宮本小一接待。

二十九日。晴。仍留芝公園。

三十日。陰。仍留。

五月初一日。晴。仍留。

初二日。晴。仍留。

初三日。卯晴午雨。巳刻造文廟，第一門篇以"書籍館"，第二門揭以
"入德門"，第三門額以"杏壇"，聖殿篇以"大成殿"，而五聖位以塑像奉
安，又有左右廊廟，濂洛六賢公影幀安靈之所，而古信使金公世濂，作
文識之。行四拜禮於庭下，棟宇嚴邃，經史滿架，而但恨無士類之來
接矣。仍往博物會，未及周覽，雷雨震作，冒雨往還。

初四日。晴。酉刻移接于北上十里許岡田屋會長家，與趙台同店，旣

3　"鶴"：底本에는 "鴈"으로 되어 있으나 지명에 따라 "鶴"으로 고침.

陋且窄, 僅度一夜。

初五日。晴。更爲移寓于東去一里許神田區 連雀町十八番地萬代屋
古田甚內家。

初六日。晴。與蘭圃令公, 往工部省, 該省卿山尾庸三在外, 大輔吉井
友實, 姑未入省, 大書記官林董, 近接茶罷, 工作局大書記官大鳥圭
介, 追到敍話, 後往工學校周覽, 仍進圖學場、博物所、礦山敎學所、
傳信理學所而歸。

初七日。晴。

初八日。晴。

初九日。晴。

初十日。雨。釜山館船便, 付家書。有魚學士行中追來人, 槪聞京信,
未見家書甚菀, 而海伯族兄海蒼公, 三月二十一日損館任所云。虛廓
何極何極?

十一日。雨。

十二日。陰。往工部省, 大書記官林董、書記官大鳥圭介接見, 進茶
與煙草, 槪問本省事而還。大鳥圭介是日本有名人, 戊辰關白之廢,
爲德川慶喜將, 與國兵相戰數月, 有智略善用兵, 士卒用命, 如臂之使
指, 故所向無前云矣。終乃歸順, 今爲五位官, 而爲人短少精悍, 酬酢
之際, 他無出人者。

十三日。陰雨。留店舍, 酬應求書人。

十四日。陰雨。日主親幸博物院施賞, 因該院事務長官指揮往觀, 則
威儀雖無壯麗, 動止甚爲簡便, 步軍數百, 背負隨身緊物, 肩荷兼刃長
銃, 四四爲隊, 先行排立, 或有執旗者, 似是隊長, 而旗竿不過數尺,
旗面亦是稱, 是色則上邊紅、下邊白, 一類而已, 無他方色之別、高招
之屬。又無朝臣班行之儀, 御駕卽不過四輪, 有屋轎而略施金畵, 前
駕二馬, 轎外有立而御者數人, 轎內有對而坐者一人【對坐者國內卿云。】,

而更無侍衛兵仗，後有乘兩馬車、或一馬車、或人力車從邁者，似是公卿縉紳，騎兵則兩兩爲隊，作爲後陣，及其到院，上設玉座，卽國主所坐，而兩傍侍坐，國族前兩邊分坐，公卿大臣下兩邊，西則外務書記官及各國公使，東則省府縣官，而我國朝士，亦使同坐觀瞻，君臣上下，一體椅坐，服着則髮竪而免冠，衣黑而粘身，上着半身背子，但以紅錦大帶，斜袒而下垂，皆從洋製，但多施金彩，異於群下。

十五日。雨。

十六日。陰。

十七日。晴。

十八日。晴。

十九日。晴大風。往觀陸軍敎場。蓋軍制庚午十月更革，海軍取法於英吉，陸軍專式於佛蘭，設置操鍊場，小隊每日習之，間數月一大操，雖無旗幟、金鼓之肅容，整齊簡易，易於指使。兵有五名，步、騎、砲、工、輜，又有三稱曰常備、預備、後備也。海軍置軍艦二十四隻，皆有將、佐、上士、中士、下士、水丈夫等名，合一千五百十四人。陸軍置六管鎭臺，東京又設近衛兵三千九百七十一名、馬三百六十匹，鎭臺各色軍五千四百四十一名、馬九百十四匹，都合兵九千四百十二名、馬一千三百七十四匹，此是都下常備，而恒留操鍊者也；鄕外各鎭臺，常備兵三萬四千四百九十五名、馬一千五百八十四匹，此亦恒留操鍊者也。總合平時陸軍四萬三千九百十七名、馬二千八百五十八匹。編兵之法，無論華・士族、平民家，有兄而身未娶者，年二十抄出健壯，稱以生兵，演習六朔，始稱爲卒，以充常備役，滿三年退歸農業，亦許娶妻，稱以預備，但於每年三月大操時，限十五日入參，又滿三年之四月稱後備，又四年年三十之四月，稱以國民，年四十之間當不虞，則赴於徵發，四十以後，雖有大亂，不召焉。又置士官學校及敎導團，或習外國言語，或習諸般技藝，務使精敏。

二十日。大風。

二十一日。陰雨。往松潤台私處，適觀國主往宴博物院威儀，比前尤損，先行騎兵十餘雙，後有步軍若干人，甚簡率也。

二十二日。朝大雨，向申小霽。

二十三日。晴。

二十四日。大雨。

二十五日。朝陰午晴。

二十六日。晴。

二十七日。晴。

二十八日。晴。

二十九日。陰雨。往品川焇子局，觀玻璃製造之法，槪以石粉【白石末】、赤鉛、硝石、滿菴【泰西物改製者云。】、砒石【減塵穢之物云。】五種細末勻和，亦用破碎琉璃，盛于大如釜之陶罐，置圍爐之中，燒以石炭，鎔而成水，圍爐四面，皆有小穴，以如指大一丈鐵管，由小穴納其罐內，則所鎔之物，赤如火色，凝如軟糖，隨手成丸，大如毬、小如卵者，各隨所營器物之大小量宜，粘出管頭，欲長則揮管，欲圓則轉板，霎時成樣，至若壺罍之中虛者，一吹管孔，浮起如泡，其厚其薄，專係呼吸，如未盡成形，小有凝堅，則還入爐中，煅如冶鐵，及其製出，移置煖爐，漸移冷板，次第體凝，乃無破碎，彫刻物形，皆有機輪，隨意精工，而皆置洋人善工者，敎之日人，則尙未曉其精微，學之三年，一有能依葫蘆者，稱爲大才，方募年少工徒百餘人，分爲二隊，晝夜遞番，孜孜不息，而此亦非徒用之國中而已，有外國人先給價萬餘圓求買者。且造陶罐之法，最爲難愼，大者如甕，小者如釜，製出陰乾一年，然後始用，如未精造入爐中，而生礐坼孔，則所入許多物財，盡歸銷融，故先敎製罐之法，此亦敎之三年，乃至手熟云。回路歷覽延遼館，館則爲他國王子、皇族之設，而館宇宏暢，庭院瀟灑，引海爲池，矗石成渠，浮橋水樹, 頗有幽趣, 屋內鋪置屛帳、書畫、雕床、錦茵, 極盡華麗, 問于守者, 則曰: "英國太子, 日間將到, 所以整備以待云。" 外務屬官水野誠一, 進橘酒, 味甚香冽, 不覺連倒, 醉歸。

六月初一日。陰雨風。

初二日。雨。

初三日。雨。

初四日。晴。

初五日。晴。內務卿請竹泉台于靜養軒, 要余偕往, 故向午乘車往訪, 則亭在池邊, 景劇幽邃, 高車朱輪, 逸足驕躍, 匝在樹林, 快有繁華之象, 乃至亭上, 椅坐諸人, 起立延座, 各傳刺纔敍寒暄, 因往別館, 盛設酒肴, 半日勝遊而歸。

初六日。雨。

初七日。陰。

初八日。晴。內務記官櫻井勉, 有名文士, 而邀于自家亭子, 滿壁株聯, 都是我國詩翰, 在座朝士, 盡是自娛文墨者也。設酌延談, 多說衷曲, 作字吟詩, 至宵暢懷, 時彗星見, 在座者一人, 問我曰: "貴國以慧謂何星耶?" 答曰: "災也。" 其人瞠目曰: "公亦有此說, 果未見談天書乎?" 余應曰: "我國則設雲觀於闕下, 擇有才者, 教以乾象察災祥, 非人人所能。余則但觀史冊有兵革飢饉之時, 每出此星, 故云。公何驚聽乎?" 其人曰: "此非災也, 與日月之蝕無異, 何年何月何日何時見于何分野、何日何時之消, 已有分度, 旣有豫定, 實非偶見, 則何足爲災乎云?"

初九日。晝晴夜雨。

初十日。陰且風。

十一日。陰而風。

十二日。雨。

十三日。晴。與凡齋台, 往觀品川監獄。屋舍不知爲幾百間, 而時囚爲數千名云。此無他故, 國法初無楚笞之刑, 只有二律之嚴, 罪重者死, 死以下囚, 囚則從其重輕, 而以幾年幾月定律也, 故有滯囚之久, 而死傷則罕有矣。至於給以衣食, 敎以才藝, 夏設蚊帳, 冬分綿衾, 筵有書聲, 機有織婦, 尤是善政, 而抵賴者, 緣是而多, 決獄則由此而遲, 古人所謂"刑罰治亂之藥石"者, 尤可信矣。

十四日。晴。

十五日。晴。

十六日。晴。

十七日。晝晴夜雨。

十八日。雨。

十九日。陰霏。大倉組 釜山館船便, 付家書。

二十日。晴而風。往造紙所, 遍覽而來。

二十一日。陰而風。

二十二日。晴大風。

二十三日。晴亦風。

二十四日。晴。巳刻往工部省, 與屬官偕往電信中央局, 周覽而回。有權大書記官正六位石井忠亮、福田重固等屬九十人、權少技長正七位中野宗宏、技手四百十一人、敎術生徒一百四十人、本局附屬合中外官吏一千五百四十二人。自己巳經始, 至戊寅竣工, 而起東京, 連八王子、甲府、橫濱、橫須賀、小田原、沼津、靜岡、濱松、豊橋、岡崎、名古屋、桑名、四日市、津、岐⁴阜、彦根、大津、西京、大坂、堺、神戶、姬⁵路、岡山、丸龜、高松、松山、撫養、總島、宇和

4　"岐"：底本에는 "崎"로 되어 있으나 지명에 따라 "岐"로 고침.
5　"姬"：底本에는 "嬉"로 되어 있으나 지명에 따라 "姬"로 고침.

島、高知、尾道、廣島、三田尻、山口、荻、赤間關、小倉、中津、
大分、延岡、宮崎、福岡、佐賀、久留米、三池、熊本、八代、鹿兒
島至長崎; 又起東京, 連宇都宮、白川、福島、米澤、山形、仙臺、石
卷、一關、盛岡、青森、福山、函館、森、長萬部、室蘭、札幌[6]至小
樽; 又起東京, 連浦和、熊谷、前橋、高崎、上田、長野、今町、柏
崎、出雲崎至新潟; 起橫濱, 連橫須賀、小田原、沼津、靜岡、濱松、
豊橋、岡崎、津、四日市、桑名、名古屋、岐阜、彦根至大津; 又有
橫線, 自敦賀、福井、金澤、金津、浦和、熊谷、前橋、高崎、上田、
長野、今町、柏崎、出雲崎至新潟; 亦橫線, 自長崎至上海, 自上海至
秘露國、歐羅巴、北亞米利加、南亞米利加諸國, 電線沈于海底通信,
而東京置電信中央局, 屬六十局, 線條延長三百四十八里十八丁三十
五間。東京府下分局線八局, 線長八里二十七町十五間, 各廳線九局,
線長十二里二十町四十七間, 警視線二十六局, 線長十八里二十三町
二十九間, 傳話線, 線長一里十町三十五間三尺, 東京、橫濱間鐵路
線七局, 線長二十二里十六町四十五間, 神奈川縣傳話線, 線長三里
三十町十一間, 東京府外線十局, 線長二百八十里三十三町三十二間
三尺, 南區屬七十六局, 線長二千三百八十里三町二十七間二寸, 大
坂府下分局線三局, 線長九里三十一町三間一尺, 造紙局線一局, 線
長十四町四十五間, 大坂府下陸軍參謀部線, 線長十五町八間一尺二
寸, 大津、神戸間鐵道線八局, 線長六十九里十一町十五間, 傳話線,
線長一里二十八町三十二間一尺, 各分局線六十四局, 線長二千二百
九十二里二十五町五間三尺, 海底線, 線長五里二十一町三十八間,
北區屬五十五局, 線長一千四百四十六里十三町三十五間一尺, 各分局
線四十六局, 線長一千二百五十四里三町四十八間一尺, 海底線, 線

長二十里一町二十八間, 開拓使線九局, 線長一百四十二里八町十九間, 總計一百九十一局, 線長四千一百四十四里三十五町三十七間一尺二寸, 經費金四百十五萬九千八百圓零, 公私通報, 皆有計程, 賃金一年所捧, 假量四十三萬三千八十四圓零云。追同治九年, 由法國至美國, 做成電線, 長約一萬里, 及同治十二年, 由英國至美國, 做成電線, 長約七千里, 又有海底電線, 由英國至美國, 做成電線, 長約七千里, 又有海底電線, 由英國至印度, 由印度至新嘉坡, 由新嘉坡至香港, 此爲最長, 中國海底電報, 由香港至廈門, 由廈門至上海, 共三千餘里, 由上海至日本海底電報, 一千五百餘里, 由日本北至俄羅斯, 二千四百里。日本亦於十餘年前, 尙不知電報, 今則效而作之, 自都城遍通各處所屬地方, 統系縱橫, 約三千餘里。

二十五日。陰而風。

二十六日。晴。

二十七日。晴。

二十八日。晴。

二十九日。陰。

三十日。陰。

七月初一日。晴而風。

初二日。晴。

初三日。晴而風。

初四日。晴而風。

初五日。晴。日主北巡, 己巳始定蝦夷地, 爲北海道, 置十一縣, 設開拓使治之。居民初不知耕種, 日以驅狐狸、捕鯨魚爲業, 近者稍有耕讀者云。今爲十年四巡, 而蓋出於巡撫之意也。程道爲二千里, 動費五十萬圓, 及觀啓行, 則群臣衛士從邁者無多, 妃嬪公卿, 祗送郊外矣。

初六日。陰而風。

初七日。午雨大風。

初八日。雨。

初九日。晴。往觀淺草寺, 卽一遊戲之場, 他無觀者, 而多畜猢猻, 以鐵索繫其腰, 掛在木欄矣。

初十日。雨。還期快定, 歡喜無比, 而行事亦忙迫矣。

十一日。晴。行裝先付船便, 期以到神戸後來納, 益覺闊然矣。

十二日。晴。往觀上野博物舘, 暫憩蓮亭, 花已謝, 還沒趣味, 且呼主覓酒, 則但進茶而告罄, 興衰而歸。與北蘭、養齋, 快飮店樓。

十三日。晴。

十四日[7]。已刻將還發, 洪直閣、魚學士、趙承宣、李節度, 事有未了, 不能偕還, 早往告別。及其發也, 店主男女, 別進酒肴, 有戀戀之意, 至有揮淚者矣。乘人力車, 到新橋鐵道關, 登火輪車, 疾行生風, 頓忘炎熱, 四望綠蕪, 其平如掌, 酌酒相對, 滿心喜悅, 蓬萊雖隔重溟, 家國指日可到也。滿野禾黍, 其播其耘, 殆同我國, 而此疆爾界, 一倍齊整。午正抵橫濱八十三里。與趙、朴、嚴、沈諸公, 同住于北仲通二丁目林彦芳太郎家。午飯後與竹泉台、凡齋·蘭沼兩令、兪杞泉、李月南、外務屬官水野誠一、中野許多郎, 同往橫須賀造船所。水路爲三百里, 乘小汽船三時刻, 亦可達也。日已暮, 宿臨淮店舍。

十五日。晴。周覽工役諸所, 適値暇日, 別無奇觀, 海軍少尉, 邀于亭舘, 設饌款待, 臨發布紙求書, 恩恩寫十餘片額字、珠聯, 還歸橫濱。

十六日。晴。魚學士、金虞候、來此作別, 萬里海外, 同苦之地, 因各事由, 至此分張, 不勝悵缺。未正上名護屋丸, 此亦飛脚船也。與廣島丸, 大同小異, 而上等船價二十九圓七十錢【我錢九十八兩餘。】、下等七圓也。趙承宣追到, 于船上作別, 船將發矣, 未盡敍懷, 尤切悵轎。酉

---

7 "日" : 底本에는 없으나 문맥상 누락된 것으로 보여 "日"을 첨가함.

初發錨, 卽七月旣望也, 皓月初上, 萬頃湧金, 海不揚波, 坐如天上, 高倚舵樓, 誦蘇仙 《赤壁賦》 一篇, 指點山河, 正爾爲樂。俄而東風大作, 急雨飜盆, 波濤震蕩, 鯨鯢驚躍, 船大如山者, 搖若飄葉, 衝風而上, 則高不知爲幾十百丈, 追波而下, 則深如入于萬仞坑谷, 舟中所在, 無不摧破, 咆哮之聲, 尤可畏也, 非但我人之眩倒, 舟者亦大恐, 緊閉門戶, 嚴束其勿爲妄動, 如是而僅度一夜。

十七日[8]。雨雖不注, 風仍不止, 一船之內, 不得見同行一人, 蓋各自眩臥之故, 而勻水不入口者 爲二夜一晝矣。渴想殆甚, 向曙下隷柳福者, 匍匐來見, 始飮和燒酒蜜水一鐘, 精神爽然, 起整衣冠。

十八日。晴。卯初定錨于神戶港二千五百三十里, 下陸住于海岸通四丁目常盤舍 中川駒吉家。

十九日。晴。在東京所付衣籠來納, 一無虧傷矣。

二十日。晴。日氣比我國甚熱, 果難堪, 居處雖三層高閣, 前對大海, 後有山麓, 檐短屋高, 陽曝風微, 若非買飮氷糖水, 無以解渴矣。

二十一日。晴。仍留。

二十二日。晴。仍留。

二十三日。晴。見洪直閣在東京通奇于電線, 卽某日登船消息, 而午初所付者, 未初來到, 一時刻見二千里外音信奇事, 仍卽付答。

二十四日。晴。

二十五日。晴。蒼惠、琴石、中谷三公一行諸人, 戌刻乘和歌丸來泊, 出阜頭迎接, 問其利涉與否, 則幸値風恬浪靜, 初無經劫, 且艦長善待云。

二十六日。晴。所待千年丸, 未刻來泊。

二十七日。晴。巳刻衣籠先載于船中, 戌刻與徐仁樵、李彛堂, 上船留宿。

---

8 "日": 底本에는 없으나 문맥상 누락된 것으로 보여 "日"을 첨가함.

二十八日。晴。午刻一行俱爲上船，未初發錨，行七百里，至安藝州
五貫島 湯下前洋，以釜簪鐵截傷，不能運船，留碇修改。

二十九日。晴。卯初擧碇，子初下碇于長門州豊浦[9]郡赤間關五百二十
里。協同社中，進西苽十顆。

三十日。晴。辰初擧碇。賃船時預給船標，上船時捧標以入，卽爲船
規，而艦長松本待五郎忽地云：“無標以入者，更爲考標與人數。”果
有日本一人，無標冒入者矣。蓋初惜賃金之故，而末乃原價外，又罰
幾圓，其人大慙顔騂也。【一船所載船格二十三人，日本人五十六人，我行五
十三人。】

閏七月初一日。晴。寅正止泊于長崎島九百里，辰正下陸，往尋舊店
舍，主人略設酒肴以待我。京人鄭姓兩人，亦以公事來，留此店踰月
云矣。申刻一齊上船，戌初揚錨、 所經下關、引島、藍島、白洲、響
灘、池島、大島、勝島、玄海灘【所達大洋。】、志賀島、玄海島、烏帽子
島【有燈臺。】、名島、壹岐、靑島、平島、三神島【外洋】、尺瀨、生屬
島、澤吉、黑島、加喜浦島、暮島、七今瀨、神水島、西泊、深掘，大
槪也。

初二日。晴。申刻還泊于釜山港黑岩前洋九百五十里。酉初乘我小
艇，來住毛豆浦店舍，夜深後萊府府伯金善根來見，所親吏校，亦多來
謁。鄭同知漢楨，率步轎軍而來。

初三日。晴。巳刻乘轎到東萊府， 宿鄭校家。自本府盛備魚肉以待，
半載殊味，如覺醒胃。有書寫，仍留旬日。諸公分住山寺。

十二日。自萊府離發。

十五日。到漆谷，宿族第注書運馨家，轉到尙州 芝庄族叔來永氏【號藝
拙，經學之士也。】，留連數日，族兄桂馨來訪，尙州營將李圭常送酒肴。

9　“浦”：底本에는 “蒲”로 되어 있으나 지명에 따라 “浦”로 고침.

八月初一日。抵家。

渡海路程

四月初十日。巳刻發船, 申刻到對馬島, 四百八十里。

十一日。寅初發船, 未正到長崎島, 五百七十里。

十三日。戌正發船, 十四日卯初到博多浦, 六百里。

十四日。巳正發船, 申正到赤間關, 三百里。酉末發船, 十五日巳刻到多度津, 九百里。

十五日。正午發船, 戌正到神戶港, 三百二十里。

十七日。午正乘汽車, 未初抵大坂, 九十二里。

二十日。未末乘汽車, 申正抵西京, 一百里。

二十四日。午初乘汽車, 午末到琵琶湖, 四十八里。申正還發, 戌初到神戶, 二百四十里。

二十六日。丑正發船, 二十八日巳刻到橫濱, 二千五百三十里。未刻換乘汽車, 酉初抵東京, 八十三里。

七月十四日。巳刻自東京還發, 午正到橫濱, 八十三里。

十六日。酉初發船, 十八日卯初到神戶港, 二千五百三十里。

二十八日。未初發船, 二十九日子初到赤間關, 一千二百二十里。

三十日。辰初發船, 閏七月初一日寅正到長崎島, 九百里。戌初發船。

初二日。申刻還泊釜山浦, 　九百五十里。計往還水路一萬一千三百里、陸路六百四十六里, 計日一百十三日也。

聞見雜錄

日本國主, 姓源、名睦仁, 孝明第四子, 母藤原忠能卿女, 妃左大臣藤原[10]一條忠香公女, 年今三十二, 傳一百二十二世, 歷二千五百四十一年。始於癸丑六月, 北亞墨利加合衆國人來泊相模州 浦賀, 請結好互市, 關白德川家茂, 依違遣之。是月魯西亞人, 來泊于長崎, 又請結好互市, 仍呈國書, 辭甚不好, 不得已溫語誘之, 約以待三五年, 議定報答矣。甲寅正月, 北亞墨利加, 率兵艦七隻, 復至浦賀, 更申前請曰: "苟獲前報, 卽揚帆而去, 事如不辦, 直赴江戶取決。" 德川大懼, 乃接來使于橫濱, 遂許其下田、箱舘二港。七月荷蘭人、英吉利國人, 亦來請諸港曰: "側聞貴國之近日待北亞墨利加、魯西亞, 較弊邦甚厚, 厚遇則非敢望也, 苟以待墨、魯者待之足矣。" 威脅萬端, 乃權許長崎、箱舘、下田三港, 且給柴粮等物以送。內辰七月, 北亞墨利加來, 請以全權公使留住, 不許, 丁巳十月, 北亞墨利加聘使, 始入江戶, 戊午六月, 北亞墨利加、魯西亞人來謂曰: "英、佛兩國, 方克淸國, 威勢赫烈, 不日必來, 貴國將欲奈何? 今速定約條, 亦給印信, 爲我盟邦, 則我能調停其間, 否則禍且不測。" 於是乃權許互市, 號曰"假條約"。荷蘭、英吉利, 亦皆許市。己未正月條約旣定, 大開互市, 四方商舶, 輻輳諸港, 桅檣林立。至庚申正月, 始遣信使于北亞墨利加, 墨人犧船迎導, 及其十月還歸也, 又使船官護送。是年又送使于歐羅巴諸國, 又許葡萄牙人通商定條約, 當時許港, 皆出於德川家茂之權, 定條約實非出於朝裁, 故內而朝廷, 外而各藩, 多主異論, 有上書諫不可者, 有聚衆煽亂者, 有遺書自裁者, 謂之鎖港論; 有力主結好者, 有密贊互市者, 謂之開港論, 互相樹黨, 自相攻擊, 物議紛興, 衆口難塞矣。至乙丑十月, 始下外交之令, 朝議稍定, 而猶未許兵庫之港, 至丁卯五月遂許, 戊辰又許大坂、新潟。初則開議者少而鎖議者多, 今雖變更, 尙或携貳, 一則曰開和黨, 一則曰守舊黨, 朝士則輒誇以富强, 野人則

10　"原": 底本에는 "源"으로 되어 있으나 인명에 따라 "原"으로 고침.

多不改舊制, 於此可知和議之不遍於通國也。若其修好於我國, 則朝論巷議, 莫不稱好, 今於朝士之行, 日主聞而甚喜, 預飭沿路, 使之優待, 故所過長崎、神戶、大坂、西京等地縣令、知事, 每設饌相接, 又自外務省, 送四等屬官水野誠一于神戶港, 使之迎導矣。曾前官制, 上自公卿, 下至吏隸, 專用世襲, 自戊辰改定以後, 多依西法, 或參漢制, 曰太政大臣、左·右大臣, 曰參議, 設內務、外務、陸軍、海軍、大藏、文部、工部、司法、宮內各省, 創置元老院, 會議大事, 革廢彈正臺, 亦倣西制之無諫官也。省有卿、大輔、少輔, 有大、小書記官, 有幾等屬, 如吏胥。外設三府三十七縣, 府有知事, 縣有令, 有書記官, 有幾等屬。又有裁判所, 官凡八位十七等, 而位有正、從之別, 自十等以下無位焉。蓋官人之道, 惟才是庸, 而有華族、士族、平民之稱, 華族卽國姓也, 士族卽舊藩臣之族也, 平民之有材武者, 亦多需用。凡有職務之人, 每日辰刻赴衙, 未刻退去, 值曜日, 則必賜休暇, 所謂曜日一月爲四五次。

新置農商務省, 商賈則各設會社, 如三菱社、協同社之類, 而某物品可買於某國, 某物品可賣於某地, 指日會議, 上海、牛莊及歐羅諸國, 來來去去, 遠服賈以牟其利; 農務則苗代之築堰, 五年間已闢七八百里沃壤; 富岡之養蚕, 一歲中繰出數十萬斤繭絲, 此皆自官設置, 而趨末之利, 雖不足論務本之事, 猶爲可尙矣。

朝賀有三大節曰新年節、曰天長節、曰紀元節, 紀元卽神武卽位之日, 大小官員, 皆詣宮相賀, 京都人民, 亦懸旗稱慶, 旗必盡日, 且放大礮, 盡日歡娛。朝無拜跪之儀, 但以免冠爲禮。癸酉始變服色, 一從西製, 然朝士則公退在家之時、私自出門之際, 易着舊衣, 農商下類, 或不剃頭, 而亦無易服者。

自癸酉始用西曆, 以丑月爲歲首, 三百六十五日爲一年, 八月以前, 奇月爲大, 耦月爲小; 八月以後耦月爲大, 奇月爲小, 大月爲三十一日,小月爲三十日, 二月稱爲平月而二十八日, 月不置閏日置閏。

氣候則多雨少晴, 而雨雖頻數, 霽亦速易, 亦無暴注成霖之時, 値風雪嚴冬之節, 地凍氷堅, 但風止則寒便解, 故水無三日之氷, 冬有如春之暄, 較我國節序, 或有先後之不同矣。

地勢居天下之東北, 大凡水陸幅圓二萬三千二百八十里, 陸地東自陸奧, 西至肥前, 四千一百五十里; 南自紀伊, 北至若狹, 八百八十里, 地形如人字, 東南濱太平海, 西北與大淸及我國, 只隔一海。其北海道, 則東北有魯西亞, 琉球國, 西南有臺灣島, 山陽·山陰道, 正與我國嶺東最近, 江戶與六鎭相對, 寒暑略同關北云。

國分九道, 凡三府三十七縣七百十七郡, 島嶼三千五百七十三, 總計人戶七百十八萬一千七百三十三戶, 東京府管轄之戶四十三萬五千九百餘戶、人口三千三百十一萬八百二十五口。癸酉改貢法, 隨地價高下, 而造地券, 照地券而定地租, 征以十分之三, 民猶不堪, 復減租爲二五。至丁丑以錢代米, 計收爲三千五百五十三萬八千七百九十四圓, 假量一年各色稅入, 金五千六百三十三萬一千八百七十一圓, 年各不同, 不可詳知, 而一年應用五千二百八十萬四千六百八十五圓, 贏金三百五十二萬七千一百八十六圓, 蓋其不恒之費, 多於應用, 內外國債, 猶爲三億五千八百四萬七千二百九十一圓, 國計以是不足, 設印刷局, 造紙弊, 自己巳始用, 而奸民之輩, 投隙贗造, 眞僞混淆, 衆皆苦之, 至於金銀錢, 則皆流入泰西諸國, 雖日鑄萬錢, 可謂紙上空文, 物價昂貴, 民難聊生, 故君臣上下, 孜孜爲利, 雖微細之物, 無不收稅矣。

凡公私宮室之制, 皆是重屋層樓、複道環梯, 而不施丹雘, 多塗石灰, 黑瓦粉壁, 眩燿相雜, 飛甍危欄, 高低層出, 遠而望之, 殆同罨畫之境, 近而視之, 實失都料之法, 柱細而長, 檐高而短, 風撼雨灑, 頻年修改。

閭閻撲地, 旗亭連隊, 庭雖無片隙, 性最愛花卉, 盆松、瓶梅, 懸在壁間, 拳石野草, 鋪置欄邊, 至於公府官舍之大, 不設外門, 長廊圍以木柵, 或以鐵扉, 前庭後園, 多植松竹, 樹林陰翳, 花香襲人, 頗有幽趣。所過村落, 或有茅廬板屋, 而京都府治未見, 蓋草城郭, 則只有於江戶, 而周圍七十里四重, 四濠深可容舟, 雉堞不置譙樓, 外城不設石門, 未知緣何規模, 而內城雖曰有門, 亦非築虹蜺, 只設板門, 片鐵所見甚疎虞, 今其御所灰燼, 已過八九年, 而富民輩, 各自損財鳩, 聚屢百萬圓, 今春間始役開址, 而延拖六七年, 可以竣功云。

國多平原曠野, 而山莫高於富士, 湖莫大於琵琶, 嶺莫險於箱根, 皆有名稱, 其他愛宕山、一摺嶺、金絶河、六鄕江、陸奧之金華、下野之日光、伊勢之熱田、紀伊之熊野, 亦稱勝景。所謂火山, 亦非一二處, 嵐氣如黑烟, 望之盤紆不散。府內人家, 極爲稠密, 最忌失火, 故使警視廳, 以備不虞, 每六十戶, 巡以一人, 司警察者, 稱曰巡使【如我國捕校。】, 持三尺棒, 無論風雨, 每日巡行, 計刻遞代, 夜深不散, 火作則擊鍾而傳警焉。

國內學校, 處處有之, 皆非專經攻文之業, 有語學、法律學、理學、化學、重學、光學、氣學、算學、鑛學、畵學、天文學、地理學、機器學、動物學、植物學、史學、漢學、英學、商賈學等各色, 而海、陸軍省, 有士官學校敎兵士, 工部省有大學校敎器械, 而其中史學云者, 先敎日本國史及通鑑書而已。又有女子師範學校, 擇士族女子百餘人, 延師敎之大字細畵, 年甫十餘歲, 能有成樣者焉。

國俗舊無學術, 百濟時人王仁, 携書籍以入, 始敎經傳, 中世則文風頗振, 略知尊孔·孟、談程·朱, 中國書史, 漸次輪來, 通經攻文之士, 往往多有, 近年以來, 西學大熾, 各藩文廟或改爲官署, 廢棄者過半, 五經四子, 屬之弁髮, 以是之故, 漢文之士, 潦倒不得志於時, 噓唏慨歎而已。

其土音恒用者, 名曰伊呂波, 卽其國弘法大師所剏造也, 不過四十七字、四十七音, 而只不出支微歌麻四韻, 故語不成音, 繁複支離, 文簿書牘, 雜以漢字, 尤爲難解。所謂新聞紙, 如我國朝報, 而公私雜錄、街巷浮議, 俱收並蓄, 搨印行賣, 市民商旅, 無不買看, 而事多相違, 言亦爽實, 不足盡信矣。

其俗始也尙神, 縱以崇佛, 傑閣高樓之雜在民間者, 無非神堂、佛宇, 至於三千餘所之多矣。近日則一切反是, 神堂殆半廢棄, 僧徒皆爲流離, 佛享社田, 多沒入官, 娶妻食肉, 許同平人, 其勢遂衰, 所過所見, 雖數千間巨刹、名寺, 緇徒不過百人矣。

街路修治, 爲國一大政, 凡街皆中高, 而兩畔低, 朝夕灑水迅掃, 若家屋前掃除怠慢者, 及或棄汚穢之物者, 並有罰金, 所以其直如失、其平如砥, 街口處處, 多設隱溝, 大雨之後, 不甚泥滑, 旋卽乾淨, 雖有閑地, 不作菜圃, 輒植樹木, 撑柱圍籬, 護養有方, 每春夏之際, 綠陰滿衢,　蓋其野曠山少之故,　酷愛樹林而然也。人家皆書姓名於外門, 雖高官大府, 亦以二三寸木板, 書正一位某、從二位某, 懸于楣上。街路兩邊, 列立鐵柱, 上設琉璃燈, 薄暮燃火, 達曉不撤, 此蓋非油非燭, 號曰煤氣燈, 燈柱內空外直, 下有通穴, 連穴鑿地, 如同隱溝, 而各處燈柱, 箇箇如是, 引其穴而聚合一所, 因作大坎, 曰煤石炭, 則煤氣達于諸燈, 無添油剪燭之勞, 而但暮則燃之, 曙輒滅之而已, 煤炭之所, 名曰瓦斯局, 此亦似化學中出來, 而未得其詳。

尺制有三: 一曰曲尺, 一曰鯨尺, 一曰吳服尺, 曲尺一尺, 卽鯨尺八寸; 鯨尺一尺, 卽曲尺一尺二寸五分; 吳服尺, 卽曲尺一尺二寸, 其布帛行用, 一尺三寸, 爲我國一尺, 且量地之法, 曲尺六尺爲一間, 六十間爲一町, 三十六町爲一里; 量田則三十步爲一畝, 十畝爲一反, 十反爲一町, 海路一里, 當陸路十六町九分七里五毫, 其測量水深, 則以曲尺六尺爲一尋。

升亦有三制: 一曰古升, 徑方五寸、深二寸五分; 一曰京升, 徑四寸九分、深二寸七分; 一曰武子升, 徑四寸六分五里、深二寸三分九厘八毫, 十合爲一升, 十升爲一斗, 十斗爲一石。

車制, 則有四輪二馬車, 有四輪一馬車, 有兩輪人力車, 有二人乘車、一人乘車、又有三輪自轉車、荷車之屬, 大小合二萬六千六百十四輛, 皆有一年稅納。

東京有博物院, 架屋不知其幾百間, 而古蹟則有瓦鎬鼎彝之屬, 以至山禽、野獸、昆虫、魚鼈之可生致者, 生而致之, 痴熊、驚兎, 絆籠逡巡, 孔雀之棲、胡孫之戲, 駭人眠目; 其不能生致者, 必連皮帶骨乾而置之, 或像形而爲之。至於軍械、農器, 人間所用之物, 無不畢具, 明珠、寶玉、珊瑚、玳瑁、錦石之類, 玲瓏璀燦。我國之旗纛、衣服、瓶罌、皮毛之屬, 亦皆有之。使才能者, 可畫者畫之, 可學者學之, 蓋廣其智見之意。大坂、西京之博物院, 亦無異同, 且於文部省、工部省內, 各置博物院, 而又新設勸業博物會, 制與院同, 此則所置之物, 並不取他國之産, 只聚本邦所有, 使各處人, 隨其才盡其巧, 造成某樣物件, 限百日內, 納于會所, 則總裁官以下本局諸員、各府縣官, 揀其優者, 施以賞典, 五年一會, 以爲定式, 此專爲勸技藝之道, 而所列之物, 磁器、木石, 各極其玅, 鳥獸、虫魚, 像形如生, 朽木、怪石, 舖置卓上, 舟車、橋梁, 盡在壁間, 又有佳山、麗水, 聚沙爲形, 深藪、長樾, 施彩依樣, 以呈其才, 非但好奇快耳目, 意欲誇耀見能。至於別火輪水車于一所, 織布、製絲、削木、鑄字、打穀、精米等事, 皆輪轉自成, 人技其功矣。

物産大略, 陸奧、陸中、陸前等州産金, 越後、盤城、飛彈、信濃等地産銀, 紀伊、巖代、出雲、備中産銅, 常陸、隱岐産鐵, 讚岐、羽前産鉛, 赤間之硯、美濃之紙、參河之酒、宇治之茶、攝津之綿花、越前之雪綿、筑前之米穀、韜浦之茵席、壹岐之布、加賀之絹、尾張、薩摩之長鎗、利釖, 並有名稱。至於石炭、石硫黃等物, 則近因通泰西始用云。長門、大隅等州産馬, 而多削鬣鬣, 蹄着藁鞋, 但駕車耕田而載物卜駄者甚罕, 騎兵則莫不畜馬, 馳走街路, 皆肥健橫逸, 多從外國購來。大隅、上摠等地產牛, 牛多黑色肥大, 亦耕田駕車, 絶不屠宰。近年則以西人嗜好之故, 往往有販肉處。海產則生鰒、青魚、大口、連魚、松魚、古道魚、道味魚、秀魚、廣魚、鱸魚、鮎魚、洪魚、銀口魚、錢魚、石首魚、烏賊魚、小蝶、大蛤、海蔘、淡茉、昆布、青苔等物, 無有不產, 而惟北魚不產。禽獸則山猪、獐鹿、狐狸、山獺、野雀、山雞、鳧鴨、烏鳶、燕雀、雞犬之屬, 而禽之鷰鵲、獸之虎豹素無。蔬茉各種, 菁根長可盈尺, 土芋大或如拳。果實則橘柚、梨柿、棗栗、桃杏、林禽之屬, 而盧橘最甘, 謂之蜜柑、金橘太酸, 愛其香色, 惟乏柏子、胡桃。花卉則枇杷、蘇鐵、椶櫚、梅菊、蘭竹, 而有綠櫻者, 枝長裊裊如垂楊, 花葉俱細, 深紅淺絳, 三月爛漫開花, 有海棠者, 垂綠如貫珠, 絡繹可愛, 枇杷冬華而夏實。冬柏爲其所油, 植或成林, 又採櫨實, 搾油煎以爲燭, 色潔如羊脂, 多產於土佐州云。至若胡椒、丹木、黑角、孔雀、雪糖之屬, 或出於閩浙、南蠻諸國, 以爲貿取焉。

飮食多用淡味, 不喜油膩、辛辣、鹽醢、甚鹹之物, 專尙甘酸。飯硬如蒸, 而每飯飯不過數合, 茉羹一盞、鹽菁數片、魚物一切、醬豆幾簡, 最嗜雞子, 而或煮或生。對飯時, 先以小甫兒, 盛進三四匙, 隨食隨添, 無有餘遺。其或速賓之時, 預設長卓, 相對椅坐, 先置一楪肴、一空盃、一雙箸、一幅手巾, 次進炙魚、熟肉、蒸豆、雪糕之屬, 喫盡更進, 一不疊設, 每更進之時, 輒換新箸。酒有燒酒、淸酒之名, 皆有臭不佳, 隨飮隨添, 不揮手則不止, 終進一鐘茶乃撤床, 所食不滿十器, 坐久便覺支離。昔之所謂金銀塗魚肉、杯盤張羽毛, 今焉無所覩, 近日飮食, 亦多出於西法, 爲其省費云。

人物, 大抵男多眇小精悍, 罕有俊偉; 女亦柔順伶俐, 不醜惡而動止飄忽, 全無敦厚之風, 性情燥急, 粗有然諾之快, 規模精緊, 事不遺於毫毛, 心懷疑猜, 言不出於肺腑, 外若可親, 內實難測。至於通衢大街, 人喧車響, 夜深不絕, 可知其人物之衆, 而跛躄殘疾者罕見, 襤褸丐乞者常少。女子但被廣袖周衣, 繫全幅色帶, 襪皆前分兩條, 一條容大指, 一條容四脂, 此是隆冬始履, 亦非常時所着, 嫁輒漆齒, 以誓不吏, 賤類娼妓, 多不漆齒, 且男女無內外之別, 雖公卿女子, 稠人廣坐, 曾不避忌, 又嗜沐浴, 處處有浴室, 而無論四時, 一日一浴不廢矣。

大坂城在攝津, 江曰浪華, 津曰難波, 處一國之中, 跨大江臨內海, 四面同道, 水陸交輳, 百貨百工, 無一不備, 蓋前日關白所管, 故其人佚樂, 其俗侈靡, 又鑿南岡, 引水入城, 作溝渠通舟楫, 故十餘萬戶門不臨水者少焉。有造幣局, 置書記官、技長、技手等屬, 而架屋數百間, 設大蒸氣機二坐, 一屬鑄金銀貨, 一屬鑄銅貨, 而在在各機, 隨意自轉, 先以爐冶, 鎔成一片, 移置一機, 則自運自出, 厚薄廣狹, 適宜錢體, 再移一機, 則團團成形, 箇箇自落, 無泥板印出之勞, 又拾置一筒, 則前後面字形雜畫, 斑斑成刻, 後孔出者, 連絡不絕, 其速其易, 反有勝於署套, 奇巧之極, 令人怪訝, 次儲網器, 磨而生潤, 以升計之, 不勞手算, 一日之內, 所鑄銅錢, 爲四千餘圓, 銀錢爲四萬餘圓, 金錢爲五萬餘圓, 此非獨自公所鑄, 本邦富民、外國巨商, 出財自鑄, 外面觀之, 便是私鑄, 內究稅入, 無異公造, 金錢有一圓、二圓、五圓、十圓、二十圓五種, 銀錢有五錢、十錢、二十錢、五十錢、一圓五種, 銅錢有半錢、一錢、二錢三種, 而又有一厘、八厘行用者, 一厘卽舊錢寬永文, 八厘卽天保文, 舊時以當百所用者也。銅之鎔化, 回熘爐只用煤炭, 金銀之鎔化, 用黑鉛坩鍋容枯煤, 亦出於西法云。

倭京居一國之中, 地屬山城州, 其稱西京者, 對江戶之爲東京也。其山川之美麗、人物之殷富, 與大坂爭其甲乙。設置盲啞院, 雜聚男女盲啞者, 置師教之, 盲者, 教地勢形便、道路遠近, 及本國諺文, 而地圖, 刻以木板, 分別高低, 以手接摩, 可驗橫直; 諺文, 口以授之, 耳以聽之, 日課月攷, 自然成誦。啞者敎書畫、算數、雕刻等技, 而口雖不言, 目之所見, 手之所使, 無不精通。初則給料而勸課, 末乃技熟而收稅, 雖或近於爲利, 亦使民無遊食, 免乎溝壑之意也。又置救育院. 幼兒之失父母流離者、貧人之無家室丐乞者, 收而養之, 及其成長, 使各授業, 俾有歸屬。

設驛遞局, 置官吏、郵卒, 以便公私通報。其法, 於每町通衢, 竪郵便筒, 或以銅鑄, 或以石造, 而欲付書信者, 無論遠近, 特書所去地名與某人姓名, 付錢標, 置之郵筒, 則郵卒輩, 時時搜出, 隨其地方, 分置其次郵筒, 其次所在郵卒, 亦搜出傳次, 以此爲準, 一日之內, 達于百里, 至於外國絶域, 無所不通, 若值渡海, 則該船主, 亦持去信傳, 此非但拘於定律之嚴酷, 無所浮況, 亦大關於爲利。蓋自官先造錢標, 自幾圓至幾錢, 捧錢賣標, 則付書者, 稱其書封輕重, 而買錢標付之, 而書封重爲一錢, 則付十錢標, 重爲二錢, 則付二十錢標, 重爲三錢以上價爲倍之, 驛遞局一年賣標金, 與地稅比等云。不費專足之勞, 坐而通信, 果是良法, 以片紙取巨萬財, 而人無怨言矣。

鐵道局, 置收監、書記、技長、技手等, 掌鐵道修繕、收稅等事。先於東京、橫濱之間, 自庚午三月始役, 至壬申九月竣工, 計程里七十三里餘, 而大抵先治其道, 遇山則鑿, 逢水則橋, 其直如矢, 小無屈曲, 其平如砥, 亦無高低, 乃以鐵杠間四五步橫埋路上, 次以鐵線之體可載車輪者, 四條連絡, 亘布於鐵杠上。蓋線鐵中則坎而上下濶, 輪鐵內有郭而外邊平, 輪郭冑於鐵線轉動, 小無差妷, 設置四條者, 二條曰本線, 二條曰副線, 各有來車、往車之殊, 使不相撞破, 又有支線, 使車輪轉環之所, 而車制, 則一架假如二間屋子, 而兩傍布板稍高, 可以踞坐, 四面穿牖開闔, 可以納凉, 一架可容數十人, 有上等、中等、下等之別, 分等收稅, 高下懸殊, 火輪則但設前車, 次以螺線連車, 一車從一車, 至于數十輛之多, 一火輪一時刻, 達于百餘里之地, 疾如電挈, 人不甚搖。每二十里設一舘, 置官人檢查, 行旅收稅, 而乘車者給標, 下車者捧標, 標皆有上白、中靑、下紅三等之別, 考此捧價, 毫無紊亂。神戶、大坂、西京、大津亦然, 而西京、神戶之間, 始於辛未九月, 訖于丙子七月, 計程里一百九十二里餘; 西京、大津之間, 始於戊寅八月, 訖于庚辰七月, 計程里四十八里餘。行止必有報號, 停止用赤色旗, 疾行用白色旗, 徐行用綠色旗, 夜行以燈色爲證, 所載雖包裹之小、禽獸之物, 俱有計程定稅, 三十斤以下, 五里四錢, 十里八錢, 六十斤以下, 五里八錢, 十里十五錢, 携禽獸, 則五里五厘, 十里一錢, 至於百里, 以此爲准, 總計一年稅入, 雖年各不同, 觀己卯所捧, 則東京、橫濱間來往人員一百七十八萬七百七十一人、賃金四十一萬七千七百六十七圓零、荷物賃金六萬六千五十九圓零、雜收入金二千三百四十五圓; 西京、神戶來往人員二百十五萬二千七百二人、賃金六十萬二千六百五十七圓零、荷物賃金九萬六千七百九十三圓零、雜收入金二千三十六圓, 總金一百九十萬七千六百五十七圓零。西京、大津間, 姑未收稅, 而現在各樣汽車, 合五百九十四輛。

鑛山之法, 大抵先擇精工堪輿、明識地質者, 透知金銀出何山、銅鐵出何地, 而非但知其某山、某地之産某物, 必使察其幾斤、幾兩之至幾許, 然後可以經始開鑛, 如其不然, 措備器物, 掘地時月, 而所得返損於所費, 則狼狽極矣, 故得人最難。且掘坑之法, 先利器械, 可收功倍, 故有鑿岩、複螺旋、挾碎、穿井、扇風、水壓、卸貨等器械, 而自辛未始經營, 所謂官採, 凡爲九處, 二處則所費至於巨萬, 而尙無一金所採。私鑛數夥多, 或廢或起, 所收亦無定數。蓋鑛有二種之名, 一曰有鑛質, 産金、銀、銅、鐵、鉛、錫, 一曰無鑛質, 産石炭、硫黃、巖鹽、玉石等物, 得其可鑛之形便, 然後始募工掘地, 而長崎縣高島所在石炭鑛, 卽一國之最大處。先從石脈, 自地面開鑿, 鑿之又鑿, 直下三十餘丈, 復折而入一弓地, 又折而入八九十步方掘採, 而坑之深廣,

不知爲幾百間, 自地面始入長谷, 兩旁築石, 堅如城址, 上布圓木, 使
無顚壓, 坑內之谷, 儼成坦路, 苟非火燭, 則使是長夜, 故所以左右,
種種設燈, 且於鑿處, 人人執炬, 又置四條鐵路, 所採之物, 以馬車輪
出, 及到坑底直上, 有昇道、降道, 各垂鐵索, 索末繫大竹箱, 入者懸
而下之, 出者懸而上之, 皆非人力之引挽, 外設火輪, 其解其挽, 隨意
爲之, 內設水車、風機, 泉涌則引水筒而噴之, 日熱則擧扇風而凉之,
人之勞力, 專賴機輪, 自無擔負之苦, 便有轉運之功矣。凡諸鑛山, 全
管政府, 而皆屬工部, 有願開坑者, 訴于礦山寮, 出許可文蹟, 然後始
掘, 每於一月、七月, 計其礦産多寡, 分等納稅, 而坑區面積五百坪,
卽我國五百步, 每年棒稅金一圓, 廢坑更採, 則千坪之區, 金爲一圓,
以爲定式, 自己卯七月, 至庚辰六月, 官礦所採代價棒入<u>佐渡</u>金銀鑛,
二十二萬四千四十二圓零, 除營業費十一萬五千五百圓零, 及興業費
五萬二千七十八圓, 實不過五萬六千九百六十四圓, 各鑛所採總計,
純金六千六十六弓, 一弓卽八戔, 純銀十五萬五千四百十八弓二分,
銅七十萬九千七百四十二磅七分五里, 一磅卽十六弓, 或稱一斤, 鐵
一百三十三萬三千六百六十磅, 鉛二十九萬二千四百九十三磅, 石炭
二億四千三百五十七萬五千一百十六斤, 石骸炭五十六萬一千七百七
十八斤, 以其代價, 較其所費, 出多入少, 姑無爲利, 私鑛各處總計一
年所出金、銀、銅、錫、鉛、鐵、硫黃、礬石、瀝靑、雲母、山鹽、石
油、雄黃、巖木、粘土、石灰、水晶、瑪瑠、蠟石、寒水石、斑石、
燧石、陶土、硝子, 皆以萬千計, 而器械之難易, 隨鑛坑之深淺, 鑛坑
之深淺, 隨物産之多少。蓋鉛銅之坑, 大於金銀之坑, 硫黃之坑, 大於
鉛銅之坑, 石炭之坑, 大於硫黃之坑。

營繕局者, 乙亥設置, 掌營繕諸官廨舍、各官殿及修理補葺之事, 貿
取各種材品, 以備需用, 而道路、橋梁修繕等事, 內務省及土木局及
地方府縣主管, 而本局亦管董飭焉。

電氣報, 以銅爲線, 約徑分許, 用西人所鍊電氣, 或架水上或沈水, 引而伸之, 兩頭以機器繫之, 所傳之音, 雖萬里卽達也。電線之萬里傳信, 彼此只憑一盤, 盤中有針, 四圍有字, 針旋指字, 隨指隨錄, 遂爲一幅書, 如指元指亨指利貞, 以知元亨利貞之類也。此邊此針旋時, 彼邊此針亦旋也, 蓋電線之端, 入于屋中, 如我國懸鈴索之入屋者, 下垂于床, 床上設機, 機傍有器如樻, 樻中有電, 手敲其機, 電生于樻, 閃閃爍爍直上線, 傍又一器, 如國攻木者墨繩筒, 筒中有杠, 杠轉而傍又有片紙圓堆者, 一端直上于杠而圍之, 紙上有字, 傍又布紙, 紙有字, 爲此報彼之書也, 而圍杠片紙之字, 卽機傍布之字, 一字字波勒, 無別有誰移寫, 忽焉在彼前而據視之, 片紙之未上杠, 初無有字, 纔上杠而隨有字焉, 而此杠此紙, 亦不與線相關也, 則此皆吹囊之事也, 此時彼邊不計千萬里, 電線之入于彼之屋者, 線忽生電, 而筒中之杠轉, 杠轉而片紙之圍者, 解而下也. 下而有字, 卽此邊圍杠紙之字也, 彼邊之事, 固不曾見, 而以此推之, 想亦如是也, 此所以萬里傳信, 只爭一時也。電線聯絡之柱, 在在道路, 直木可三四丈者, 上施磁杯, 線施于杯, 一柱之線, 其數不一, 此邊彼邊, 處所不一, 或多或少, 遠近亦不一, 此又不得不然之事, 遇山遇野, 高之低之, 惟意爲之, 以至遇大海, 直沈于水底而過之云。

電信之法, 先知電氣引出, 然後始可與言, 而發電之法甚多。○一曰摩電, 如用羊絨、火漆各一塊, 或玻璃、綢絹各一塊, 其摩力, 俱能吸動紙片酒塞輕物, 此卽摩電是也。細看一物, 試摩電氣, 用小輕圓毬, 掛以絲線, 將此物摩熱, 而近探之, 如毬被吸動, 此物卽有電氣, 如摩熱, 毬仍不動, 是無電氣, 或有而力不足, 卽此可以看出, 如蜜蠟、樹膠、硫黃、玻璨等類, 甚有吸力, 寶石、木炭、乾木等類, 甚少吸力, 初看五金之物, 意必摩無吸力, 遂將摩而有無電氣, 各物分爲兩項, 夫若是分者誤也, 因有人細尋五金之物, 摩亦有電, 其或無者, 乃電未出, 竝非無也。○又有摩電法, 以玻璃爲輪, 傍安轉運活軸, 上安皮墊, 敷以白鉛屑、錫屑, 蓋覆玻輪, 兩傍各安五金蓄電筒, 各揷於玻璃柱上, 二柱亦以玻璃爲脚, 筒旁向裡緊連皮墊, 向外有柄可繫下垂鐵練, 其一筒旁安一鐵橫樑, 有齒近吸玻璃之電, 向外有柄可繫下垂鐵練, 如欲取陽電, 可轉玻輪, 於筒旁安垂鐵練齒, 吸陽電入筒, 陰電隨電筒旁之鐵練, 俱散於地矣。若垂練於彼頭, 則卽取陰而去陽也。○又有多收電氣之法, 可製一瓶, 名曰蓄電瓶, 瓶內俱敷錫屑爲衣, 瓶口外敷火漆, 用木爲蓋, 中用銅著一條箸, 首亦安銅柄, 由蓋揷入瓶裏, 下繫銅練, 分垂於底, 緊貼錫屑, 如欲滿瓶, 以外繫鐵練垂地, 將前電機玻輪, 輪轉運與瓶箸之柄相近, 所取陽電, 由箸行入鐵練, 蓄於錫衣之上, 自尋瓶外錫屑, 陰電則此屑內, 陽電先則相混, 今竟離開, 由外繫鐵練而散去矣, 是爲蓄電瓶。○欲用較比一瓶力大之電, 可將多瓶, 排放一處, 俱要緊挨, 外敷錫屑, 用五金線, 將各瓶箸之柄, 縱橫連繫一處, 似此連繫之力極小, 亦能斃小島生類, 如二十餘人排立, 携手相連, 此頭人用一指按於銅箸之柄, 彼頭人用一指按於瓶外錫屑, 則電氣傳過人身, 一齊震顫矣。○又有二金相合生電之法, 以木爲箱, 旁做兩柱, 中橫平樑, 樑有多鉤可懸, 將紅銅、白鉛, 間放箱中, 每一隔白鉛、一隔紅銅, 兩頭亦須相錯, 如此頭繫鉛、彼頭繫銅, 箱中盛以强水, 以五金線灣屈, 一頭連鉛, 一頭連銅, 其首末, 仍各以一線, 一頭連金, 一頭分向箱外繞出, 使其兩頭會連, 彼此皆各由箱外相接於線之各一頭。○又一法, 以玻璃杯數個中盛强水, 每杯內竪紅銅、白鉛各一, 相連排放, 用金灣線, 一頭連於彼杯白鉛, 一頭連於此杯紅銅, 其首末兩杯內, 如此杯白鉛定, 須與彼杯紅銅相對, 仍各以一線一頭連金, 一頭分向杯外繞出, 使其兩頭會連, 彼此各接如前箱式, 此法名曰電池。○地中有一磁石, 其力可以吸鐵, 係自然之質而成之也。人得尋之而出, 藉人力做, 而復使吸鐵, 較更便益, 名曰吸鐵石, 如以長條磁石, 置於鐵屑之中, 少時提出, 見石兩端吸鐵甚多, 往裡漸少, 至中則無似不能吸到, 若將此石, 從中折爲兩端, 每段兩端, 亦多吸屑, 中間仍無, 若以羅盤之磁石鐵針, 高懸平處, 其針搖擺, 對准南北, 然後始定, 故名曰定北針。今於此針旁, 又懸一磁針, 所指如之, 若將此針指北之頭, 與彼針指南之頭, 相近則必合而不離, 如將此針指北之頭, 與彼針指北之頭, 相近則必離而不合, 其理何也? 蓋因二針之頭, 異則相合, 同則相離, 如一陰一陽之理也。今將一磁石, 下置一鐵, 勢必吸連磁石之力, 附傳於鐵, 其鐵卽與磁石無異, 若一離開, 則所吸鐵屑, 亦卽紛墜, 是無磁石之力也, 似此鐵下連鐵, 不拘多少, 力足貫到, 皆恃磁石, 連則有力, 離則無力, 若用鋼代鐵, 雖較鐵傳力稍慢, 然若離開較鐵, 散力亦慢, 由漸而減, 不似鐵一離卽散, 故尙可用, 時人用鐵鋼者, 職此故也。○又有將鐵做成磁石之法, 將鐵條一塊平放, 用磁石一塊, 分定南北兩端, 將磁石北端立起, 由鐵之此頭順敷至鐵之彼頭, 至尾提起, 磁石再由此頭敷至彼頭, 如是數次, 鐵感磁氣而成磁, 前敷之南端, 易而指北, 北端易而指南, 由是與磁石無殊矣。做磁鐵之法甚多。如電報機器內鐵針之式, 或做鋼懸如馬掌之形, 欲其力多, 亦可照加層數, 若用久恐力不足, 可於下而用鐵板如座托住, 自能懸起, 其力不洩。○又有一名曰針電, 其法做一木櫃上下二層, 將前隔絲, 相連二針, 照做二分內針, 在上層櫃內, 其外針在櫃外面, 用作號數, 將蓄電瓶內陰陽二線之端, 分頭接連, 如此頭陽電, 由右而入, 彼頭陰電, 由左而入, 記認橫外二針之端指右爲何號、指左爲何號、一二動爲何號、連次動爲何號, 橫之下層外, 做活軸二柄, 亦並排列, 係爲便於更換陰陽之, 用以五金線二條, 一在白鉛爲陽, 一在紅銅爲陰, 各瓶彼此間連, 如欲任便取用, 不煩移線挪瓶, 將此二瓶, 雙手捽推向西, 是爲讓進陽氣之路, 上針卽指右爲陽, 若捽推向東, 是爲讓進陰氣之路, 上針亦指左爲陰, 兼可下推上指, 以訂號數, 計一二推指爲何號, 隨意訂

用, 意期捿便耳。○又法, 做一水槓, 形如表盤, 面上預有洋字號數,
將內外兩針, 照前分安一內一外, 將前馬掌形吸鐵及蓄電, 各機器俱
與接連, 借此鐵一吸一放之力, 使針指字, 用時推柄, 分陰陽電路, 隨
手取用, 默記針動次數, 每動爲何字, 記數成字, 連字成文, 至於彼處
之機器, 做法同此, 此處做何字 畫, 彼處依式畫出, 毫髮無訛, 無異面
談矣。○又名曰電鑰, 可以啓閉, 用紙印做號數, 其法, 做一橫樑, 下
安小柱, 中間可開可合, 爲引電路, 橫樑之末, 安一圓柄, 係爲以手按
提, 一提則電止, 一按則電來, 於此樑旁, 接以機器, 線通於機, 其機
上安有竪筒, 內藏絲纏馬掌形吸鐵, 筒外預裹湖絲, 筒口上懸一鐵相
對, 其鐵上下雙頁, 末尾有做成鋼尖灣上, 浮擎上輪, 垂放紙條, 鋒尖
托紙, 可刺可過, 統屬電鑰之權, 若手按電鑰, 則柱中間, 自合電氣,
由機得以通, 上直達馬掌鐵, 及吸力一出, 上面鐵近口之一頭, 被吸必
近就垂低, 其一頭必高翹仰起, 彼處銅尖, 隨上刺紙, 借可做畫, 總在
提按電鑰,　爲之使其或長或短或間或連俱可用,　號數較之更爲清楚,
無含混之訛也。○又一法, 所用機器, 各式同前, 惟以藍色油墨, 染敷
於鋼尖之上, 所印字畫, 盡變藍色, 比前似更明確也。又有意大里國
人嘎色利者, 創做一法, 可用傳往遠處電報, 其印字法, 預以白金、白
鉛藥水, 將白紙浸過電氣, 一過立時變色, 兩頭各設銅几爲板, 上用鐵
筆一齊運行, 此頭筆做何字, 彼頭如之, 其機上安有筒形二輪, 相竝排
列, 橫臥於機上, 每輪上各有鋼尖, 托此藥紙, 此紙包貼輪上, 紙隨輪
轉, 其紙預浸染藥字, 用漆水畫寫, 電氣一到時, 遇漆乃電劣路, 故滿
紙漫蔭變色, 唯空字畫是白, 顯出字形矣。○電線之路有三, 一陸地立
竿懸線之電、一由地中埋線之電、一由海底接線之電。其陸地立竿懸
線電之法, 擇一光潤和柔之鐵, 做成長線, 外鎔柔鉛爲衣, 護之使不生
銹, 線身粗細, 分有三樣, 厚一寸者, 分作八分, 算一分之線, 作小近
電報之用, 現在常用者, 厚及六分, 若其四分者, 係備曲折防斷備用,

將此鐵線，懸於竿上，其竿須擇乾透淨直之木，長約二十尺至三十尺，
木根或用火烤日晒，或用銅强水浸過，然後埋立地中，掘地當看土質，
如係沙鬆之地，須當深掘大約四五尺深，各竿勻空排埋，如三里直路，
埋竿十二根至十六根，俱可若遇灣曲相持之處，酌增至二十根，亦可
懸線之處，由竿首至地，約離十五尺至二十尺之高，鐵線與竿，間隔不
使相近，因木係電佳路，若逢雨濕，恐電由此散失，竿首懸線之處，製
一磁器，或旋復而出，其上覆者防雨，下托者使平也。○又電報若遠，
用線須長，然恐其力漸洩，不足運行機器，於是有人思將遠報，改分數
節，途中增添數處，至兩頭處，皆照設一樣機器，人工按節傳遞，止因
一事，糜費徒增，不免勞力傷財也。今此則不然，惟設兩頭用物之外，
中途止酌設一二處，照料而已，電氣到時，僅需一人，使之生些新電，
入其中增助氣力，仍一氣速行而過，毫無遲滯，迥非前之節節費手比
也。其線不可用鐵，恐其易斷，須用銅絲，埋於地中，然而地內潮濕爲
電佳路，恐其由絲散去，須以樹漿裹銅絲護之，其樹漿譯名曰姑達【劈
鴨】切扎，然若止以銅絲，與此樹獎護裹，仍恐不堅，後又思得於此護裹
之外，套以鉛筩，或以瓦鐵，俱可分節，套之究屬價昂，較懸線之費尤
貴，故今人不甚多用，惟於城鎮衝繁之區，用之而已。○又海底傳線之
法，雖與埋地稍同，然海水之力，洶湧重大，須用銅絲五六根或七根，
絞繞一處，外用樹漿護裹，又以煤油漚浸之麻纏之，麻外以鐵絲多束
絞繞，仍以煤油敷外，如欲鐵身加厚，外面再加鐵絲，煤油一層，亦可
所用，鐵絲之式，當看海底地面，如極深之處，可用輕薄之線，以其省
可久也。若近岸及稍淺之處，有船罟拂礁砂動盪之處，須用厚重之線，
線之分兩有四，極厚者，每一里地長，重一萬二千斤，次重五千五百
斤，再次重二千斤，薄輕者，重一千斤，此線或由海底，或埋地中以及
地，大事繁務，須於兩頭處，多安電線，廣設機器，每一機器，需用二
人監管做電報人工，須令通達識認、諳曉修理之人，自學莫爾斯印畫

提按電鑰之法, 令其手法熟習, 順速成號。○迨同治九年, 由法國至美國, 做成電線, 長約一萬里地, 及同治十二年, 由英國至美國, 做成電線, 長約七千里, 後又有海底甚長電線, 係由英國至印度, 由印度至新嘉坡, 由新嘉坡至香港, 此爲最長, 中國海底電報, 由香港至廈門, 由廈門至上海, 共三千里有餘, 由上海至日本, 海底電報, 共一千五百里地, 又由日本北至俄國地方, 共二千四百里。日本國於十餘年前, 尙不知電報是爲何物、有何作用, 今觀其中之機巧, 效而作之, 已於日本都城, 遍通各處地方, 統計縱橫, 約三千餘里。

燈臺、燈船、浮標、礁標等, 始於己巳。燈臺, 則東京灣赤色燈, 光達九十里, 羽根田綠色燈, 光達八十里, 橫濱赤色燈, 光達六十里, 觀音崎白色燈, 光達一百四十里, 副燈赤色, 光達七十里, 釼崎白色燈, 光達一百六十五里, 城島綠色燈, 光達九十里, 野島崎白色燈, 光達一百七十五里, 神子元島白色燈, 光達一百九十里, 石室崎赤色燈, 光達一百里, 御前崎白色燈, 光達一百九十五里, 菅島白色燈, 光達一百五十里, 乘崎白色燈, 光達一百五十里, 樫野崎白色燈, 光達一百八十里, 夕岬白色燈, 光達二百里, 苫島白色燈, 光達一百九十里, 天保山白色燈, 光達一百二十里, 神戶綠色燈, 光達六十里, 和田岬赤色燈, 光達一百二十里, 江崎白色燈, 光達一百八十五里, 鍋島白色燈, 光達一百二十里, 釣島白色燈, 光達二百里, 部崎白色燈, 光達一白六十里, 六連島白色燈, 光達一百二十里, 白洲赤色燈, 光達百里, 島帽子島白色燈, 光達一百九十四里, 大瀨崎白色燈, 光達二百二十五里, 伊王島白色燈, 光達二百十五里, 佐多浦白色燈, 光達二百十里, 角島白色燈, 光達一百八十里, 納沙布崎白色燈, 光達百里, 辨天島赤色燈, 光達六十里, 尻矢崎白色燈, 光達一百八十五里, 金華山白色燈, 光達一百九十五里, 犬吠崎白色燈, 光達一百九十四里, 口津白色燈, 光達八十里, 鹿兒島赤色燈, 光達六十里, 右三十八處, 國家設置。堺綠色燈, 光達百里, <u>木津川</u>赤色燈, 光達八十里, <u>島原</u>白色燈, 光達六十里, <u>伏木白色燈</u>, 光達百里, <u>新瀉</u>白色燈, 光達九十里, <u>青森</u>赤色燈, 光達六十里, <u>石之卷</u>白色燈, 光達六十里, 右七處, 商人私築。燈竿或石或鐵或木爲柱, 其高去水面, 或二十丈, 或四五丈, 有橫線焉。燈船, 則用赤色木造, 二檣自水面高三丈六尺, 懸色燈, 光達百里; 浮標, 則赤色鐵造, 頂作毬形, 自水面高爲一丈; 礁標, 則赤色鐵橫線, 高或二三丈, 頂作毬形, 蓋此設置, 專由於表著水底淺深、礁石隱沒, 使公私行船, 無至碍泊, 故隨其形便, 或置燈臺, 或置燈船, 又有浮標、礁標二名, 使各置四等官掌點火, 自日暮燃燈, 至日出乃滅, 而若値霧降深雪之時, 則或吹笛鳴鼓, 以表其險, 官有月金又置生徒二十人, 使習燈明之法。

工作之局, 自辛未創設, 選敎師, 募生徒年十五以上至三十, 又抄女子十歲以上至二十, 各隨其才而敎之, 及其成就, 分送各局, 迄今十年, 大小器械, 日重年加, 製造精妙, 改舊添新, 一有刱造, 輒出圖式焉。○指運蒸氣器械, 用於耕作、米搗、粉磨、綿繰、唧筒、土練、石割、煉化器械、木挽細工等, 甚簡便器械也。殊自罐內所噴出之蒸氣, 以溫補其乏水, 故補乏之水, 自煖熱爲費柴炭少, 且由是破損氣罐, 亦甚稀矣。又此器械中, 有拒絕火燄飛散之具, 故亦無火災之慮。○又有高壓蒸氣器械, 比於尋常橫蒸氣器械, 機關各部甚簡易, 而破損之患少矣, 不至屢加修繕加之, 以機關之數寡, 故價亦隨而廉矣。○橫罐外部, 用堅牢鐵板, 殊如內部所接火氣, 以最精鍊鐵板造焉, 故其甚堅固也, 初製造之時, 彼此相合之釘, 以水壓器絞之, 故破損弛廢之患鮮矣, 可謂十得無一失者也。○又有屬於前圖高壓蒸氣器械之豎蒸氣罐裝置於堅牢之臺上者也, 而至如裝置, 則甚容易, 雖運送之於何地, 立得裝置之, 且以其器械與罐, 可相離解, 故破損其罐隨而少矣, 又修覆之容易, 加之此罐之竈穴入火處, 以甚廣濶, 不必要石炭, 用薪柴亦無不可矣。○水車通常分其類, 而爲二種, 其一種, 車軸之斜橫者, 其二種,車軸之直縱者。第一種中, 又有種種區別, 而有車上水之注下者, 有自車腹水之注入者, 有激衝於車下者; 第二種中, 又有三區別, 而有自水桶流出於車外者, 有自車外潛入者, 有流下於水桶之直下者, 其利害得失, 大概從水源之形勢與器械所裝置之模樣也, 稱一分時間, 而可揚重量三萬三千磅於二尺四寸高之力, 謂一馬力矣, 欲知水車力者, 當知流落之高低也。【謂裝置水車處之水面與水堰場之水面之差也。】旣知流落水之高低也, 則加之於田流水速力, 所知之水源高低, 而以一分時間而流落之水量, 幾何乘焉, 又以重量六十二磅面積四【二尺四寸四方水量】乘焉而後, 以三萬三千【則一馬力之謂】除之, 則可得知馬力之數也。旣知流水高低也, 屢流浮標於河中、或河兩側, 而計一分時間, 而平均速力之如何, 以水流面積乘也, 則可得知一分時間所用水幾何也, 然而河中兩側、或水面下之流落之速力各有差, 難明細知之, 而有以中央之速力, 大約八分三厘爲平均數, 而用之於實地者。○單螺旋機械, 轉運蒸氣船之暗車之元機械, 而附着汲除神水唧筒, 或船底之垢水唧筒, 且備反動械矣。加之機械小, 占場所亦僅少矣, 比之於同力複圓擣, 稍高而已, 於其動搖, 兩莫有優劣, 而便利之一機械也。○複螺旋機械, 與單螺旋, 其形有異, 而至其功用無差, 只異二個之圓擣與形狀之大而已, 然器械之竪少低, 只依其船體有便否之差耳。○有蒸氣唧筒, 用於汲水, 而送之于他, 其功用至大者, 此器裝置, 異于他蒸氣鑵及唧筒, 皆共裝置於一臺, 故甚輕便, 僅一二人力, 而不嫌高低, 得送半里乃至一里者也, 又從水源之形勢, 而伸長鐵或護謨管, 得用鑵與唧筒也。夫如斯而其作用便利於農業、停車場、鑛山鑿石等之要器也。○陸送汽鑵, 異於次圖之橫鑵, 鑵中有數多小管在水中, 故水之蒸發, 其疾速非他比也, 雖然爲管之接近若怠慢, 不拒其水垢, 水垢忽粘着, 妨害熱之導路, 自然過其適度, 故於惡水之地也, 如他氣鑵, 雖不便利, 至于蒸氣速力運送之便, 不要煉瓦石, 又不讓於他器也。○橫氣鑵, 以煉瓦石重疊,設一個烟突筒包括焉, 專要熱氣之不漏, 又此鑵備二個火筒, 故縱令雖掃除修繕其一方, 無休業之患矣. 又入於一個火筒, 石炭或木炭, 而基於稍半燒石炭之理, 使水氣蒸發, 又有燒棄, 無用於焚燒瓦斯之便, 其汽車之堅牢, 已載于前. ○橫蒸氣機械之製作, 異於普通高壓器械, 各部尤主簡易而堅牢矣, 然省略其無用之堅固, 又主不冗費蒸氣, 最極其精工者也. ○揚水器, 用於家屋、庭園、農業之揚水器也. 其裝置也甚簡易, 引從水源, 流落來水, 通之於器中, 半以爲器械運動之資, 而半揭高處也. 以此器力推上水者, 從其水源高低而比較之也, 且雖鐵管之摩擦, 其他障碍, 減殺其力之幾何, 大約推上水積七分一於五倍之地, 或推上十四分一於十倍之高, 縱令水源之差十尺, 而有一石二斗五升水也, 其所得者高, 及其分量, 大約推上一斗七升八合水於五十尺, 則與推上八升九合二夕水於百尺之理同矣, 故得水便之地, 而設置此器械, 於家屋, 身在階上, 而猶在階下水邊, 袖手傍觀, 而得井泉之混混矣. ○蒸氣唧筒, 功用頗多, 用於製紙場、柔皮場, 或田園之灌漑、消防、鑛坑等, 其功不遑枚擧焉. 器械大小及各種水量, 自有尺寸焉. ○井戶唧筒, 用於尋常井水櫃, 或池水之器, 而其裝置亦簡單, 直令附着之於井上, 而有或從場所之形勢, 裝置於井中者, 是則以其便宜也, 此器之輕易旣如斯, 故雖偶生破損於水扉或他處, 而不能好汲上水之際, 輒得抔二鐵栓, 而加點檢繕修焉, 故居常多用水之家, 不可缺也. ○滑車, 用於引揚重量之際, 又至運轉之日, 費一人力而甚迅速, 最便於起重之機也. ○風車, 不關風之方向, 自由運轉焉, 以其力汲上底水於高處之器也. 蓋此器械動力, 自通常二十尺許之地下, 汲上泉水之甚易者矣, 大者則自一百尺之地下汲上水流, 又微風不能運轉焉, 以其裝置, 可藉蒸氣或牛馬之力, 無所障碍於用水也, 故於旱瘠之地, 必置之矣. ○有一人取製系器械, 使工女一人踏板, 卽從其運動大小之車, 與系桮俱廻轉, 水不沸騰于釜而煮繭, 取其緖而卷繞于其桮之裝置也, 器

械中肝要之部分, 則鐵製焉, 故其損傷亦罕矣, 又有一製系器, 由蒸氣
或水力爲轉運製系器械也, 雖有差大小之別, 至如其使用, 無與前機異
焉. ○鐵製水函, 卽運水之函, 而以鐵製之鐵板相合之處, 以螺線釘釘
之, 故運送之至於不便之際, 輒得剖解各部, 且又裝置之不要其職之辛
苦, 故製造大函, 則得利更大矣. ○鐵管試驗器, 總無瓦斯管, 水管之
別, 檢查鑄造之良否如之何器也. 今欲試之, 附着水壓唧筒焉, 而排出
管中之空氣, 漸强水壓力, 若管有微細之穴, 水必涌出矣, 故管不可用,
則以鐵管鑄造, 必用之良器可也, 又有各種鐵管, 長短, 輕重不同, 而
所用甚便利也. ○避心唧筒, 供於汲乾, 修船渠水或濕田地, 若汲除汚
水等之用, 而最適當矣. 其製造, 容易修繕, 故卽崩解一二處, 可得檢
視內部, 使用之也, 蒸氣器械, 或水車與皮車, 通而廻轉運動矣. ○又
有一種唧筒, 汲上潴水, 或引入二十尺許之井水於容器之辨便器也, 然
從井之淺深, 得以同臺變換器械也. ○灌園唧筒, 卽灌水於庭園草
木, 花卉, 或洗滌馬車, 人力車, 窓戶等之時, 其裝置極輕便, 而使用
之, 亦費一人之力而已, 其所噴出之水, 亦異他器械, 綿綿連續, 無有斷
絶缺乏之患矣. ○深井唧筒, 特用於深井, 而家屋所用水, 或要淸水之
際, 只以二三人力, 而得輒汲水于六十尺乃至七十尺許之深井矣. 若
欲得數多之水, 應其斗量, 而當用濶大者焉, 故裝置此器械于高地, 若
山邱上, 則其功績更著矣. ○運搬蒸氣唧筒, 供於灌漑田園, 或汲除溜
水等之用, 而最適當矣. 其使用之, 方專計運搬之便利, 卽與直立鑵,
橫立鑵, 其運動毫無差異, 其浸濕于水中之處, 不用之際, 若崩解焉, 載
于車而自由運搬焉. ○漑田器械, 與運搬蒸氣唧筒, 同類也, 用於農業
之器物, 二十四馬之力, 一晝夜間, 得揚八萬五千石之水, 於一丈之高
處者也. 若以樋或竹管, 分派量水於四方也, 以可灌漑五十丁之田園,
而深爲一寸也, 而薪木沸騰之也, 一晝夜而得量木, 大約千貫目, 石炭
沸騰之也, 雖從石炭之良否, 而有差異, 尋常得三百五十貫, 故於富薪

木石炭之地, 大便益之器械也。○復動唧筒有三種, 用於井及坑中, 又汲揚水者也, 而上下其把手, 卽三個之唧筒, 無間斷共汲揚水之, 裝置非通常唧筒之比, 其第一種備唧筒一個, 第二種具唧筒二個, 第三種裝唧筒三個。○空氣唧筒, 此器械模造佛蘭西國製之空氣唧筒矣, 而試驗鐵管之壓力與否適當器械也, 欲試之, 宜先推入於器中而後, 付護模管於所試鐵管之一方【鐵管二口閉鎖焉。】使之連續者也, 然而入鐵管於水中而空氣之際, 果鐵管有細微穴, 向者所放之空氣, 爲此壓力所排出, 或漏泄管中, 外部之水爲之起泡, 故欲試鐵管之粗密者, 最不可缺之奇器也。○潛水器之唧筒有二種, 一爲英吉利形, 一爲佛蘭形, 揭示于此者, 卽佛蘭西形, 而輕便且廉價也。○潛水器械者, 使人入水中, 而動作自在, 卽潛水器也, 頭被鍪兜, 身着堅牢護謨衣服, 足着堅靴, 從船中或陸地, 以唧筒送空氣, 以通呼吸, 故在河中或海底, 動作自由, 如在陸地也, 其功用, 引起沈沒船, 或修補船底, 或取海草、貝蟲等類, 其益於海港濱灣如此, 豈可缺之器械哉? 水之淺深, 有使用之法, 又動作時間緩急者也。又有一種唧筒, 用於庭園之灌水, 運轉方向, 如動手足, 故雖園中險處, 無難運之患, 不用之時, 崩解之運搬於遠隔地也。○彈入器, 蒸氣鑵之補水器也, 其動作, 基於吹霧之理, 而以蒸氣吹散空氣汲揚水, 而彈入其水於汽鑵者也, 水之多少, 在於壓力, 試驗記, 而有量器之設, 使工人簡便焉。○消防唧筒, 專用於灌田與火災, 而實簡畧廉價之物, 或防猛烈火災, 或用於大旱田圃, 其功不可枚擧, 有車臺, 故便於輸運, 又以木臺, 亦無不可, 故商館製造, 其他大廈製造, 最不可缺之器也, 此筒又有英、佛形之二種, 其運轉之迅速, 彼此無優劣, 皆有水函之備於遠處, 亦可供用也, 佛形之筒, 運動之際, 人力甚少, 而其功多, 故所以英形讓一步也。○葎草搾壓器, 麥酒釀造之器也, 七百目葎草之糟, 得三斗之新麥酒也, 以其廢棄之物, 得此美酒也, 使此壓氣, 去其水汁而乾之, 用於牛馬藁, 或用於薪, 其功大矣。其所裝鑄鐵造

焉, 而付鐵函, 菲草入於函中堅覆, 然後以蒸氣或人力迫之, 其所水汁
流出, 去此水後, 再入函中, 取出凝固物也。○水壓鑿器, 由水力而穿
金屬穴者也, 先閉上水扉, 下第一鐵鋌, 水自然通於溝渠, 壓迫鑿錐, 雖
金硬立得穿穴, 然後開彼水扉, 而下第二鐵鋌於鑿鉅上, 甚容易矣, 旣
出穿穴之金屬, 換以他金。○荷搾機械, 數多函荷搾也, 使用爲其減樹
皮、綿毛等之積, 使水壓力搾縮, 與通常荷搾機械同, 而有便易矣。第
一函堅固附着於器中, 決不他散, 又有鐵路之設, 爲總得前後, 自由押
之或引出之也, 第二函用板, 皆橫組織之, 故比於尋常物, 其嚴格四倍,
雖壓力甚强, 無破製之患, 故樹皮綿毛之類, 運搬也減其荷物之積, 持
運之便可知, 至於運賃之費, 亦得便益也。○水壓機械, 用於搾絞亞麻
仁、菜種、橄[11]攬等之脂油或生蠟也, 其裝置使用之法, 建四圓柱, 以
堅牢鑄鐵爲上下臺, 容油於其間, 後逼入水於下部之圓檮, 從其水力,
漸次壓搾油種, 旣充分搾而畢也, 復水於故處, 引出油槽, 及於次回之
業, 此器大約一度, 而容一斗五升之油種, 以一人力三十分間, 得一回
搾之也, 欲運搬於他處, 不崩解各部, 無障礙運轉焉。只入水於檮中,
以鐵鋌上下之, 而已極簡至辨之器械也。○起重器, 用於升降運搬材
木、巖石、其他重荷等之器也。其裝置, 以左右之鐵鋌, 卷縮鎖也, 雖
重幾何, 容易揚之, 後漸次落之置之所望之地, 又欲動其全體, 廻轉可
運焉, 其便利如斯矣, 故要用於木材處、停車場或石土其他製造所器
械也。○又有一種起重器, 用於陸運會社之驛場、其他荷物場也。裝
置於煉化壁或柱, 以在端之車, 升降荷物或積替之際, 大助人力之辨利
器械也。○又有一種器械, 不要支柱或壁, 雖何地得用焉, 又其價甚
廉, 運搬亦容易, 故建築場等, 時時欲自由持運焉, 升降鐵石或重量之
木材, 眞不可缺之器械也。○又有一種起重器, 用於鐵路又馬車道之

11 "橄": 底本에는 "撒"로 되어 있으나 문맥에 따라 "橄"으로 고침.

起重器也。裝置於車臺上, 使用之法, 亦居於車臺上, 或執把手而卷舒
銷, 或廻轉其腕積替荷物, 如輕量之荷物, 不及積替焉, 與車臺共令牛
馬牽之, 而自在運搬焉。○又有一種起重器, 用於汽車路・鐵道荷物
場、汽鑵製造場、鑄物場、其他運搬重荷之場處機械也。裝置於樑
間, 而居於樑上, 廻轉把手, 得運送車臺, 於左右者也, 又有裝置於建築
中央, 使用者, 在其左右, 爲之運搬, 皆從建築場所之廣狹, 就其便宜之
處, 而可撰製作也。○水溜器, 自水溜至於水櫃迄汲移水之機械也。
其形有種種, 而通常別爲二種, 一曰旋水器, 一曰圓水器, 旋水器如其
稱, 能旋轉至於水櫃之間, 以護謨管達水焉, 能得充滿於櫃中, 至於圓
水器, 則以不能動於裝置場, 故自非運送車中之水櫃於器械製造場而
來, 不能汲滿於櫃中, 且又雖依水源之位置與裝置場所之形勢有差異,
以兩至便利之器, 多有爲汽車設置於鐵道者矣。○二種器, 屈曲用於
線路之鐵器, 或直矯之適用器也, 固建築曲道, 鐵路之必用器也。○鐵
路水櫃, 以堅固之鑄鐵作造焉, 其裝置爲無汽車之障害, 充分高建築於
鐵路上, 以側傍所備之唧筒, 時時汲入水, 而應於汽車之需, 欲使用之,
引長鎖以開管口之水扉, 以護謨管, 注入汽車中之水溜器也, 此器未甞
有櫃中溢洩之患, 何以謂之? 有木製之浮標及指示器之備于傍, 以知水
櫃之深淺, 是等器爲鐵道會社之最不可缺也。○水壓卸貨機械, 移石
炭或礦石於蒸氣車若之他處所用之卸貨者也。其裝置, 甚簡易, 有實
效, 每置于車道中央, 備水壓唧筒于傍, 而機關總裝置於鐵圍中, 故無
外物之觸傷焉。○空氣壓搾機械, 附屬于鑿岩機械之空氣壓搾也, 而
裝置坑外, 以蒸氣力運轉, 壓搾空氣, 使之聚集於空器鑵, 泛鐵管分派
於護謨管而運動, 傳於鑿岩機械者也。○鑿岩機械, 如礦炭[12]隧道, 窄
開岩石之際, 不可無之器也, 運轉用空氣力, 其所以然者, 坑中空氣之

---

12 "炭": 底本에는 "도(山+又)"로 되어 있으나 문맥에 따라 "炭"으로 고침.

流通, 濃烟籠絡, 且大[13]氣稀薄, 殆不能營業, 然此機噴出之空氣【大氣與空氣, 異稱而同類。】, 能助工人之呼吸, 且吹去坑中之烟, 因此裝置鑛山, 省人勞費, 事業迅速, 眞可保薦之良器也。○敷均轉輪鏟, 道路、公園地、競馬場、草庭, 及敷沙又割栗石, 平均轉運之器機也。其圓擣, 最以堅固鑄鐵製造, 雖運轉於多石地, 少摩減之患, 每用時, 圓擣沈水, 增其重, 用畢減却水, 使輕便其運轉矣, 牛馬牽之, 人力用之, 却便也, 圓擣大小重量等, 列于左。轉運之徑二寸, 四方之數三十或三十六、四十二也, 同上之長短二寸, 四方之數三十或三十六、四十二也, 量目八十三貫目或八十四貫目、百三十五貫目也, 摠量目百七十五貫目、二百二十八貫、三百二十三貫也, 大小之別也。○鏇床有三種, 甲、乙、丙也。甲、乙鏇床, 用於削金又造作螺旋之旋盤, 其所裝置, 甚盡技巧, 而僅由齒輪之換替, 不拘大小螺旋, 左右螺旋而製作, 又有盤凹形之供, 雖大徑者, 可得削焉, 又有變機械運轉之法, 應適金屬之大小, 而得速力之度, 故諸製造場、造船場等處, 必用之器也。丙種稍似甲、乙種, 而有變轉遲速裝置, 又有備櫛形于盤加之, 有削螺旋, 一度使用, 自運轉而省人之勞力也。○踏鏇機械, 旋盤之一種, 常以人力運轉者也。用於金屬細工, 或木細工, 故小細工場, 不可缺之寶器也。○錐操器械, 穿鑿金屬, 此類有大小之形, 裝置於盤机上, 而小穴以人力穿之, 大穴以蒸氣力穿焉。又有備萬力器於傍, 兼用於爐業, 故小細工場之用, 無優於此器也。○自動作形機械, 削金屬表面、側面之器, 而其裝置設二板臺于傍, 其一備彼萬力器, 故雖何品, 容易保持而不動, 又此臺能縱橫運轉, 故自在得削, 尤要用於製造場也。○自働刨床, 以帶皮運動也, 各部自働, 平面縱橫曲斜之金屬也, 其自働, 欲銳進得遲退, 欲遲退得銳進, 故費時僅少, 減力尤著, 於金屬細工師爲良機矣。○旋盤, 削

---

13 "大": 底本에는 "火"로 되어 있으나 문맥에 따라 "大"로 고침.

汽車兩輪之器也, 其裝置, 異於通常旋盤, 附板于左右, 傍有刀物臺之設, 雙方一時廻轉, 以削兩輪, 故兩輪無一毫之差, 而平滑矣, 故汽車製造場、車輪修繕場, 不可缺之良器也。○舞鑽器械, 穿穴金屬之舞鑽也, 使用異於通常物, 穿鐵板金屬之橫面甚容易, 以臺有溝渠之設, 故雖何形之品物, 堅固附着於此, 而無動移加之, 鑽器自在廻轉, 故非他鑽器之比也。○板曲器械, 屈曲或眞直鐵、銅、鉛板之要用也。其裝置, 先以蒸氣力廻轉二卷軸, 挾板之間隙, 曲直任其所望, 上部之卷軸, 以螺旋自由上下焉, 又卷軸少撓也, 崩解其一部分, 而得加修繕, 故便利之器械也。○鉸釘機械, 打貫鉸釘于鐵板之器也, 用於製作船用之鑵、陸蒸氣或農具之鑵, 甚適當矣。此器最優於他者, 廉價也。使用於是者, 非蒸氣水壓器也, 如組織之基礎, 甚簡易而大省浪費, 又此最大者, 一分時能打一寸二分鉸釘於鐵板一寸之厚者十二箇矣, 豈非便利之器哉? ○鑽剪器械, 堅固裝置, 其用也, 穿金屬穴、剪截金屬者也, 不止器械之運動, 而能得放宥, 亦能速斷金屬, 實一器一動, 鑽剪兼備, 不可決於汽鑵製作場矣。○竪剪鋸機械, 竪截木材也, 一回而截板十數, 功用極大, 縱令用蒸氣, 在彼山間, 以技葉、木屑, 充其燒焚之費, 故費用不足算焉, 況於有水利之便地哉? 用之以水車, 則大辨利, 實爲山樵者, 必用之器也。○圓鋸器械, 割板或橫斷菱角或圓丸之材木等利器也。其運轉以蒸氣力或水力也, 一時間割板, 通常材厚五寸至一尺者數百枚矣。此器有大小二種, 大鋸之形, 稍大而臺亦隨廣, 大鋸之回轉, 共操出木材之裝置, 故比於小鋸, 更便利也。○帶鋸器械, 自由板割角材或截屈曲之模形, 甚便利, 車輪職不可缺也。○削材機械, 削木材且穿溝渠, 又不關木性, 何形何狀, 表裡同時雕刻也。其迅速, 一分時間, 畢二十尺至四十尺雕刻, 豈非至寶哉? ○鋸磨刃機械, 作造大小鋸齒之適用器也, 有突出全體之鐵棒, 其端有鐵針, 若欲裝刃圓鋸, 通彼鐵針於其中央, 而不使鋸得自由廻轉且動搖, 又作齒器, 容易得崩解, 以便於修繕。○柄鑿機械, 穿堀柄於木材之器, 其裝置能竭心焦膽而作造, 故雖童兒使用, 其成功速於壯丁, 六人各手執銳鑿, 合力而穿柄矣。○又一種有大小種焉, 其大者有裝置蒸氣或水力, 得穿深二寸四方許之柄, 此類只穿穴而已, 若逢堅木如樫槻者, 先以此器穿穴, 後以鑿作柄, 所以優於他也。○蒸氣鎚, 以蒸氣力運轉之鎚, 而要於鍛鍊鐵等之器也。其用打延塊鐵或鍛鐵, 而一變其質也, 故比於通常之鎚, 鍛鍊之鐵, 其質之緻密最著矣。此器中之吸子及唧子, 棒卽以彼鐵作造而堅固也。○金屬縱削機械, 縱削金屬之器也, 其板臺依自動之力裝置, 而橫或環形運轉, 故臺上物只一筋削而已, 所謂圓形, 亦得削焉, 豈非奇器歟? ○又一種, 作出螺旋於鐵管或鐵銓之器也, 其用先少鐵打堅, 締鐵管或鐵銓, 後廻轉大鐵梃, 得作螺旋, 長短自在, 其速非他之比, 且輕便故便於持運也。○又一種, 傳運動之最要槪略也, 元來機械之寸尺, 有差異於運動力, 故雖難, 一定有欲設機械等者, 猶有說焉。○又一種唧筒, 裝置於通常壁或木臺, 而用於家中暖室之器也, 有堅固之空氣室附着, 故送水於階上, 甚容易極便利之器也。○飮用噴水器, 用於飮水之器, 其裝置淸潔無鹿埃之入, 欲水之時, 以傍側之水吞, 押一点器中之水扉, 自開淸水迸出, 忽然滿溢于水器, 如此使用, 只一手足矣, 故若設此器, 爲暑候通行人及車夫等, 便益之器也。○扇風器, 用於鑄鐵所、鍛冶所、鑛山等, 要風流空氣之器也, 比於他種甚簡易也, 又廻轉送風於他也, 以器中機關之工巧, 爲無進路障碍之物, 比於他器, 風之容量, 亦遙勝矣, 加之運轉機關之力, 反於他風器減少, 又此器雖爲運轉之迅速, 不響而甚靜, 損害亦鮮矣。○回轉旋風器, 用於凝鐵溶解爐者, 其利益揭于下: 第一, 從此器所出之風, 規定其有力, 非普通之風器所及也; 第二, 一分時間, 自百至四百迄廻轉, 與通常扇同時間, 自二千至四千迄之回轉, 相比較有勝而無劣; 第三, 半燒石炭之焚燒完全, 故所費從而減却; 第四, 器械堅固堪久, 且機關之組織工巧, 與運轉甚速, 故帶革車其他回轉之部分, 無耗損之憂。○第五, 此器所用半燒石炭, 雖下等得用之, 是實他器之所不及也; 第六, 依此器鑄物, 鐵質化爲善良, 且爲柔軟半毬, 爐中半燒石炭, 焚燒無偏之故也。○煉石灰混合機, 稍似壓塊機械者也, 此小形之機械, 以他力廻轉者, 鐵盤而已, 轉輪只自轉也, 又大形之器械, 鐵盤轉輪相對, 而爲廻轉之裝置也, 混合煉石灰, 或煉合粘土之時, 用此器械, 第一混合物得充之粘度而大關於煉化建築保存, 故不可缺之器也。○壓塊器械, 用於碎油石灰, 又雜碎亞麻仁或種菜者也, 其動之大槪, 轉二個之重轉輪於鐵盤上, 交換碎石塊, 細微之部分, 落從皿之穴, 揚之復入皿, 通篩碎末之部分入桶, 小塊殘于篩, 再入鐵盤, 其動如此, 油石灰製造, 不可無之器也。○杭打器械, 從二十尺高處, 建四十尺堅固梯于榟, 而置鎭車於其頂上, 卷揚一百十貫乃至二百貫之鐵塊, 而從頂上落焉, 以打入材於地中也, 雖此種有用蒸氣之器械, 只要三四人力而已, 橋杭或建築之際作地盤之時, 必用之器也。○卷揚器械, 卷揚打材器之鐵塊, 或汲上石油於井中, 又引揚鑛石於鑛穴等之起重器也。以此引揚重量之際, 有齒止裝置, 加之以斷動器之備, 雖工人誤有緩手之時, 可得支重量物之墮落, 故此機械, 實難全無也。○穿井器械, 器具種種, 各用於穿堀抾井、又檢查鑛物之地下有無, 其他試驗建築地盤質等之際要用之器也。此同種之機械, 以蒸氣力, 有用於石油穿井者矣。○油石灰試驗器, 用於試驗石灰之着粘力之器也, 製造建築受負會社之良器也。○煉化石製造機械, 以蒸氣力或水力爲運轉, 故有益於得天然純粹之場所矣, 又崩解而運轉於他, 甚輕便, 一日間所製造之額, 平均不下於一萬本, 欲作煉化石者, 尤必用之器也。○挾碎器械, 撞碎鑛石之具也, 先入鑛山所出石於如題之間, 以蒸氣或人力廻轉於車, 依其動於鐵題與鐵題之間, 自然麼粉爲細粉矣, 又欲運搬於深山, 崩解各部, 而載于馬運送之, 鑛山器之便利, 無過於此也。○取玉蜀黍實之器械, 選分穀之設也, 其運轉甚速, 且損耗極鮮, 若使此械搬他或船送, 亦不要結束. 裝置儘便. 各部堅牢, 加修繕甚少, 故農家最要之器也. ○集草機械, 聚藁或枯草之器, 而使馬牽之, 人在其後, 自由執鐵把, 雖有凸凹之野田, 自動力不失其位置, 得上下相加減者也, 此器與乾草器械, 極便之農具也. ○乾草器械, 使牛或挽之, 用於擴藁又枯草以乾之器也. 其裝置, 雁木形之鐵把六組, 於車軸運動無不同, 能分泒枯草等, 又異軸車之裝置, 鐵把之運動爲前後, 又依場所, 鐵把亦得上下焉, 故便利於農家也. ○挽磨器, 備二對之砥石, 尤加修整, 以之磨穀也. 製造堅牢, 運搬甚爲輕便, 僅用蒸氣力或水力運轉, 又不起喧響於機關運動中, 故以木製之齒車, 大小麥與他穀, 速爲細微也, 實農家及市中關此業者之所有器也. ○又一種碎亞麻仁莖分離皮之器也, 又一種器, 打落莖後, 以鐵櫛選分之, 作網罟等要用也, 是三種者, 試於北海道, 有實功也. ○又一種, 篩亞麻仁, 用于種子選別上中下三等之器也, 上二種, 用於分離莖之器也. ○精米器械, 模造米國之物, 更加一二之改正矣. 欲運轉之, 假蒸氣又水車之力, 以帶革從受帶車, 移之於全車, 以米臼中之螺旋急轉焉, 由是迴轉, 臼中之米, 而壓之中央, 則粒粒交升降, 抵觸於周圍, 而受磨擦甚矣, 故不經三十分, 而得精磨五斗之米, 實便利之器也, 但要五實馬力運動器械而已, 又米中等而減不過一分, 故不可缺於精米營業場也. ○除糠器械, 於取米麥等糟糠器也, 運轉之取蒸氣或水力, 帶革通於受帶車迴轉, 所備一方, 鐵網之圓檮, 又一方, 數多運器之帶也, 又使米如漏斗函, 緩底之板, 無間斷少落, 而滿一合也, 入於運器, 而運之至頂上, 盡投入於中央, 烈抵觸於圓檮之內部, 從其磨擦, 所含之糠散失, 眞精米以其質重, 下落而出函外, 如此不費人力, 而速得數斗之精米, 非他器之所及也. ○甘蔗液蒸發鑵, 使甘蔗之濃液蒸發其水分之銅鑵也. 其裝置, 先以液汁, 從右之溜, 漸次注入於鑵中, 後通蒸氣於鑵中數本之銅管, 卽其液汁沸騰, 水亦忽蒸發, 左流入凝縮器, 而收縮者也, 其側有空氣唧筒之備, 以排出空氣蒸發氣, 故減鑵中之壓力, 自爲空所, 故蒸發亦隨速也, 試驗鑵中之熱度及液汁之濃淡, 各有適宜之器, 却說得液汁之度也, 直從鑵底流移, 再從精製器, 得純白之結晶糖也, 此器砂糖製器中最要便利也。○甘蔗壓壞器械, 模造米國製, 異於左種稍單簡, 而以牛馬使用者也, 故於高處難運大器械, 裝置數多器械於適宜之地, 以省畧甘蔗或蘆粟之運送費, 比之蒸氣或水力, 頗便利也。○一種, 壓壞甘蔗或蘆粟而搾出其液汁之器也。此要之部分如左, 一種器有三條之卷軸, 互相平行, 假蒸氣或水力運轉焉, 使其軸間通甘蔗, 卽所含之液汁, 爲强壓力直送出, 而集此液汁精製, 至得純粹之砂糖。○一種, 不用蒸氣等, 而依馬力, 用於絞出甘蔗或蘆粟之砂糖者, 其理雖稍如曾前所用之器械, 不竪置卷軸, 橫之當揷入草莖, 不及用二人之手, 其便利有優, 且此器最單簡, 故不要運送甘蔗、蘆粟於製造場, 直就其地有得絞出液汁之便。○甘蔗液蒸發器, 煮造甘蔗液汁之大鍋也。其長通常用從三十尺至四十尺, 其深從二尺至二尺五寸矣。橋懸之從下, 焚木炭或炭煖焉, 此器中有備水扉數多之分界, 要時開其水扉, 使液汁從一至二、從二至三, 順序移之, 故省古法以柄子汲替之勞, 液汁之煮造, 旣得其度, 從嘴管流出也, 此熱度, 華氏寒溫儀二百二十四度, 而比古熱度少減, 故未嘗有變液汁之色矣。○鑵肉蒸鑵, 用於魚肉、鳥獸、野茱鐵葉鑵造爲防其腐敗之器也。鑵縱三尺五寸經三尺者, 其中容如鐵格子之籠, 其底面亦格子也, 此籠出入自由, 又鑵中入水也, 却說其蒸法, 先積重造肉類之鐵葉筒於籠, 納之於鑵而密閉盖而後, 以蒸氣使沸騰鑵內之水也。○稿切器械, 用於細斷稿麥稈之器也。其裝置簡易且堅實, 而多帶齒之轉輪鐵臺之上, 使之出送稿稈, 而以利刀得剪, 長短如我所欲也, 又其動輕便, 故只一人而童兒, 能回轉之, 卽時得數多之額, 故要用於畜飼獸類所也。○綿操機械, 雖何種類之綿, 好得操之器也。其裝置, 由齟齬平刃, 於上下分採綿實, 而操出

綿部于前也, 其迅速、其裝置精工, 不毫損害於纖緯, 且此器依水車之
力, 而廻轉之也, 一晝夜間, 凡得操六七十貫以上之綿, 故最不可缺於
農家也。○撒種器械, 用於農家之撒種也, 欲用之, 以馬力或人力運轉
焉, 自然穿穴於地下, 從上之種溜菜種, 適宜落穴, 此時爲卷軸之在後,
能密着於地中, 是促萌芽之至要件也, 此器最適用於甛菜、胡蘿蔔、
葱、蕪菁種類之物也。○有門墻製造之法, 以鐵製而堅固美麗, 於歐、
米各國商館, 每戶用之, 能堪于雨露霜雪寒暑, 而無朽傷之憂也, 夜點
燈於左右柱頂, 使行人便利, 此燈雖暴風雨之夜, 無減火之慮, 亦避盜
之一助, 不可缺之物也。○帽子掛, 懸帽子, 又揷蝙蝠傘或杖也, 其種
類有大小焉。○椅子, 以鐵造作爲左右臺, 用於公園地, 或有木造焉。
○厠, 西洋各國, 皆以鐵製, 而此邦以木造於街路上又室屋中。○避雷
竿, 附着於家屋中最高處及烟突筒者也, 金屬爲最, 而以價之太高, 以
銅爲通常, 其高從六尺至十尺, 以防落雷之間隔, 則場所之廣狹, 以此
高之一倍半爲周圍, 故尖處數多家屋, 分備于適宜諸針, 委以導線可結
合焉。○煖房器有二種: 第一種, 通蒸氣或溫水於鐵鑵, 而煖之者也;
第二種, 使空氣一度煖於鑵中後, 導送房所者也, 要水之物, 用於官
舍、銀行、旅店暨商館之大者, 次器用於通常之家屋及寺院等處者也,
第一器, 關係水之便不便, 又價稍貴; 第二器, 價歇而淸潔, 非煖爐之比
也。○瓦斯燈, 鍮製而點火於室內, 光線無所不至, 故於歐、米諸國,
專用之器也。○二燈器, 平常置於机上, 從上或橫, 以護謨管, 導瓦斯
而點火, 自由動燈火, 故於讀書處便利也。○又燈器, 製置於柱或壁,
而晝置於疊夜延之點火, 故於點場甚便利也。○又燈器, 用於客室或
食堂, 甚美麗, 而分上下二部, 下部以二或三之重鉤焉, 故點火之際引
下, 而押上於適宜處結合焉, 縱令外物所觸, 而無傷也。○上項器械,
並有圖式, 而槪論其所用, 便利不言, 其製造規矩, 苟非習於見聞, 積以
日月, 則實難悟解。○其製器之法, 初以紙摸型, 再以木刻形, 次以土

爲板, 鎔鐵鑄出, 用於公用於私, 而大抵外國人貿去多, 役徒則隨其事
之多少緊漫, 或付四五百名, 或付一二百名, 而每日每名雇錢爲三十四
戔.【卽我國一兩餘.】○置工作分局於長崎, 製造器械等節, 與本省所在
無異, 而又有造船一所, 方造大汽船, 執役之徒, 都是洋人, 船亦米利堅
人所造云.

學校之法, 在校修業, 期以六年, 新募生徒之資斧, 可以自當者, 任其
携來, 名曰私費生徒, 如或不然, 自官捐助, 名曰官費生徒, 揭于誓
書、保單, 卒業後準報當官, 而進于官職者, 計月金除之. ○生徒所處
館內, 置約束官, 常在館中, 督責生徒行事. 一, 食料自官定給, 不令
生徒携來食物, 嚴禁吃酒肴, 別置吃烟之房, 使不得在在吃烟, 一, 校
裏使役之僕, 官是定給, 生徒之私與勞錢切禁, 一, 生徒有故, 自午後
五時至六時之間, 欲出門者, 告約束官, 可受其準許, 到九時鎖門, 此
限前必要還入, 若無準允, 而連夜在他家寢食者, 卽使退校. 一, 堅守
時限之規, 則遵奉約章, 執持樞要, 而或有視爲文具者, 從輕重懲戒
之, 或使退校, 破毁居室牕戶之徒辦償, 以修繕之, 室中灑掃, 須使生
徒交番爲之, 若不整頓淨潔, 則當直者任其責, 有犯國法者, 令退校而
送于警視署或地方官棄, 示其犯罪之事由, 退校之時, 記載其族籍、
姓名、行事, 刊行日誌頒布. ○學課, 雖以英語修習工業成就爲名, 又
設本朝學課之名, 擇生徒才氣之優劣, 亦敎訓以本朝文字, 蓋非特敎
其工術勸以學文而已, 又運動身體, 自意遊戲, 以養血氣, 自至健康
云, 故受業之暇, 特許數時歇息, 名曰敎習, 操體、角抵、蹴踘之戲,
無所不至, 此亦有敎員一人, 使禁雜戲, 揀其優等, 賞以勉勵, 盖此敎
習, 始於通洋之後, 工師多以泰西人勾管.

東京名勝聞者, 木下川之松、日暮里之桐、龜井戶之藤、小西湖之柳、
堀切之菖蒲、蒲田之梅花、目黑之牧丹、瀧川之丹楓, 皆良辰美景遊屐
之所也. 三月花時, 公卿百官, 皆給暇賞花, 香車寶馬, 士女雜遝, 擧國

若狂云。善於種樹, 合抱之木, 動輒遠移, 多有花時移來, 花時移去者,
遂幷其花木竹石, 一一布置如舊. 泰西樹藝養育之法, 皆翻其書. 有勸
養局。

地震, 月或數回, 甚則墻壁棟宇皆動搖, 先聞洶洶聲, 如大風鼓浪, 屢
月不震, 土人反疑, 數十年必大震, 至有壓死人畜。

官府所屬, 皆有病院, 有養病者, 花木竹石, 陳列雅潔, 萃醫於其中,
以調治之, 其不治之病, 往往送太醫院, 剖驗其疾病之源, 亦西法云。

贅婿爲子, 遂冒其姓, 俗好武, 多養姓以固黨, 又恐絶血屬, 遂妻以女,
以奉先祀後, 侯國無嗣. 而思襲繼, 遂踵成風俗, 或妻死繼室以妹, 細
民之家, 亦多娶以妹爲婦者, 後禁之云。

士大夫以上, 舊皆佩刀長短各一, 出門橫挿腰間, 登席則執於手, 就坐
置其傍, 好死輕生, 一語睚眦, 輒援刀殺人, 亦時時自殺, 今禁帶刀,
而刺客、俠士, 猶多縱橫云。

水雷砲, 已埋水底, 未見其形, 而有線施岸上, 傅火線末, 少頃天崩地
塌, 一聲響喨, 一團火塊, 直衝上天, 而波翻浪倒, 一陣驟雨直洒, 俄
而簷溜滴滴, 開戶視之, 上天無雲, 水面尙沸也。

有喪, 舊多用火葬, 木棺直立如佛龕, 令死者合掌趺坐, 外糊以紙, 書
"南無阿彌陀佛", 或書"南無竗法蓮花經", 葬之日前, 列紙幡二三十,
亦書如棺. 和撒錢而行, 曰"買路錢", 編竹爲化人城, 主人多置草屨,
會葬者, 易革屨入城, 出易屨歸, 喪家初用白衣、白巾葬, 易綵衣而
歸, 學西法後, 國有大喪, 則懸國旗以告哀, 他國亦如之以示吊, 葬日
放礮, 如其官級【一等官二十二礮, 二等官十四礮。】, 會葬皆大禮, 服如吉
禮, 無三年之喪, 丁憂者亦不解仕, 以喪重輕, 給暇日多寡, 喪家名刺,
以黑爲緣。

生子, 初逢五月, 制旗如鯉魚, 高挿門楣, 以祝多子, 或曰: "取鯉登龍
門之義。"

女子新嫁, 以五綵縷結髻, 着新屧入壻家, 姊妹兄弟送之, 嫁女臨行,
易衣凡十三色, 先白最後黑, 黑衣畢則出門矣。女子不着袴, 裏有圍
裙, 襪前分歧爲二靫, 一靫容拇指, 一靫容衆指。

其所謂萬國公法者, 諸國締盟, 如六國連衡之法, 而一國有艱, 萬國救
之, 一國有失, 萬國攻之, 無偏愛憎, 無偏攻擊, 此西人之法, 而方規
規奉行, 不敢有失。

有專權大臣、專權公使之名, 一受其君命, 苟有利于國者, 專之可也,
凡其管下之生殺·黜陟、凡其幹事之便否·疾徐, 皆可以專之, 所以謂
專權, 非專權跋扈之謂也。

火輪船製樣, 大小各自不同, 而盖小者, 可長爲三十步, 廣爲四間許;
大者, 可長爲八十步, 廣爲五間餘, 設爲三層, 最下則載物, 第二層,
則中間排置火輪器械, 鐵杵、銅機, 自運上下, 眩耀難測, 下安一大銅
鼓, 名曰蒸氣釜, 撚石炭盛水熱之, 則其機自運, 其輪自轉, 船行如飛,
不拘風勢如何, 一時刻可行百餘里, 若值好風, 則亦掛帆, 而隨其船之
大小, 或一或二或三焉, 高竪烟筒, 以銅圓鑄, 露出船上, 丈爲四五丈,
船行時黑熖蔽天, 臭惡難聞, 輪則或一或二, 而船小則一輪懸其尾, 船
大則二輪懸于兩傍, 房屋則設置上中兩層, 每一間使處二人, 而粉
壁、雕窓、錦衾、綿褥, 極其精侈, 宜乎售價之太高, 高雖十丈, 掛鐵
索以便上下焉。

琉求國, 本在日本 薩摩州西南海, 尙姓創國已久, 而中古日本人源爲
朝者, 遁至琉球[14], 娶大里按司之妹, 生一男名爲尊敦, 幼有器識, 年
甫十五, 國人推爲浦添按司, 是時琉求國王德徵, 爲其利勇[15]所害, 尊
敦乃募義起兵, 討利勇逐之, 國人大悅, 遂推爲王, 歷三世尙氏復興,

---

14 "球": 底本에는 "求"로 되어 있으나 국명에 따라 "球"로 고침.
15 "勇": 底本에는 "用"으로 되어 있으나 인명에 따라 "勇"으로 고침.

是以其王族, 並稱源、尙二姓, 皆以時來貢于日本, 至大明 洪武, 始受
封爵, 衣冠悉用明制, 遂絕日本, 至康熙又封爲王, 使之間歲納貢, 然
畏日人侵伐, 亦頻年來貢, 至壬申臺灣之役, 琉求王尙泰, 遣使來聘,
盡歸版圖, 遂封爲藩王一等官, 列于華族, 以其國爲沖繩縣, 送從五位
上杉茂憲爲縣令, 置書記官等屬。

交聘通商, 凡十七國。魯西亞【俄羅斯】稱帝三世。○北米利堅合衆國【北
亞米利加】, 稱大統領。○英吉國. 女王。○佛蘭西, 稱大統領。○荷蘭,
稱王。○葡萄牙, 稱王。○獨逸, 稱帝一世。○瑞西, 稱大統領。○白
義耳, 稱王。○丁抹, 稱王。○伊太利, 稱王。○西班牙, 稱王。○瑞
典【又諾耳威】, 稱王。○墺地利, 稱王。【已上並歐羅巴。】○大淸【日人稱曰支
那。】○哈哇【亞細亞】, 稱王。○秘露【南亞米利加】, 稱大統領。盖於京都,
則送置公使, 港口則送置領事, 以存外交之義, 且管通商之務, 並爲築
地架屋, 率眷居住, 或有做官食祿, 逐隊往來, 盖以巧藝奇技, 布在工
作處所及汽船、火車之上, 非其國人, 莫可主張。

開港通商,　凡六處。橫濱一年收稅金,　一百二十二萬三千八百零九
圓。○神戶一年稅金, 三十一萬七千六百四十四圓。○大坂一年稅金,
五萬一千零十三圓。○長崎一年稅金, 十二萬二千八百四十二圓。○
函館一年稅金,　二萬六百八十三圓。○新瀉一年稅金, 三百七圓。稅
金多少, 年各不同, 故擧其近歲最多者如是, 而稅法則値百抽五, 而又
或有値十抽一者, 此非原額也。

伊呂波

가기그게고　나니느네노　다디드데도
カキクケコ　ナニヌネノ　タチツテト
加幾久計已　奈仁寸禰乃　多知津天止
라리르레로　마미므메모　사시스세소

ラリルレロ　マミムメモ　サシスセソ

良利留禮呂　末美武計毛　左之不世曾

아이으에오　하히호헤호

アイオエヲ　パピプペポ

阿伊於江與　波由和返保

와요우이야유은

ワヨウ井ヤユン

宇井也惠

시테 고도　도모　도기 괏　깃 옷 렛 온 다

ノ　コ　ㄸ　ㅑ가　ガ　ギグゲゴダ

딧 루 테 놋 사 닌 윳 녀 욧 마

ヂ ヅ デ ド ザ ジ ズ ゼ ゾ バ

무 미 멧 모 파 피 프 페 포

ブ ビ ベ ボ パ ピ プ ペ ポ

日本讀字之音，如東、冬、庚、靑、蒸之韻，則呼以二音，東字曰都于，陽字曰要于，靑字曰世伊，江字曰乂伊，眞、文、寒、删等韻，與我國音畧同，而天、千、泉等字，皆曰仙，其它、蕭、肴、豪韻及入聲，亦用二音。

遊覽朝士隨行人員

趙準永【癸巳。景翠。參判。松澗。】，豊壤人。

▶隨員，李鳳植【戊子。元岡。參奉。小隱。】，全義人。徐相直【乙未。士溫。士人。仁樵。】，達城人。

▶▶下人文順錫、崔允伊。

朴定陽【辛丑。致中。參判。竹泉。】，潘南人。

▶隨員。王濟膺【壬寅。稚受。參奉。小巖。】，濟南人。李商在【庚戌。季皓。士人。月南。】，韓山人。

▶▶通事，金俊。下人，李壽吉。

嚴世永【辛卯。允翼。承旨。凡齋。】，寧越人。

▶隨員。嚴錫周【己亥。景教。司果。北蘭。】，寧越人。崔成大【甲午。士行。五衛將。雲皐。】，隋城人。

▶▶通事，徐文斗。下人，朴春奉。

姜文馨【辛卯。德甫。承旨。蘭圃。】，晉州人。

▶隨員。姜。邊宅浩【甲申。養吾。】，原州人。

▶▶通事，金順伊。下人，劉福伊。

趙秉稷【癸巳。致文。承旨。蒼惠。】，楊州人。

▶隨員。安宗洙【己酉。敬尊。士人。起亭。】，廣州人。俞箕煥【戊午。景範。士人。仙澗。】，杞溪人。

▶▶通事，金基文。下人，林錫圭。

閔種默【乙未。玄卿。承旨。翰山。】，驪興人。

▶隨員。閔載厚【庚戌。景坤。士人。石南。】，驪興人。朴會植【乙巳。季老。】，密陽人。

▶▶通事，金福圭。下人，李正吉。

李鑣永【乙未。景度。承旨。東蓮。】，完山人。

▶隨員。李弼永【己酉。汝良。五衛將。養齋。】，完山人。閔達鎬【癸卯。聖魯。司果。海隱。】，驪興人。

▶▶通事，林基弘。下人，金五文。

沈相學【乙巳。德初。參議。蘭沼。】，青松人。

▶隨員。李鍾彬【甲午。華卿。部將。彝堂。】，井邑人。俞鎭泰【辛卯。重岩。進士。杞泉。】，杞溪人。

▶▶通事，金永得。下人，尹相龍。

洪英植【乙卯。仲育。參議。琴石。】，南陽人。

▶隨員。高永喜【己酉。子中。主簿。雨亭。】，濟州人。咸洛基【庚戌。建之。參奉。
玉波。】，江陵人。全洛雲。

▶▶通事，白福周。下人，鄭用石。

李元會【丁亥。善卿。承旨。中谷。】，廣州人。

▶隨員。宋憲斌【辛丑。文哉。士人。】，恩津人。沈宜永【癸丑。命汝。武科。】，青
松人。

▶▶通事，李壽萬。下人，金鴻逵、李順吉。

魚允中【戊申。聖執。校理。一齋。】，咸從人。

▶隨員。俞吉濬【丙辰。聖武。士人】，杞溪人。柳定秀【丁巳。而靜。士人。】，全
州人。尹致昊【乙丑。聖欽。士人。】，海平人。黃天彧【癸卯】。

▶▶下人，金永根。

金鏞元【壬寅。善長。虞候。薇史。】，清風人。

▶隨員，孫鵬九【壬子。錫奎。】。

▶▶通事，金大弘。

附詩錄

《興仁門偶得情字》
一出都門萬里程，駐車幾度望王城？滑泥爲是關心悶，滄海何期似掌
平？老婦雖疎眞惜別，稚孫鍾愛難爲情。强憑酒力消千事，快道安過
擧袖輕。

《嶺南樓》
春日人登第一樓，眼窮千里意悠悠。新羅山色空靑裏，都護城根淡翠
頭。梵唄曉鍾來古寺，漁歌晚笛下長洲。最憐叢竹荒祠屋，澆酒幾添
旅客愁？

《次俞上舍鎭泰望海韻》

此涯之外更無涯, 上下天光一色斜。徐市樓船空畫外,【紀伊州有徐市廟。】
蝦夷島國自皇家。【海外島夷, 莫不稱皇帝。】崢嶸俄作千峯雪, 頃刻飜成萬
朵花。可笑吾身渺於栗, 回頭猶恨扶桑遮。

《聞日本有花蹊女史能詩善畫今年四十餘尚不嫁人但以詩酒自娛有女弟
子幾十人云》

工於翰墨潔其身, 歷數男兒有幾人? 聞道花蹊女史氏, 千秋無愧錢蓮因。

《與蘭圃令公邊忍叟共次洪琴石韻》

纔來渡口便思歸, 冒雪離家花已稀。近日緣何多駭浪? 此身恨不學鵬
飛。慣從浦女觀魚箔, 每與隣翁訪酒扉。萬事不如十居八, 逍遙海上
盡春衣。

《復用前韻詠漁村卽事》

欲去不能又不歸, 慣看漁戶生涯稀。逐波拾藿全無畏, 衝颶行舟疾若
飛。工補疏籬多弊綱, 巧圍織竹半斜扉。斯人都是岑、張類, 緩步橋
西雨滿衣。

《題傳語官武田邦太郎詩帖》

豆毛山路橫馳過, 下馬相逢情更多。況復同舟滄海外, 今當分別意如何?

《題辦理公使花房義質詩帖》

三百年交郊, 五千里遠客。層溟知不遲, 來去一空碧。

《贈邊忍叟宅浩》

聞道尋幽卜墅家, 自是蓬萊鎖烟霞。半生盡閱人間事, 六載重浮海上
槎。庭曬新稻雞子大, 溪添晚漲魚兒嘉。閑窓朗讀《西廂記》【貿去《西
廂記》故云。】, 滿酌香醪帽任斜。

《出絶影島》

纔離釜山浦, 便望釜山關。南去是馬島, 向東直赤間。賃船非自意, 迂

回長崎灣。知信一日內, 千里江陵還。

又

夜發赤關日正午, 萬重尸過一輕舟。中流暫泊蓬頭望, 南抹靑山伊豫州。

《船中次魚學士一齋韻》

陣陣南風海不驚, 此行無恙到新城。故鄕雲斷三千里, 隔岸猿啼兩三聲。白日步虛快吾目, 中宵倚斗憶君情。嗣今誰有能言水, 所謂江河視瀆輕。

《題中田生詩帖》

東海聲名子是眞, 圖書滿架一堂春。郊寒島瘦吾常恨, 始到中田見可人。

又

臨別先思去後情, 桃花潭水幾尋淸? 停雲一片蒼茫際, 叫雁應令夢不成。

《信濃[16]人小林溫來訪店舍示書畫一帖要求書故書應》

霞牋嵐字兩相奇, 來遠多時恨晚知。信濃美酒三杯後, 橋柳街陰去去思。

《彝堂李鍾彬求伴行江戶人詩筆要作屛障卽臨發也走草二絶》

芳草萋萋四月天, 泛舟滄海坐如仙。火輪一轉行千里, 誰識扶桑在眼前?

又

梧葉一飄大火流, 崢嶸頓覺添覉愁。不須異域留連久, 日下長安夢想悠。

《書贈外務省官中野許多郎詩帖》

各生萬里外, 便作一舟人。世事元無定, 相見卽相親。

《贈秋田士人》

五千里客一樓間, 把筆論交語不關。人地似同孔北海, 風流空羡謝東

---

16 "濃": 底本에는 "儂"으로 되어있으나 地名에 따라 "濃"으로 고침.

山。【此人居北海, 好詩酒。】相逢綠樹橋頭店, 因作黃槐夢裡顏。莫說秋田如蜀道, 重溟吾亦日將還。

《書贈上野敬助便面》

滄溟萬里共君濟, 不偶之行不偶緣。況復西京佳麗地? 綠陰如水草如茵。

《題櫻井園詩軸》

萬里來看甘五景,【家有二十五景。】 景非在物在於情。王維別墅今傳美, 楊子一區古有名。大抵浮生空自急, 元來人事素難營。那知君我天涯隔, 近日從容樽酒傾。

又

有子山家宜有子, 非徒有子又多孫。心忙職事常邀友, 居在城都返勝村。雲樹東江詩滿篋, 風流北海酒盈樽。前宵齟齬何時忘? 却恨同文不共言。

《擬人贈和》

晚學遠遊到日東, 所過三府果稱雄。繁華自在非新制, 強富專由變舊風。交道有源如水淡, 世情太薄歎雲空。憐君白首窮經志, 萬里扶桑初旭紅。

又

榴開枇熟亦佳辰, 何恨吾行未趁春? 千古難逢嗟伯子, 一時快士數蘇秦。久聞江戶繁華地, 豈料扶桑渡涉津? 莫謂豪談其無味, 濃陰正值雨餘新。

《和內務大輔土方久元》

閱歷風霜已中身, 便作從今蘊藉人。閒對棋枰觀勝負, 更論蘭契訂疏親。歸家應戲斑衣舞, 奉職常稱大輔臣。靜養軒邊綠樹裏, 那知黃鳥喚聲春?

《代人贈和》

爲君惜別更盤桓，近日相從司法官。如水公庭槐影散，無風鈴閣鳥聲
歡。握手重溟知不遠，淸心陋巷覺生寒。雲天漠漠他時恨，片夢長勞
細竹冠。

《流頭夜與邊忍叟宅浩共吟》

居然東渡久，林下莎雞飛。人着兀形屐，路多井字扉。樓臺來眼好，衣
履劇心非。惟有天邊月，無私四海輝。

《靜養軒醉中書贈內務記官櫻井勉便面》

綠樹陰濃夏日長，池邊井館倍淸凉。諸公高會期難再，讌笑轟談又濫觴。

《夜飮櫻井樓》

文章名世傳家久，古畫新書滿壁間。多謝主人不俗志，公餘邀友惱還閑。

《走次服部元彰》

蒼海相逢已白髮，恨未當年蠹魚間。莫說風塵辛苦事，今宵只可談月閑。

《走次櫻井別詩》

夢裡相逢夢裡別，生平都是夢翩翩。沒稱江樹新詩句，浪道臨池舊酒
仙。三月市樓煩貨貝，半宵懸屋繞雲烟。殷勤贈話多君意，萬里情留此
一編。

又

千條離緒萬難言，兩地長思此意存。滄海何殊行陸路？舟輪【船是火輪】猶
坦轉車轅，交修鄰國爲唇齒。翰墨君家傳子孫，【君家多有信使詩翰故云。】他
日葭蒼露白夜，半簾那見月生痕。

《臨發贈店主古田甚內》【東京 神田區 連雀町十八番地 萬代屋。】

萬代橋邊連雀町，濃陰如織草靑靑。臨街高閣從今後，對客應傳我馬停。

《跋》

此余弟芝圃遊覽日本時所記也，還國踰年，復遊嶺湖，蒐輯未半，臧諸

巾衍者, 於焉一紀, 其書雖存, 其人不在, 見書想人, 寧不悲哉? 余若不續而成書, 遠遊之蹟, 無所徵矣, 嘔心之勞, 將歸泯矣。由是繕其未畢, 遺厥兒孫, 俾識得日東觀海之始終云。壬辰正夏石荷山人題。

여기서부터는 영인본을 인쇄한 부분으로 맨 뒤 페이지부터 보십시오.

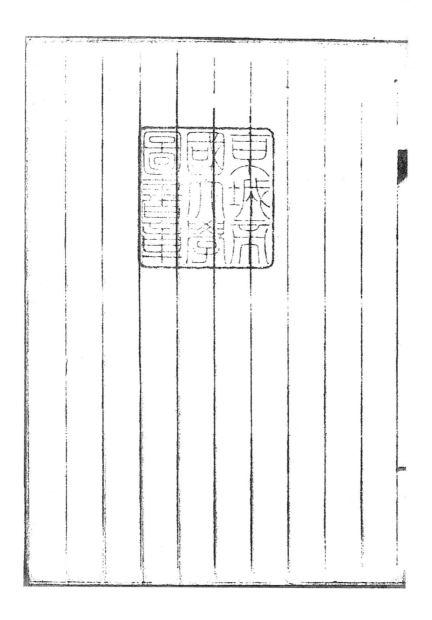

2

日東錄

月　上命前春判趙準永朴定陽前承音嚴

世承集文馨趙秉穆閔種默李鐩永沈相學洪英植

前校理魚允中前水使李元會賚秉日本船更渡往

彼地國勢形便人物風俗交憑通商等事詳探以來

爲　教余與承旨簇梃偕往廻於二十八日自京離

歲二月二十九日到東莱府留宿鄭同知漢楨家過

咸昌歷省賛成公會人公山所自邑西去十里許有

蕭室門外多豎孝行或立或卧故問于山下宋人則

曰無論京鄉子孫之有文武大小科者輒豎云亦美

3

事也到密陽登嶺南樓畫棟雕檻俯臨清江樓高軒

豁果不虛第一之名風日甚惡仍還店舍過梁山站

回四十里投宿通度寺佛殿僧舍不知其幾百間果

我東傑寺但無泉石幽趣亦別無奇觀為待延來諸

公仍留萊府一月

三月二十八日移住豆毛浦以待大輪船之來支伏

辦察官玄昇運自當而浦屋甚窄多日逗留極為悶

菀

四月初八日乘我小艇下釜山浦戀子海關戌刻登

火輪船即使人商社船蕲為安寧无者也仍宿船中

供饋所謂艦長擔當而一小漢先拖雨兒幾介而来
每人許分寘二介而去又持两介小木筒两来一則
飯也一則饌也及其分沁不過硬飯數匙蒸魚一片
末乃進茶一鍾而已不敢下咽矣
初九日午初發船出絕影島前洋風作浪驚巨舶之
摇蕩如同歡揚不湏前進還泊釜浦數時之間往還
水路為一百四十里云而舟中之人無不眩卧嘔噦
彼人之同騎者亦無異我人之難耐慣於水者且如
是况如吾裹病而初當乎還簽一哂眩則甚矣不至
於嘔亦幸也

初十日兩巳刻復艤船甲刻到對馬島四百八十里

昨日鯨浪尚未恬靜偃卧蓬底莫敢舉頭止泊後始

飲一盃出坐船頭滄海汪洋渺無涯岸島樹鬱鬱

不高峻浦邊小屋亦皆覆瓦甍頭童獨能刺舟耶

見生澁旅懷无新留宿船中此州今廢島主改為嚴

原縣屬長崎島云

十一日晴寅初艤船未正止泊于長崎島五百七十

里所経一路即一岐島平湖州備前州長崎港也下

陸定次于外浦町青木屋留宿所供供船無異馬且

屋宇雖甚精灑衾褥各為分鋪但無煙堗冷氣侵人

夜寶難寐矣

十二日晴此港有男神山女神山兩兩相對作爲水

口港內闊而長石等埠頭横亘十里如城堞焉洋舶

俄艦帆檣如林官舍民居檣甍相接挾道樓閣重重

酒旗店肆依山樹林隱隱名園神社可謂一都會也

縣令內海忠勝邀設夕飱于別圍而胙進不過酒一

鐘飯一掬大如鴛鴦魚一片菜一撮初無饇器憤不

下箸而歸宿店樓大清公使余璿來住云瞥然寒暄

而歸

十三日晴將理裝向船而居人携紙磨墨而来索書

者甚衆雖余拙筆辭之不得半日揮灑補縫其家或

有來獻酒果者酉時上船戌正揚錨達夜行船風怗

浪靜心神稍安與同行諸盍賦一律又書贈便面之

來請者

十四日晴卯初下碇于筑前州福岡縣博多浦六百

里暫憩巳正舉碇申正到赤間關三百里下碇港不

甚廣山回水抱亦一都會也居士男女紛紛刺舟擔

果挈酒蟻附船底不啻為買賣之計全在於觀光之

意也暢同商社釜山關支店谷村維助呈納橋魚使

問行勞酉末舉碇達夜行舵

8

十五日晴巳刻到讃岐州多助津九百里暫泊午正
翠帆戌正到攝津州兵庫縣神戸港三百二十里止
泊港口之廣埠頭之長舟楫之林立旗亭之稠密比
於長崎不啻倍蓰焉亥正下陸定次于新咸舍淡嶋
彌兵衛店留宿所經一路長門伊豫備前讃岐肥前
肥後攝津等州而殘山矼麓兒列左右蒼松翠竹喜
人眼目無值風怗可謂坦洋也
十六日陰自外務省送屬官守野誠一問勞盡日泊
泊於酬應素書者
十七日晴縣令森岡昌純來問中國領事官廖錫恩

来留云故往訪而未逢午正乗火輪車未初抵大阪

鐵道局一百二十里所經站路三宮住吉西宮新岐

四站所也毎站来往人民與負物互相上下故毎站

暫駐旋蘇其護府知事建野郷三送屬官迎接定次

于大長寺下綱島町白山彦治郎家留宿大坂古関

白所都而平秀吉之刱設也鑒海貫都至于琵琶湖

數百里兩過以石堅筭宛如城址種種卧波長橋并

以鐵柱木板在在連橋高欄無異西舫水樓且自此

連陸數千里舟車之来往人民之殷富樹立山海処

利罘海中一大都也

十八日陰安宅元乘明還歸釜山港故修付家書公
以願甚不能拆作獨臥樓上持被抱紙擲酒與魚來
家鴻墨者多難孤其求鎮日揮毫足忘羈懷而諸君
往刑徵分署與博物會及病況周覽而來
十九日陰協同社長高須謙三與安宅元主住反請
邀于自由亭亭在水邊宕暢可居而威備酒肴奏以
音樂數人之聲器同我國簫管之音只是噪协男唱
女歌又為迭奏而音異曲殊宜難鮮悟燈窰之煇煌
器皿之鮮潔可補威舉該府知事各局長官十數人
亦叅會焉夜深後乘小艇帶月遞次

二十日晴未末乘火輪車申正抵西京一百三十里

所経吹田茨木高槻山﨑向日町五站所也毎站人

民上下與前無異也陵府知事北垣國道遣屬官迎

接定次于三條橋邊中澤清治郎家與趙朴兩台嚴

沈兩公同寓西京古日主所都仕官巨族多在於此

而海路稍闊舟楫達通故人物雖極華麗殷富不及

大阪但依山設都始見清川橫流可愛水味甚冽

二十一日晴余應甚不出諸公往博物會織錦所相

國寺磁器等所周覽而回

二十二日朝晴晩雨與北蘭春齋烹鮮沽酒盡日款

娛渡海後初有事也

二十三日晴與杞泉仁蕙北蘭諸益往本願寺即日

東古剎佛殿神宇食堂僧房長為二千間廣為一千

五百間云而金壁銅瓦越其玲瓏琳宮寶塔果是嚴

邊老少男女之羅拜墀下者不知其幾百人而皆有

嚅喁之聲似是各以所願而祝焉謡寶難曉蓋其崇

信如是矣諸僧迎接供以茶果茶罷請其主釋則辭

以有事有一人駒澤格理者稱西京華族錦國引導

其隨喜之方晩到積翠園有青蓮樹階花塢艶雪林

鬧月坡醒酩泉巃嵸橋飛雲閣滄浪池黃鶴坮蝴蝶

亭十勝地奇花異卉霧之成陰方塘曲水涓涓相引
亭榭之高低隱現花木魚鳥之游泳自得沘塘雞不
足爲宏暢亦可知其精緻蓋種樹養花馴物之性得
其妙也坐臨水小樓進酒果魚糈之屬酒半酬并陳
龍涎鳳味白綾洋紗與崔君成大分書數十幅申後
還次

二十四日晴諸公將琵琶湖玩賞余則只與下人來
瘉車巳正還發午正抵神戸前度店舍
二十五日陰雨衣藥之物付送東京入去船便
二十六日雨兩所待廣島九未泊百正買兩柔小艇向

船舟輕波揚喫了一塲危險丑正㪺船此船與他最

大不甚搖蕩雖幸然而此海名為太平洋也最險難

㳂古所不通及出大洋四望無涯亦無他來去舟楫

但見波濤洶鴻鯨犀犀躍滿心悚然盖覺去國離鄉

之㦄且同舟之人天下諸國皆會焉衣冠相殊言語

不通尤甚無聊而其中最黑色眼黄者天笠國人云

二十七日晴晝夜行舵左有紀伊相模土佐等州

二十八日晴巳刻到橫濱卽武藏州神奈縣也自神

戶水路為二千五百三十里下陸点午供申刻乗汽

車經神奈川寫見川崎大森品川新橋等六站下車

15

仍乘人力車抵東京自横濱八十里許自外務省之
爲舍館於芝公園園卽海軍省所屬公院也留數日
諸公議以私行難處公輙送言于外務省各移接于
旅店聞其國法則他國人來留者先往外務省言其
來由然後行止無碍云故先往外務省則鄕井上馨
適公退小輔芳川顯正大書記官宮本少一接待

二十九日晴仍留芝公園

三十日陰仍留

五月初一日晴仍留

初二日晴仍留

16

初三日晴午雨巳刻造 文廟章一門篇以書籍

錐第二門揭以入德門章三門額以杏壇 聖殿篇

以大成殿兩五聖位以塑像奉安又有左右廊廡

洛六賢公影幀妥靈之所而古信使金公世濂作文

識之行四拜禮於庭下棟宇嚴邃經史滿架而但恨

無士類之來接矣仍往博物會未反周覽寅雨震作

冒雨往還

初四日晴酉刻移接于北上十里許岡田屋會長家

與趙台同店院陋且窄僅度一夜

而五日晴更為移寓于東去一里許神田區連雀町

17

十八番地蒿代屋古田甚内家

初六日晴　與蘭圃令公徃工部省謁省卿山尾庸三

在外大輔吉井友實姑未入省大書記官林董迎接

茶罷工作局大書記官大島圭介延到敘話後往工

學校周覽仍進圖學塲博物所礦山教學所電信理

學所而歸

初七日晴

初八日晴

初九日晴

初十日　兩釜山舘船便付家書有魚學士行中邉末

人稟聞京信未見家書甚苑而海伯族兄海蒼公三

月二十一日捐鎗任所云虗廊何極何極

十一日雨

十二日陰往工部省大書記官林董書記官大島圭

介接見進茶與烟草藥問本有事而遟大島圭介是

日本有名人戊辰関白之廢爲德川慶喜將與國兵

相戰數月有智畧善用兵士卒用命如臂之使捐故

所向無前云矣終乃歸順今爲五位官而爲人短少

精悍酬酌之際他無出人者

十三日陰雨留店舍酬應求書百人

19

十四日陰兩日主觀于博物院施賣因該院事務長
官指揮往觀則威儀雖無壯麗動止甚為簡便步軍
數百背負随身緊物有荷無刃長銃四四為隊先行
排立或有執旗者似是隊長而旗竿不過數尺旗面
亦是稍是色則上邊紅下邊白一類而已無他方色
之別高抬之屬又無朝臣班行之儀御駕即不過四
輪有屋轎而累施金畫前駕二馬轎外有立而御者
數人轎内有對而坐者一人　對坐者國
兵仗後有乘兩馬車或一馬車人力車從邁者似　内鮮云　而更無侍衛
是公卿縉紳騎兵則兩兩為隊作為後陣及其到院

20

上設玉座卽國主所坐而兩傍侍坐國族前兩邊分
坐公卿大臣下兩邊西則外務書記官及各國公使
東則省府縣官而我國朝士亦使同坐觀瞻君臣上
下一體椅坐服着則髮竪而免冠衣黑而粘身上着
半身背子但以紅錦大帶斜袒而下委皆從洋製但
多施金彩異於羣下

十五日雨

十六日陰

十七日晴

十八日晴

21

十九日晴大風往觀陸軍教場蓋軍制庚午十月更

革海軍取法於英吉陸軍專式於佛蘭設置操鍊場

小隊每日習之間數月一大操雖無旗幟金鼓之肅

容整濟簡易之於指使兵有五名步騎砲工輜又有

三稱日常備豫備後備也海軍置軍艦二十四隻皆

有將佐上士中士下士水丈夫等名合一千五百十

四人陸軍置六管鎮臺東京又設近衛兵三千九百

七十一名馬三百六十四鎮臺各色軍五千四百四

十一名馬九百十四都合兵九千四百十二名馬

一千三百七十四此是都下常備而恒留操鍊者

22

也鄉外各鎮臺常備兵三萬四千四百九十五名馬
一千五百八十四匹此亦恒留操練者也統合平時
陸軍四萬三千九百十七名馬二千八百五十八匹
編兵之法無論華士族平民家有兄而身未要者年
二十抄出健壯補以生兵演習六朔始稱為卒以充
常備役滿三年退歸農業亦許娶妻稱以豫備但於
每年三月大操時限十五日入枩又滿三年之四月
稱後備役又四年之三十之四月稱以國民年四十之
間當不虞則赴於徵集四十以後雖有大亂不名為
又置士官學校及教導團或習外國言語或習諸般

23

技藝務使精敏

二十日大風

二十一日陰雨往松潤台私處適觀國主往宴博物院歲儀比前無損先行騎兵十餘遵後有步軍若干人甚簡率也

二十二日朝大雨向申小霽

二十三日晴

二十四日大雨

二十五日朝陰午晴

二十六日晴

二十七日晴

二十八日晴

二十九日陰雨徃品川峭子哥觀玻璃製造之法㷱

以石粉〔白石末〕赤鉛硝石滿菴〔泰西物改云者〕硇石〔處塵物云之〕

五種細末勻和亦用破碎琉璃盛于大如釜之陶罐

置圍爐之中燒以石炭鎔而成水圍爐四面皆有小

穴以如指大一丈鐵管由小穴納其罐內則琉璃之

物亦如犬色凝如軟糖隨手成凡大如毬小如邪者

各隨所營器物之大小量宜粘出管頭欲長則揮管

欲圓則轉极㝎時成攪至若壷體之中虛者一吹管

孔浮起如泡其浮其薄專俄呼吸如未盡成形小有

凝堅則還入爐中燬如冶鐵及其製出移置燬爐漸

移冷板次第體凝乃無破碎雕刻物形皆有機輪隨

意精工而皆置洋人善工者教之日人則尚未曉其

精微學之三年一有能依葫蘆者稱為大才方募年

少工徒百餘人分為二隊晝夜遞番攻丶不息石此

亦非徒用之國中而已有外國人先給價萬餘圓求

買者且造陶罐之法最為難慎大者如甕小者如釜

製出陰乾一年然後始用如未精造一入爐中而生

釁炸孔則兩入許多物財盡歸銷融故先教製罐之

法此亦教之三年乃至手熱云回路歷覽延遽館館
則為他國王子皇族之設而館宇宏暢庭院蕭灑引
海為池壘石成渠浮橋水榭頗有幽趣屋內鋪置屏
帳書畫雕床錦茵桃儿畫華麗問于守者則曰英國太
子日間將到所以整備以待云外務屬官水野誠一
進檻酒味甚香冽不覺連倒辮端

六月初一日陰而風

初二日雨

初三日雨

初四日晴

初五日晴内務卿請竹泉台于静養軒要余偕往故
向午乘車往訪則亭在池邊景劉幽邃高車朱輪逸
足驕躍匝在樹林峽有繁華之象乃至亭上稍坐
諸人起立延座各傳刺繞叙寒暄因往別館盛設酒
肴半日勝遊而歸

初六日雨

初七日陰

初八日晴内務記官櫻井勉有名文士而邀于自家
亭子滿壁珠聯都是我國詩翰在座朝士盡是自娛
文墨者也設酌延談多説裏曲作字吟詩至宵暢懷

28

時慧星見在座者一人問我曰貴國以慧謂何星耶

答曰灾也其人瞳目曰公亦有此說果未見諸天書

予余應曰我國則謂雪觀於闕下擇有才者教以乾

象察灾祥非人人所能余則但觀史丹有兵革飢饉

之時每出此星故云公何驚聽乎其人曰此非灾也

與日月之餘無異何年何月何日何時見于何分野

何日何時之消已有分度既有預之實非偶見則何

足爲灾乎云

初九日晝晴夜雨

初十日陰且風

十一日陰而風

十二日雨

十三日晴與元齋台性觀品川監獄獄舍不知為幾
百間而時囚為數千名云此無他故國法初無楚笞
之刑只有二律之嚴罪重者死以下因囚則從其
重輕而以幾年幾月定律也故有滯囚之久而死傷
則罕有矣王於給以衣食教以才藝夏設蚊帳冬分
綿衾徑有書聲橫有織婦无是善政而抵頼者緣是
而多決儆則由此而遡古人所謂刑罰治亂之藥石
者尤可憎矣

十四日晴

十五日晴

十六日晴

十七日晝晴夜雨

十八日雨

十九日陰霏大倉組釜山館船便付家書

二十日晴而風徃造紙所遍覽而來

二十一日陰而風

二十二日晴大風

二十三日晴亦風

二十四日晴巳刻往工部省與屬官偕往電信中央

局周覽而回有權大書記官正六位石井忠亮福田

重固等屬九十人權少技長正七位中野宗宏技手

四百十一人教術生徒一百四十人本局附屬合中

外官吏一千五百四十二人自巳巳經始至戊寅竣

工而起東京連八王子甲府橫濱橫須賀小田原沿

津靜岡濱松豐橋岡崎名古屋京名四日市津岐阜

彦根大津西京大坂堺神戶嬉路岡山丸龜高松松

山撫養總島宇和島高知道廣島三田尻山口荻

赤間關小倉中津大分延岡宮岐福岡佐賀久留米

三池熊本八代鹿児島至長崎又起東京連宇都宮

白川福島末澤山形仙臺石巻一関盛岡青森福山

函館森長萬部室蘭札幌至小樽又起東京連浦和

熊谷前橋高崎上田長野今町柏崎出雲崎至新鴻

津四日市桑名名古屋岐阜彦根至大津又有横線

起横濱連橫賀小田原沿津靜岡濱松豊橋岡崎

自敦賀福井金澤金津浦和熊谷前橋高崎上田長

野今町柏崎出雲崎至新鴻亦横綠自長崎至上海

自上海至秘露國歐羅巴北亞米利加南亞米利加

諸國電線沉于海底通信而東京置電信中央荷屬

六十局線條延長三百四十八里十八丁三十五間

東京府下分局線八局線長八里二十七町十五間

各廳線九局線長十二里二十町四十七間警視線

二十六局線長十八里二十三町二十九間傳話線

線長一里十町三十五間三尺東京橫濱間鐵路線

七局線長二十二里十六町四十五間神奈川縣傳

語線線長三里三十町十一間東京府外線十局線

長二百八十里三十三町三十二間三尺南區屬七

十六局線長二千三百八十里三町二十七間二寸

大坂府下分局線三局線長九里三十一町三間一

尺造紙局線一局線長十四町四十五間大坂府下

陸軍參謀部線線長十五町八間一尺二寸大津神

戸間鐵道線八局線長六十九里十一町十五間傳

話線線長一里二十八町三十二間一尺各分局線

六十四局線長二千二百九十二里二十五町五間

三尺海底線線長五里二十一町三十八間北區屬

五十五局線長一千四百十六里十三町三十五間

一尺各分局線四十六局線長一千二百五十四里

三町四十八間一尺海底線線長二十里一町二十

八間開拓使線九局線長一百四十二里八町十九

間總計一百九十一間線長四千一百四十四里三
十五町三十七間一尺二寸経費金四百十五萬九
千八百圓公私通報皆有計程賃金一年所捧假
量四十三萬三千八十四圓零零云追同治九年由法
國至美國做成電線長約一萬里及同治十二年由
英國至美國做成電線長約七千里又有海底電線
由英國至印度由印度至新嘉坡由新嘉坡至香港
此為最長中國海底電報由香港至厦門由厦門至
上海共三千餘里由上海至日本海底電報一千五
百餘里由日本北至俄羅斯二千四百里日本亦於

十餘年前尚不知電報今則敎而作之自都城遍通

各處所屬地方統計縱橫約三千餘里

二十五日陰而風

二十六日晴

二十七日晴

二十八日晴

二十九日陰

三十日陰

七月初一日晴而風

初二日晴

初三日晴而風

初四日晴而風

初五日晴日主北巡已巳始定蝦夷地為北海道置

十一縣設開拓使治之居民初不知耕種日以驅狐

狸捕鯨魚為業近者稍有耕讀者云今為十年四巡

而蓋出於巡撫之意也程道為二千里動費五十萬

圓反觀啓行則羣臣衛士從邁者無多妃嬪公卿秖

送郊外矣

初六日陰而風

初七日下雨大風

初八日雨

初九日晴往觀淺草寺卽一遊戲之塲他無觀者而
多高棚穌以鐵索繫其腰掛在木櫊矣

初十日雨逾期快定歡喜無此而行事亦忙迫矣

十一日晴行裝先付船便期以到神戸後來納眂覺
圓然矣

十二日晴往觀上野博物舘暫愍蓮亭花已謝逾沒
趣味且呼主覓酒則俱進茶而告罄輿裏而歸輿北
蘭養齋快飮店樓

十三日晴

十四巳刻將還設洪直閣魚學士趙承宣李節度事
有未了不能偕還早往告別及其設也店主男女別
進酒看有戀戀之意至有揮淚者矣乘人力車到新
橋鉄道關登火輪車疾行生風頓忘炎熱四望綠蕪
其平夾掌酌酒相對滿心喜悅逢萊雛隔重溟家
國指日可到也滿野禾黍其播其耘殆同我國而此
疆甫界一倍齊整午正抵橫濱八十三里與趙朴嚴
沈諸公同住于北仲通二丁目林彥芳太郎家午飯
後與竹泉台兄齊蘭沼兩令兪把泉孝月南外務屬
官水野誠一中野許多郎同往橫須賀造船厰水路

爲三百里乘小汽船三時刻亦可達也日已暮宿臨

淮店舍

十五日晴周覽工役所適値暇日別無奇觀海軍

少尉邀于亭舘設饌欵待臨送布紙求書忩忩寫十

餘片額字珠聯逕歸橫濱

十六日晴魚學士金虞候來此作別萬里海外同苦

之地因各事由至此分張不勝悵怏未正上名護屋

尤此亦飛脚船也與廣島尤大同小異而上等船價

二十九圓七十錢（我貨九十兩餘）下等七圓也趙承宣延

到于船上作別船將贊矣未盡叙懷无切悵糟酉初

渼錨郎七月旣望也皓月初上萬頃湧金海不揚波

坐如天上高倚舵樓誦蘇仙赤壁賦一篇楷點山河

正角爲樂旣而東風大作急雨醱盆波濤震鼉蛟鯢

驚躍船大如山者搖若飄葉衝風而上則高不知爲

幾十百丈延波而下則深如入于萬仞坑谷舟中所

在無不摧破吼哮之聲无可畏也非但我人之眩倒

舟者亦大恐繫閉門户嚴束其勿爲妄動如是而僅

度一夜

十七兩雛不迂風仍不止一船之內不得見同行一

人蓋各自眩卧之故而勺水不入口者爲二夜一晝

矢渴想眈甚向曙下肆柳福有雨旬未見始飲和燒

酒臺水一鐘精神爽然起整衣冠

十八日晴卯初定錨于神戶港二千五百三十里下

陸住于海岸通四丁目常舍中川駒吉家

十九日晴在東京所付衣簏東納一無欹傷矢

二十日晴日氣比我國甚熱畏難堪居處雖三層高

閣前對大海後有山麓橋短屋高陽曝風微若非買

飲氷橋水無以解渴矢

二十一日晴仍留

二十二日晴仍留

二十三日晴見洪直閣在東京通寄于電線即其日

叅船消息而午初所付者未初来到一時刻見二千

里外音信奇事仍卽付荅

二十四日晴

二十五日晴蒼惠琴石中谷三公一行諸人戌刻来

和歌丸来泊出埠頭迎接問其利渉與否則事適風

恬浪靜初無經刼且艦長善待云

二十六日晴所待千年九未刻来泊

二十七日晴巳刻衣籠先載于船中戌刻與徐仁樵

李巍堂上船留宿

二十八日晴午刻一行俱為上艇未初幾錨行七百
里至安藝州五貫島湯下前洋以釜簀鉄載偽不脫
運艇留砲修改
二十九日晴卯初舉砲子初下砲于長門州豐蒲郡
赤間關五百二十里憁同社中進西抵十顆
三十日晴辰初舉砲貸船時預給船標上船時林標
以入即為船規而艗長松本待五郎忠地云無標次
入者更為考標與人數東有日本一人無標冒入者
矣盖初借貸金之故兩束乃原價外又罰幾圓其人
大懟顏辟也人一船兩載船格二十三人日本
五十六人和行五十三人

閏七月初一日晴寅正止泊于長崎島九百里辰正
下陸往尋舊店舍主人罢歇酒肴以待我京人鄭姓
兩人亦以公事來留此店踰月云矣申刻一齊上船
戌初揚錨雨經下關引島藍島白洲響灘池島大島
勝島玄海灘大洋過志賀島玄海壺烏帽子島有燈名
島壹岐青島平島三神島洲尺瀬生屬島澤吉島黑島
加喜浦島暮島七今瀬神水島西泊深挺大縣也
初二日晴申刻還泊于釜山港黑岩前洋九百五十
里酉初乘我小艇來住毛豆浦店舍夜深後萊府府
伯金善根來見府觀吏校亦多來謁鄭同知漢楨率

46

步輪軍而來

初三日晴巳刻來輪到東萊府宿鄭校家日本府藏

鱈魚肉以待半載殊味媸覺醒胃有書寫仍留句日

諸公分住山寺

十二日自萊府離發十五日到柒谷宿族弟注書運

馨家轉到尚州芝庄族叔來永氏﹙舞藝掞經之士也﹚留連數

日族兄桂馨來訪尚州營將李畫常送酒肴八月初

一日抵家

渡海路程

四月初十日巳刻簇船申刻到對馬島四百八十里

十一日寅初簇船未正到長崎島五百七十里

十三日戌正簇船十四日卯初到博多浦六百里

十四日巳正簇船申正到赤間関三百里

酉末簇船十五日巳刻到多度津九百里

十五日正午簇船戌正到神戸港三百二十里

十七日午正乘氣車未初抵大坂九十二里

二十日未末乘氣車申正抵西京一百里

二十四日午初末氣車午末到琵琶湖四十八里

申正還渡戌初到神戸二百四十里

二十六日丑正還渡二十八日巳刻到横濱二千五

百三十里未刻搬乘滊車酉初抵東京八十三里

七月十四日巳刻自東京還渡午正到横濱八十三

里

十六日酉初還船十八日卯初到神戸港二千五百

三十里

二十八日未初還船二十九日子初到赤間關一千

二百二十里

三十日辰初還船閏七月初一日寅正到長崎島九

49

百里戌初䕅船

初二日申刻遷泊釜山浦九百五十里計往還水路

一萬一千三百里陸路六百四十六里計日一百

十三日也

聞見雜錄

日本國主姓源名睦仁孝明第四子母藤原忠能鄉

女妃左大臣藤源一條忠香公女年今三十二傳一

百二十二世曆二千五百四十一年始於癸丑六月

北亞墨利加合衆國人來泊相模州浦賀請結好互

市關白德川家茂依違之是月魯西亞人來泊于

長崎又請結好互市仍呈國書辭甚不好不得已溫

語誘之約以待三五年議定報荅矣甲寅正月北亞

墨利加率兵艦七隻復至浦賀更申前請曰苟復前

報卽揚帆而去事如不辦直赴江戶兩次德川大懼

乃接來使于橫濵遂許其下田箱舘二港七月荷蘭
人英吉利國人亦來請諸港曰側聞貴國之近日待
北亞墨利加魯西亞較奬邪甚厚厚遇則非敢望也
苟以待墨會者待之廷笑威脅萬端乃權許長崎箱
舘下田三港且給柴粮等物以送丙辰七月北亞墨
利加來請以全權公使留住不許丁巳十月北亞墨
利加聘使始入江戶戊午六月北亞墨利加魯西亞
人來謂曰英佛兩國方克清國咸勢赫烈不日必來
貴國將欲奈何令速定約亦給印信為我盟邦則
我能調停其間否則禍且不測於是乃權許互市鯑

回假條約荷蘭英吉利亦皆許市巳未正月條約既

迨大開互市四方商舶轆轕諸港橋檣林立至庚申

正月始遣信使于北亞墨利加墨人艤船迎導反其

十月還歸也又使船官護送是年又送使于歐羅巴

諸國又許葡萄牙人通商之條約當時許港皆出於

德川家茂之權立條約實派出於朝裁故內而朝廷

外而各藩多主異論有上書諫不可者有聚眾煽亂

者有遣書自裁者謂之鎖港論有力主結好者有密

贊互市者謂之開港論互相樹黨自相攻擊物議紛

興衆口難塞矣至乙丑十月始下外交之令朝議稍

定而猶未許兵庫之港至丁卯五月遂許戊辰又許

大坂新潟初則開議者少而鎖議者多今雖變更尚

或攜貳一則曰開和黨一則曰守舊黨朝士則輒誇

以富強野人則多不改舊制於此可知和議之不遍

於通國也若其修好於我國則朝論蒼議莫不補好

今若朝士之行日主聞而甚喜預飭沿路使之優待

故所過長崎神戸大坂西京等地縣令知事每設饋

相接又自外務省送四等屬官水野誠一于神戸港

健之迎導矣

曾前官制上自公卿下至吏隸專用世襲自戊辰改

54

定以後多依西法或參漢制曰太政大臣左右大臣
曰參議設內務外務陸軍海軍大藏文部工部司法
宮內各省創置元老院會議大事筆廳彈正臺亦倣
西制之無諫官也省有卿大輔少輔有大小書記官
有權等屬如吏督外設三府三十七縣府有知事縣
有令有書記官有權等屬又有裁判所官凡八位十
七等而位有正從之別自十等以下無位焉蓋官人
之道惟才是庸而有華族士族平民之稱華族即國
姓也士族即舊藩臣之族也平民之有村武者亦多
寓用凡有職務之人每日辰刻赴衙未刻退去值曜

日則必賜休暇亦詔曜日一日為四五次

新置農商務廟商賣則各設會社如三美社慯同社

之類而某物品可賣於某國某物品可賣於某地措

日會議上海牛莊及歐羅諸國未來去遠服賣以

年其利農務則苗代之等堰五年間已開七八百里

汰壞富岡之養蠶一歲中繰出數十萬斤繭絲此者

自官設置而趨末之利雖不足論務本之事猶為可

尚矣

朝賀有三大節日新年節曼天長節日紀元節紀元節神武即

位之日大小宦貟皆詣宮相賀京都人民束戀禳褛

慶贖必晝日旦放大礮晝日歡娛朝無拜跪之儀但
以免冠為禮癸酉始變服色一從西製然朝士則公
退在家之時私自出門之際易着舊衣農商下類或
不剃頭而亦無異服者
自癸酉始用西曆以丑月為歲首三百六十五日為
一年八月以前奇月為大耦月為小八月以後耦月
為大奇月為小大月為三十一日小月為三十日二
月稱為平月而二十八日月不置閏日置閏
氣候則多雨少晴而雨雖頻數霽亦連易亦無暴注
咸霖之時值風雪嚴冬之節地凍氷堅但風止則寒

便解故水無三日之永冬有如春之暄較我國前序

或有先後之不同矣

地勢居天下之東北大凡水陸幅圓二萬三千二百

八十里陸地東自陸奧西至肥前四千一百五十里

南自紀伊北至若狹八百八十里地形如人字東南

湏太平海西北與大清及我國只隔一海其北海道

則東北有魯西亞琉球國西南有臺灣島山陽山陰

道正與我國嶺東最近江戸與六鎮相對寒暑畧同

閔壯云

國分九道凡三府三十七縣七百十七郡島嶼三千

五百七十三總計人户七百十八萬一千七百三十

三户東京府管轄之户四十三萬五千九百餘户人

口三千三百十一萬八百二十五口癸酉改貢法随

地價高下而造地券照地券而定地租征以十分之

三民循不堪復減租為二五至丁丑以錢代米計枚

為三千五百五十三萬八千七百九十四圓假量一

年各色税入金五千六百三十三萬一千八百七十

一圓年各不同不可詳知而一年應用五千二百八

十萬四千六百八十五圓贏金三百五十二萬七千

一百八十六圓盖具不恒之費多於應用内外國債

猶為三億五千八百四萬七千二百九十一圓國計

以是不足設印刷局造紙幣自己巳始用而奸民之

革授陳贗造真偽混淆衆皆苦之至於金銀錢則皆

流入泰西諸國雖日鑄萬錢可謂紙上空文物價昂

賣民難聊生故君臣上下孜孜為利雖微細之物無

不收稅矣

凡公私宮室之制皆是重屋層樓複道環梯而不施

丹艧多金石灰黑尾粉壓眩耀相雜飛甍危欄高低

層出遠而望之粘同麗畫之境近而視之實失都料

之法柱細而長檐高而短風壁雨濕頻年修改閭閻

撲地旗亭連隊庭雞無片隙性最愛花卉盆松瓶梅
懸在辟間奉石野草鋪置欄邊至於公府官舍之大
不設外門長廊圍以木柵或以鐵扉前庭後園多植
松竹樹林蔭醫花香襲人頗有幽趣所過村落或有
茅廬板屋而京都府治未見蓋草城郭則只有於江
戶向周圍七十里四重四濠深可容舟雜堞不置譙
樓外城不設石門未知緣何規模而內城雖曰有門
亦非篯虹蜺只設板門片鐵所見甚疎賣今其御所
灰燼已過八九年而富民輩各自捐財鳩聚屢百萬
聞今春間始役開址而延拖六七年可以竣功云

國多平原曠野而山莫高於富士湖莫大於琵琶嶺

莫險於箱根皆有名稱其他愛宕山一摺嶺金絶河

六鄉江陸奥之金筆下野之日光伊勢之熟田紀伊

之熊野亦稱勝景所謂大山亦非一二處嵐氣如黑

烟望之鹽紅不敢府內人家極為稠密最忌失火故

使警視廳以備不虞每六十戶巡以一人司警察者

櫛口巡使〈如我國捕侯〉持三尺棒無論風雨每日巡行詗

剖迹代夜深不散火作則擊鍾而傳警焉

國內學校處處有之皆非專經攻文之業有諸學法

律學理學化學重學光學汽學算學鑛學畫學天文

學地理學機器學動物學植物學史學漢學英學商

賈學等名色而海陸軍省有士官學校教兵士工商

有有大學校教器械而其中史學云者先教日本國

史及通鑑書而已又有女子師範學校擇士族女子

百餘人延師教之大字細西年甫十餘歲餘有成樣

者焉

國俗萬無學術百濟時人王仁携書籍以入始教經

傳中世則文風頗振墨知尊孔孟蛟程朱中國書史

漸次輸來通經改文之士往往多有近年以來西學

大熾各藩文廟或改為官署廢棄者過半五經四子

屬之弄筆以是之故漢文之士潦倒不得志於時噎

唏慨歎而已

其土音恆用者名曰伊呂波卽其國弘法大師所初

造也不過四十七字四十七音而只不出支微歌麻

四韻故語不成音繁複支離文簿書牘雜以漢字尤

為難解所謂新聞紙如我國朝報而公私雜錄街巷

浮議俱收並蓄捐印行賣市民商旅無不買看而事

多相違言亦爽實不足盡信矣

其俗姑也尙神綏以業佛佛閣高樓之雜在民間者

無非神堂佛宇至扵三千餘所之多矣近日則一切

反是神堂殆車廢乘僧徒皆為流離佛事社四多設
入官要妻食肉許同平人其勢遂裏所過亦見雖數
千間巨利名寺緇徒不過百人矣
街路修治為國一大政凢街皆中高而兩畔低朝夕
灑水汛掃若家屋前掃除怠慢者及或棄汚穢之物
肯並有罰金所以其直如矢其平如砥街口處々多
設隱溝大兩之後不甚淤滑即乾净雖有閒地不
作菜圃輒植樹木撑柱圍籬護養有方毎春夏之際
綠陰滿衢盖其野曠山少之故酷愛樹林而然也人
家皆書姓名於外門雖高官大府末以三寸木板高

正一位某從二位某懸于楯上街路兩邊列立鐵柱
上設琉璃燈薄暮燃火達曉不撤此蓋非油非燭彈
曰煤氣燈□柱內空外直下有通穴連穴鑿地如圖
隱溝而各處燈柱箇□如是引其穴而聚合一所因
仍大坎日煤石炭則煤氣達于諸燈無添油剪燭之
勞而但暮則燃之曙覷滅之而已煤炭之所名曰尾
斯即此亦似化學中出來而未得其解
尺制有三一曰曲尺一曰鯨尺一曰吳服尺曲尺一
尺即鯨尺八寸鯨尺一尺即曲尺一尺二寸五分吳
服尺即曲尺一尺二寸其布帛得用一丈三寸為我

國一尺且量地之法曲尺六尺爲一間六十間爲一
町三十六町爲一里量田則三十步爲一畝十畝爲
一反十反爲一町海路一里當陸路十六町九分七
里五毫其測量水深則以曲尺六尺爲一尋
升亦有三制一曰古升徑方五尺深二寸五分一曰
京升徑四寸九分深二寸七分一曰武子升徑四寸
六分五厘深二寸三分九厘八毫十合爲一升十升
爲一斗十斗爲一石
車制則有四輪二馬車有四輪一馬車有兩輪人力
車有二人乘車一人乘車又有三輪自轉車荷車之

屬大小合二萬六千六百十四輛皆有一年稅納

東京有博物院架屋不知其幾百間而古蹟則有毛

鑊馬麔之屬以至山禽野獸昆虫魚鱉之可生致者

生而致之痴熊驚兎絆籠逸巡孔雀之棲胡孫之戲

駭人眼目其不能生致者必連皮帶骨乾而置之或

像形而為之至於軍械農器人間所用之物無不畢

具明珠寶玉珊瑚玟瑁錦石之類玲瓏璀璨我國之

顏森衣服龍蟹皮毛之屬亦皆有之使才能者可畫

者畫之可學者學之蓋廣其智見之意也大坂西京

之博物院亦無異同且於文部省工部省內各置博

物院而又新設勸業博物會則與院同此則所置之
物並不取他國之產只聚本邦所有使各處人隨真
才盡其巧進成某樣物件限百日內納于會所則總
裁官以下本局諸員各府縣官揀其優者施以賞典
五年一會以為定式此專為勸技藝之道而所列之
物磁器木石各極其玅鳥獸虫魚像形如生朽木作
石鋪置卓上舟車橋梁盡在壁間又有佳山麗水聚
沙為形深藪長槭施彩依俙以呈其才非但好奇怪
快耳目意欲誇權見餘至於別火輪水車于一所織
布製絲削木鑄字打穀精米等事皆輪轉自成人扠

其功矢

物産大畧陸奧陸中陸前等州産金越後嶋城飛彈

信濃等地産銀紀伊藏代出雲備中産銅常陸隱岐

産鉄讃岐羽前産鉛亦間之硯美濃之紙参河之酒

守治之茶攝津之綿花越前之雪綿筑前之木穀鞱

浦之茵席壹岐之布加賀之絹尾張薩摩之長鑰利

釼並有名稱至於石炭石油硫黃等物則近因通泰

西始用云長門大隅等州産馬而多剽臀髵蹄著業

鞋但駕車畊田而載物卜駄者甚罕騎兵則莫不畜

馬馳走街路背肥健横逸多従外國購來大隅上松

等地產牛牛多黑色肥大亰畊田駕車絕不屠宰近
年則以西人嗜好之故徃ヽ有販肉處海產則生鰒
青魚大口連魚松魚古道魚道ヽ味魚秀魚廣魚鱸魚
魴魚洪魚銀口魚錢魚石首魚烏賊魚小螺大蛤海
蔘沃萊昆布青苔荂物無有不產而惟北魚不產禽
歐則山猪獐鹿狐狸山獺野雉山雞兔鴨烏鶩燕雀
鵰犬之屬而禽之鶯鵲鵞之虎豹素無蔬菜各種菁
根長可區尺土芋大或如拳果實則橘柚梨柿棗粟
桃杏林禽之屬而蘆橘最甘蘭之蜜柑金橘太酸愛
其香色惟之柏子胡桃花卉則枇杷蘇鐵棧櫚梅菊

蘭竹而有絲櫻者枝長裊□如垂楊花葉俱細深紅

淺絳三月爛熳開花有海棠者垂絲如貫珠絡繹可

愛枇杷冬華而夏實冬柏為其取油植或成林又採

櫨實榨油煎以為燭色潔如羊腊多產於土佐州云

至若胡椒丹木黑角孔雀雪糖之屬或出於閩浙南

蜜諸國以為貿取焉

飲食多用淡味不喜油膩辛辣塩醬甚鹹之物專尚

甘酸飯硬如蔗而每飯匕不過數合菜羹一盞塩菁

數片魚物一切醬豆羹菌最嗜雞子而或煮或生對

飯時先以小甫兒盛進三四処隨食隨添無有餘遺

其或速賓之時預設長卓相對椅坐先置一樣肴一
空盂一雙箸一幅手巾次進炙魚熟肉蒸豆雪糕之
屬喫盡更進一不疊設每更進之時輒換新箸酒有
燒酒清酒之名皆有臭不佳随飲随添不揮手則不
止終進一鐘茶乃撤床所食不滿十器坐久便覺支
離昔之所餉金銀鍍魚肉杯盤張羽毛今寫無所觀
近日飲食亦多出於西法為其省費云
人物大抵男多眇小精悍罕有俊偉女亦柔順伶俐
不見醜惡而勁止飄忽全無敦厚之風性情燥急粗
有然諾之快規模精繁事不遺於毫毛心懷超猜豈

不出於肺腑外若可親內實難測至於通衢大街令
喧車響夜深不絕可知其人物之衆而波覽殘疾者
罕見襤褸丐乞者常少女子但被廣袖周衣腰襻全
幅色帶襪皆前分兩條一條容大措一條容四脂此
是隆冬姶覆亦非常時服著嫁輒漆齒以誓不更戚
頰娼妓多不漆齒且男女無內外之別雖公卿女子
稠人廣坐曾不避忌又嗜沐浴處己有浴室而無論
四時一日一浴不廢矣
大坂城在攝津江曰浪華津曰難波處一國之中跨
大江臨內海四面同道水陸交輳百貨百工無一不

愉盖前日關白所管故其人快樂其浴修廉又鑿南
阿引水入城作薄渠通卅栅故十餘萬戶門不臨水
者少馬有造幣局置書記官技長技手等屬而架屋
數百間設大蒸氣機二坐一屬鑄金銀貨一屬鑄銅
貨而在口各機随意自轉先以爐冶鎔成一片移置
一機則自運自出厚薄廣狹適宜錢體再移一機則
團口成形箇口自落無涯板印出之勞又捨置一筒
則前後面字形雜画斑口咸刻從孔出者連絡不絕
其速其易友有勝於署套奇巧之極令人咤訝次儲
銅器磨而生潤以升計之不勞手第一日之内所鑄

銅錢爲四千餘圓銀錢爲四萬餘圓金錢爲五萬餘

圓此非徧自公所鑄本邦富民外國巨商出財自鑄

外面觀之便是私鑄內宄稅入無異公造金錢有一

圓二圓五圓十圓二十圓五種銀錢有五錢十錢二

十錢五十錢一圓五種銅錢有半錢一錢二錢三種

而又有一厘八厘行用者一厘卽舊錢寬永文八厘

卽天保文舊時以當百爾用者也銅之鎔化回焰爐

只用煤炭金銀之鎔化用黑鉛坩鍋容枯煤亦出於

西法云

倭京居一國之中地屬山城州其桶西京者對江戶

之爲東京也其山川之美與人物之殷富與大坂爭
其甲乙設置盲啞院雜聚男女盲啞者置師敎之盲
者敎地勢形使道路遠近及本國諺文而地圖刻以
木板分別高低以手按摩可驗橫直諺文口以模之
其以聾之日耳月眩自然成誦啞者敎書畫算數雖
刻等技而口雖不言目之所見手之所使無不精通
初則給料而勸課末乃枝熟而敀稅雖或近於爲利
亦使民無遊食免乎溥墾之意也又置敎育院初兒
之夾父母流離者貧人之無家室丐乞者收而養之
及其成長使各授業俾有歸屬

設驛遍哥置官吏郵卒以便公私通報其法於每町

通衢竪郵便筒或以銅鑄或以石造而欲付書信者

無論遠近特書所去地名與其人姓名付錢標置之

郵筒則郵卒輩時二搜出随其地方今置其次郵筒

其次而在郵卒亦搜出傳次以此為準一日之内達

于百里至於外國絕域無所不通若值渡海則該船

主亦持去信傳此非但拘於乒律之嚴酷無所浮沉

亦大關於為利蓋自官先造錢標自幾圓至幾錢捧

錢賣標則付書者稱其書封輕重而買錢標付之石

書封重為一錢則付十錢標重為二錢則付二十錢

78

標重為三錢以上價為倍之驛遞局一年賣標金與
地稅此等云不資專足之勞坐而通信果是良法以
片紙取巨萬財而人無怨言矣
鐵道局置收監書記技長技手等守字鐵道修繕收稅
等事先於東京橫濱之間自庚午三月始役至壬申
九月竣工計程里七十三里餘而大抵光治其道遇
山則鑿達水則橋其直如矢小無屈曲其平如砥亦
無高低乃以鐵杠間四五步橫埋路上次以鐵線之
艦可載車輪者四條連絡亘布於鐵杠上蓋線鐵中
則坎而上下闊輪鐵內有郭而外邊平輪郭胃於鐵

線轉動小無差跌設置四條者二條曰本線二條曰
副線各有來車往車之殊使不相撞破又有支線使
車輪轉環之所而車制則一架假如二間屋子而兩
傍布板稍高可以踞坐四面穿牖開闔可以納凉一
架可容數十人有上等中等下等之別分等收稅高
下懸殊火輪則但設前車次以螺線連車一車從一
車至于數十輛之多一火輪一時刻達于百餘里之
地疾如電掣人不甚揺每二十里設一館置官人檢
查行旅收稅而乘車者給標下車者捧標□皆有上
白中青下紅三等之別考此捧價毫無紊亂神戸大

坂西京大津亦然而西京神戸之間始於辛未九月

乾于丙子七月計程里一百九十二里餘西京大津

之間始於戊寅八月訖于庚辰七月計程里四十八

里餘行止必有報鐘停止用赤色旗疾行用白色旗

徐行用綠色旗夜行以燈色為憑而載錐包裹之小

禽獸之物俱有計程定稅三十斤以下五里四錢十

里八錢六十斤以下五里八錢十里十五錢瓊禽獸

則五里五厘十里一錢至於百里以此為准總計一

年稅入雖年各不同觀已卯所捧則東京橫濱間來

徃人貟一百七十八萬七百七十一人貨金四十一

萬七千七百六十七圓零荷物賃金六萬六千五十

九圓零雜收入金二千三百四十五圓西京神戶來

往人員二百十五萬二千七百二人賃金六十萬二

千六百五十七圓零荷物賃金九萬六千七百九十

三圓零雜收入金二千三十六圓總金一百九十萬

七千六百五十七圓零西京大津間姑未收稅而現

在各搭汽車合五百九十四輛

鑛山之法大抵先擇精工堪與明識地寶者透知金

銀出何山銅鐵出何地而非但知其某山某地之產

其物必使察其幾斤幾兩之至幾許然後可以經始

開鑛如其不然措儲器物掘地時月而所得還損於
所費則很很挺矣故得人最難且掘坑之法先利器
械可收刃倍故有鑿岩複螺旋快碎穿井扇風水壓
而皆等器械而自辛未始經營所謂官採屼為九慶
二慶則所費至於巨萬而尚無一金而抹私鑛穀錐
彩多或廢或起所收亦無之數盖鑛有二種之名一
曰有鑛質產金銀銅鐵鉛錫一曰無鑛質產石炭硫
黃礦鹽玉石等物得其可鑛之形便然後始募工掘
地而長崎縣高島所在石炭鑛即一國之最大慶先
從石脉自地面開鑿口之又鑿直下三十餘尺復抵

而入一弓地又抗而入八九十步方撅株而坑之深
廣不知為幾百間自地面始入長谷兩旁篝石壁如
城址上布圓木使無顛壓坑内之谷儼成坦路匌非
火燭則便是長夜故兩以左右種⼁設燈且於鑿處
人人執炬又置四條鐵路而採之物以馬車輸出反
到坑底直上有昇道降道各垂鐵索⼁末繫大竹籠
入者懸而下之出者懸而上之皆非人力之引捥外
鼓火輪其解其捥随意為之内韻水車風機泉涌則
引水筒而喷之曰熱則舉屜風而凉之人之勞力專
顏機輪自無搭◾◾苦便有轉運之功㸔几豬鑛山

84

全管政府而皆屬工部有願開坑者訴于礦山寮出
許可文蹟然後始掘每柊一月七月計其顧產多寡
分等納稅而坑匤面積五百坪卽我國五百坺每年
捧稅金一圓廢坑更採則千坪之匤金為一圓以為
定式自己卯七月至庚辰六月官礦所採代價捧入
佐渡金銀鑛二十二萬四千四十二圓零除管業費
十一萬五千五百圓零及興業費五萬二千七十八
圓實不過五萬六千九百六十四圓各鑛所採總計
純金六千六十六弓一弓卽八戔純銀十五萬五千
四百十八弓二分銅七十萬九千七百四十二磅七

分五里一磅卽十六弓或稱一斤鐵一百三十三萬
三千六百六十磅鉛二十九萬二千四百九十三磅
石炭二億四千三百五十七萬五千一百十六斤石
骸炭五十六萬一千七百七十八斤以其代價較其
所費出多入少姑無爲利私鑛各處總計一年所出
金銀銅錫鉛鐵硫黃礬石瀝青雲母山藍石油雌黃
巖木粗土石灰水晶瑪瑙燒石寒水石斑石燧石陶
土硝子皆以萬千計而器械之難易随鑛坑之深淺
鑛坑之深淺随物産之多少盖鉛銅之坑大抵金銀
之坑硫黃之坑大抵鉛銅之坑石炭之坑大抵硫黃

之坑

營繕局自乙亥設置掌管營繕諸官廨舍各官殿及修
理補葺之事貿取各種材品以備需用而道路橋梁本
修繕等事內務省及土木局及地方府縣主管而本

局亦管董餙焉

電氣報以銅為線約徑分許用西人所鍊電氣或架
水上或沉水引而伸之兩頭以機器繫之所傳之音
雖萬里即達也電線之萬里傳信彼此只憑一盤二
中有針四圍有字針旋指字隨指隨錄遂為一幅書
如指元指亨指利貞以知元亨利貞之類也此邊此

針旋時彼邊此針亦旋也盖電線之端入于屋中如

我國懸鈴索之入屋者下垂于床三上設機三傍有

器如橫三中有電手敲其機電生于橫間三爍三直

上線傍又一器如國攻木者墨繩筒三中有杠三轉

而傍又有匕紙圓堆者一端直上于杠而圍之紙上

有字傍又布紙三有字為此報彼之書也而圍杠匕

紙之字即機傍布之三字三波勒無別有誰移

寫忽為在彼前而樣視之匕紙之末上杠初無有字

總上杠而随有字馬而此杠此紙亦不與線相関也

則此皆吹雲之事也此時彼邊不計千萬里電線之

88

入于彼之屋者線忽生電而筒中之杠轉杠轉而卮
紙之圍者解而下也下而有字即此邊圍杠紙之字
也彼邊之事固不曾見而以此推之想亦如是也此
所以萬里傳信只爭一時也電線聯絡之柱在三道
路直木可三四丈者上施磁杯線施于杯一柱之線
其數不一此邊彼邊處所不一或多或少遠近亦不
一此又不得不然之事遇山遇野高之低之惟意爲
之以至遇大海直沉于水底而過之云

電信之法先知電氣引出然後始可與言而發電之

法甚多○一曰摩電如用羊絨火漆各一塊或玻璃
綢綃各一塊其摩力俱能吸動紙尼酒塞輕物此即
摩電是也細看一物試摩電氣用小輕圓毬掛以綵
線將此物摩熱而近探之如毬被吸動此物即有電
氣如摩熱毬仍不動是無電氣或有而力不足即此
可以看出如蜜蠟樹膠硫黃玻璇等類甚有吸力寶
石木炭乾木等類甚少吸力初看五金之物意必摩
無吸力遂將摩而有無電氣各物分為兩項夫若者
分者誤也因有人細尋五金之物摩亦有電其或無
者乃電未出並非無也○又有摩電法以玻璃為輪

傍安轉運活軸上安皮墊敷以白鉛屑錫屑蓋覆玻

輪兩傍各安五金蓋電筒各挿扵玻璃柱上二柱亦

以玻璃為脚筒傍向裡緊連皮墊向外有柄可繫下

乘鐵練其一筒傍安一鐵橫楪有齒近吸玻璃之電

向外有柄可繫下垂鐵練如欲取陽電可轉玻輪扵

筒傍安垂鐵練齒吸陽電入筒陰電隨電筒傍之鐵

練俱散扵地矣若垂練扵彼頭則即取陰而去陽也

○又有多收電氣之法可棗一瓶名曰蓄電瓶一內

俱敷錫屑為衣瓶口外敷火漆用木為蓋中用銅著

一條著首亦安銅柄由蓋挿入瓶棗下繫銅練分垂

於底緊貼錫屑如欲滿瓶以外繫鐵練乘地將前電

機玻輪輪轉運與瓶箸之柄相近所取陽電由著行

入鐵練蓄於錫衣之上自尋瓶外錫屑陰電則此屑

內陽電先則相混今竟離開由外繫鐵練而散去矣

是為蓄電瓶○欲用較比一瓶力大之電可將多瓶

排放一處俱要緊挨外數錫屑用五金線將各瓶箸

之柄縱橫連繫一處似此連繫之力極小亦能覺小

鳥生類如二十餘人排立攜手相連此頭人用一指

按於銅箸之柄彼頭人用一指按於瓶外錫屑則電

氣傳過人身一齊震顫矣○又有二金相合生電之

法以木為箱旁做兩柱中橫平樑樑有多鈎可懸將
紅銅白鉛間放箱中每一隅白鉛一隅紅銅兩頭亦
滴相錯如此頭繫鉛彼頭繫銅箱中藏以強水以五
金線灣屈一頭連鉛一頭連銅其首末仍各以一線
一頭連金一頭分向箱外繞出使其兩頭會連彼此
皆各由箱外相接於線之各一頭○又一法以玻瓈
杯數個中藏強水每杯內豎紅銅白鉛各一相連排
放用金灣線一頭連於彼杯白鉛一頭連於此杯紅
銅其首末兩杯內如此杯白鉛定滴與彼杯紅銅相
對仍各以一線一頭連金一頭分向杯外繞出使其

兩頭會連彼此各接如前箱式此法名曰電池○地

中有一磁石其力可以吸鐵係自然之質而咸之也

人得尋之而出籍人力做而復使吸鐵較更便益名

曰吸鐵石如以長條磁石置於鐵屑之中少時提出

見石兩端吸鐵甚多往裡漸少至中則無似不能吸

到若將此石從中折為兩端每段兩端亦多吸屑中

間仍無若以羅盤之磁石鐵針高懸平處其針搖擺

對准南北然後始定故名曰定北針令於此針旁又

懸一磁針所指如之若將此針指北之頭與彼針指

南之頭相近則必合而不離如將此針指北之頭與

彼針指北之頭相近則必離而不合其理何也盖因
二針之頭異則相合同則相離如一陰一陽之理也
今將一磁石下置一鐵勢必吸連磁石之力附傳於
鐵其鐵即與磁石無異若一離開則所吸鐵屑亦即
紛墜是無磁石之力也似此鐵下連鐵不拘多少力
足貫到皆恃磁石連則有力離則無力若用鋼代鐵
雖較鐵傳力稍慢然若離開較鐵散力亦慢由漸而
減不似鐵一離即散故尚可用時人用鋼者職此故
也〇又有將鐵做成磁石之法將鐵條一塊平放用
磁石一塊分定南北兩端將磁石北端立起由鐵之

此頭順數至鐵之彼頭至尾提起磁石再由此頭數

至彼頭如是數次鐵感磁氣而成磁前敬之南端易

而指北北端易而指南由是與磁石無殊矣做磁鐵

之法甚多如電報機器內鐵針之式或做鋼懸如馬

掌之形欲其力多亦可照加層數若用久恐力不足

可柞下而用鐵板如座托任自能懸起其力不洩○

又有一名曰針電其法做一木櫃上下二層將前隔

絲相連二針照做二分內針在上層櫃內其外針在

櫃外面用作號數將蓄電瓶內陰陽二線之端分頭

接連如此頭陽電由右而入彼頭陰電由左而入記

認横外二針之端指右為何號指左為何號一二動
為何號連次動為何號横之下層外做活軸二柄亦
並排列係為便扵更換陰陽之用以五金線二條一
在白鉛為陽一在紅銅為陰各瓶彼此間連如欲任
便取用不煩移線揶瓶將此二瓶雙手捧推向西是
為讓進陽氣之路上針即指右為陽若捧推向東是
為讓進陰氣之路上針亦指左為陰無可下推上指
以訂號數計一二推指為何號隨意訂用意期捷便
耳○又法做一水横形如表盤面上預有洋字號數
将内外兩針照前分安一内一外將前馬掌形吸鐵

及蓄電各機器俱與接連借此鐵一吸一放之力使

針指字用時推柄分陰陽電路随手取用黙記針動

次數每動為何字記數成字連字成文至於彼處之

機器做法同此此處做何字畫彼處依式畫出毫髮

無訛無異面談笑○又名曰電鑰可以啟開用紙印

做號數其法做一橫樑下安小柱中間可開可合為

引電路橫樑之末安一圓柄係為以手按提一提則

電止一按則電来於此樑旁接以機器線通於機其

機上安有竪筒內蔵絲緾馬掌形吸鐵筩外預累潮

絲筩口上懸一鐵相對其鐵上下㨾頁末尾有做成

銅尖灣上浮擧上輪垂放紙條鋒尖托紙可剌可過

統屬電鑰之權若手按電鑰則柱中間自合電氣由

機得以通上直達馬掌鐵及吸力一出上面鐵近口

之一頭被吸必近就垂低其一頭必高翹仰起彼處

銅尖隨上剌紙借可做畫総在提按電鑰為之使其

或長或短或間或連俱可用號數較之更為清楚無

含混之訛也○又一法所用機器各式同前惟以藍

色油墨染敷於銅尖之上所印字畫畫變藍色比前

似更明確也又有意大里國人嗄色利者創做一法

可用傳往遠處電報其印字法預以白金白鉛為水

將白紙浸過電氣一過立時變色兩頭各設銅几為
板上用鐵筆一齊運行此頭筆做何字彼頭如之其
機上安有箇形二輪相並排列橫卧於機上每輪上
各有鋼火托此藥紙此紙包貼輪上紙隨輪轉其紙
預浸染藥字用漆水畫寫電氣一到時遇漆乃電勞
路故滿紙漫陰變色唯空字畫是白顯出字形矣〇
電線之路有三一陸地立竿懸線之電一由地中埋
線之電一由海底才線之電其陸地立竿懸線電之
法擇一光潤和柔之鐵做成長線外鑄柔鉛為衣護
之使不生銹線身粗細分有三樣厚一寸者分作八

分算一分之線作小近電報之用現在常用者厚及
六分若其四分者係備曲折防斷備用將此鐵線懸
於竿上其竿湏擇乾透淨直之木長約二十尺至三
十尺木根或用火烤日晒或用銅強水浸過然後埋
立地中掘地當看土質如係沙鬆之地湏當深掘大
約四五尺深各竿勾空排埋如三里直路埋竿十二
根至十六根俱可若遇灣曲相持之處酌增至二十
根亦可懸線之處由竿首至地約離十五尺至二十
尺之高鐵線與竿間隔不使相近因木係電佳路若
逢雨濕恐電由此散失竿首懸線之處製一磁器或

一尾器形如杯式上覆如帽中通一孔使線由此空
旋復而出其上覆者防雨下托者使平也○又電報
若遠用線須長然恐其力漸漵不足運行機器於是
有人思將遠報改分數節途中增添數處至兩頭處
皆脹設一樣機器人工按節傳遞止因一事糜費徒
增不免勞力傷財也今此則不然惟設兩頭用物之
外中途止酌設一二三處照料而已電氣到時僅需一
人使之生此新電入其中增助氣力仍一氣速行而
過毫無艱澀迥迥非前之節○費手比也其線不可用
鐵恐其易斷須用銅綫埋於地中然而地內潮濕為

電佳路恐其由絲散去須以樹漿裹銅絲護之其樹
漿譯名曰姑達膠切扎然若止以銅絲與此樹漿護
裹仍恐不堅後又思得扵此護裹之外套以鉛箇或
以瓦鐵俱可分節套之究屬價昂較懸線之費尤貴
故今人不甚多用惟扵城鎮衝繁之區用之而已〇
又海底傳線之法雖與埋地稍同然海水之力洶湧
重大須用銅絲五六根或七根絞繞一處外用樹漿
護裹又以煤油滙浸之麻纏之麻外以鐵絲多束絞
繞仍以煤油敷外如欲鐵身加厚外面再加鐵絲煤
油一層亦可所用鐵絲之式當看海底地面如極深

之處可用輕薄之線以其省可久也若近崖及稍淺
之處有船罷拂礁砂動盪之處湏用厚重之線之
分兩有四極厚者每一里地長重一萬二千斤次重
五千五百斤再次重二千斤薄輕者重一千斤此線
或由海底或埋地中以及地大事繁務湏於兩頭處
多安電線廣設機器每一機器湏用二人監管做電
報人工湏令通達識認譜曉修理之人自學莫爾斯
印畫提按電鑰之法令其手法熟習順速成號○迄
同治九年由法國至美國做成電線長約一萬里地
及同治十二年由英國至美國做成電線長約七千

里後又有海底甚長電線係由英國至印度由印度
至新嘉坡由新嘉坡至香港此為最長中國海底電
報由香港至廈門由廈門至上海共三千里有餘由
上海至日本海底電報共一千五百里地又由日本
北至俄國地方共二千四百里日本國於十餘年前
尚不知電報是為何物有何作用今觀其中之機巧
效而作之巳於日本都城遍通各處地方統計縱橫
約三千餘里
燈臺燈船浮標礁標等始於巳巳燈臺則東京灣亦
色燈光達九十里羽根田綠色燈光達八十里橫濱

赤色燈光達六十里觀音﨑白色燈光達一百四十

里副燈赤色光達七十里釼﨑白色燈光達一百六

十五里城島綠色燈光達九十里野島﨑白色燈光

達一百七十五里神子元島白色燈光達一百九十

里石室﨑赤色燈光達一百里御前﨑白色燈光達

一百九十五里管島白色燈光達一百五十里乘﨑

白色燈光達一百五十里樫野﨑白色燈光達一百

八十里夕岬白色燈光達二百里苫島白色燈光達

一百九十里天保山白色燈光達一百二十里神戸

綠色燈光達六十里和田岬赤色燈光達一百二十

里江崎白色燈光達一百八十五里鍋島白色燈光
達一百二十里釣島白色燈光達二百里部崎白色
燈光達一百六十里連島白色燈光達一百二十
里白洲赤色燈光達一百烏帽子島白色燈光達一
百九十四里大瀬崎白色燈光達二百二十五里伊
王島白色燈光達二百十五里佐多浦白色燈光達
二百十里角島白色燈光達一百八十里納沙布崎
白色燈光達百里辨天島赤色燈光達六十里尻矢
崎白色燈光達一百八十五里金華山白色燈光達
一百九十五里犬吠崎白色燈光達一百九十四里

口津白色燈光達八十里鹿兒島赤色燈光達六十
里右三十八處國家設置堺綠色燈光達百里木津
川赤色燈光達八十里島原白色燈光達六十里伏
木白色燈光達百里新潟白色燈光達九十里青森
赤色燈光達六十里石之卷白色燈光達六十里右
七處商人私等燈竿或石或鐵或木爲柱其高去水
面或二十丈或四五丈有橫線爲燈船則用赤色木
造二檣自水面高三丈六尺懸色燈光達百里浮標
則赤色鐵造頂作毬形自水面高爲一丈礁標則赤
色鐵橫線高或二三丈頂作毬形盖此設置專由於

表著水底淺深礁石隐没使公私行船無至得泊故

随其形便或置燈臺或置燈船又有浮標礁橛二名

使各置四等官掌黙火自日暮燃燈至日出方滅而

若值霧降深雪之時則或吹笛鳴鼓以表其險官有

月金又置生徒二十人使習燈明之法

工作之局自辛未創設選教師募生徒年十五以上

至三十又抄女子十歲以上至二十各随其才而教

之及其成就分送各局迄今十年大小器械日重年

加製造精妙改舊添新一有刱造輙出圖式焉○楮

運蒸氣器械用於耕作米搗粉磨綿繰啣筒土練石

割煉化器械木扎細工等甚簡便器械也殊自雖內

所噴出之蒸氣以溫補其乏之水故補乏之水自煖熱

為賞柴炭少且由是破損氣鑵亦甚稀矣又此器械

中有排絕火歐飛散之具故亦無火災之慮○又有

高壓蒸氣器械比於尋常橫蒸氣器械機關各部甚

簡易而破損之患少矣不至屢加修繕加之以機關

之數寡故價亦隨而廉矣○橫鑵外部用堅牢鐵板

殊如內部所接火氣以最精鍊鐵板造焉故其甚堅

固也初製造之時彼此相合之釘以水壓器絞之故

破損弛廢之患鮮矣可謂十得無一失者也○又有

屬於前圖高壓蒸氣器械之堅蒸氣鑵裝置於堅牢
之臺上者也而至如裝置則甚容易雖運送之於何
地立得裝置之且以其器械與鑵可相離解故破損
其鑵隨而少矣又修覆之容易加之此鑵之竈穴入
火處以甚廣濶不必要石炭用薪柴亦無不可矣○
水車通常分其類而為二種其一種車軸之斜橫者
其二種車軸之直縱者第一種中又有種二區別而
有車上水之注下者有自車腹水之注入者有激衝
於車下者第二種中又有三區別而有自水桶流出
於車外者有自車外潛入者有流下於水桶之直下

者其利害得失大槪從水源之形勢與器械所裝置
之模樣也稱一分時間而可揚重量三萬三千磅於
二尺四寸高之力謂一馬力矣欲知水車力者當知
流落之高低也　水謂裝置之水車處之水面之差也　與　旣知流落
水之高低也則加之於田流水速力所知之水源高
低而以一分時間而流落之水量幾何乘爲矣以重
量六十二磅面積四四方尺四方水尉乘爲而後以三萬三
千䂻之一馬除之則可得知馬力之數也旣知流水高
低也憂流浮標於河中或河兩側而計一分時間而
平均速力之如何以水流面積乘也則可得知一分

時間所用水幾何也然而河中兩側或水面下之流
落之速力各有差難明細知之而有以中央之速力
大約八分三厘為平均數而用之柁實地者○單螺
旋機械轉運蒸氣船之暗車之元機械而附着汲除
神水唧筒或船底之垢水唧筒且備及動械矣加之
機械小占塲所亦僅少矣比之柁同力複圓擣稍高
而已柁其動搖兩莫有優劣而便利之一機械也○
複螺旋機械與單螺旋其形有異而至其功用無差
只具二個之圓擣與形狀之大而已然器械之竪少
低只依其船體有便否之差耳○有蒸氣唧筒用柁

汲水而送之于他其功用至大者此器裝置異于他
蒸氣鑵及喞筒皆共裝置扵一臺故甚輕便僅一二
人力而不嫌高低得送半里乃至一里者也又從水
源之形勢而伸長鐵或護謨管得用鑵與喞筒也夫
如斯而其作用便利扵農業停車塲鑛山礬石等之
要器也○陸送瀜鑵異扵次圖之橫鑵之中有數多
小管在水中故水之蒸發其疾速非他比也鑵然爲
管之接近若怠慢不拒其水垢水垢怨粘着妨害熱
之導路自然過其適度故扵惡水之地也如他氣鑵
雖不便利至于蒸氣速力運送之便不更煉尼石又

易引從水源流落來水通之於器中半以爲器械運

器用於家屋庭園農業之揚水器也其裝置也甚簡

之堅固又主不冗費蒸氣最極其精工者也○揚水

高壓器械各部尤主簡易而堅牢矣然省畧其無用

之堅牢已載于前○橫蒸氣機械之製作與於普通

水氣蒸發又有燒棄無用於焚燒尾斯之便其汽車

一個火筒石炭或木炭而基於稍半燒石炭之理使

故縱令雖掃除修繕其一方無休業之患矣又入於

突筒包括爲專要熱氣之不過又此鑵備二個火筒

不讓於他器也○橫氣鑵以煉尾石重疊設一個烟

動之資而半揭高處也以此器力推上水者從其水
源高低而比較之也且雖鐵管之摩擦其他障碍減
殺其力之幾何大約推上水積七分一於一五倍之地
或推上十四分一於十倍之高縱令水源之差十尺
而有一石二斗五升水也其所得者高及其分量大
約推上一斗七升八合水於五十尺則與推上八升
九合二夕水於百尺之理同矣故得水便之地而設
置此器械於家屋身在階上而猶在階下水邊袖手
傍觀而得井泉之混〻矣○蒸氣喞筒切用頗多用
於製紙場桑皮場或田園之灌溉消防鑛坑等其功

不遑枚舉爲器械大小及各種水量自有尺寸爲○
井戶啣筒用於尋常井水櫃或池水之器而其裝置
亦簡單直令附着之於井上而有或從場所之形勢
裝置於井中者是則以其便宜也此器之輕易亂如
斯故雖偶生破損於水靠或他處而不能好汲上水
之際輒得扶二鐵栓而加點檢繕修爲故居常多用
水之家不可缺也○滑車用於引揚重量之際又至
運轉之日費一人力而甚迅速最便於起重之機也
○風車不関風之方向自由運轉爲以其力汲上底
水於高處之器也蓋此器械動力自通常二十尺許

之地下汲上泉水之甚易者矣大者則自一百尺之

地下汲上水流又微風不能運轉焉以其裝置可藉

蒸氣或牛馬之力無所障碍於用水也故於旱潦之

地必置之矣○有一人取製系器械使工女一人踏

板卽從其運動大小之車與系梓俱迴轉水沸騰于

釜而煮繭取其緒而卷繞于其梓之裝置也器械中

肝要之部分則鐵製焉故其損傷亦罕矣又有一製

系器由蒸氣或水力為轉運製系器械也雖有差大

小之別至如其使用無與前機異焉○鐵製水函卽

運水之函而以鐵製之鐵板相合之處以螺線釘之

118

故運送之至於不便之際輒得剖解各部且又裝置
之不要其職之辛苦故製達夫函則得利更大矣○
鐵管試驗器総無瓦斯管水管之別檢查鑄造之良
否如之何器也今欲試之附着水壓唧筒焉而排出
管中之空氣漸強水壓力若管有微細之宂水必涌
出矣故管不可用則以鐵管鑄造必用之良器可也
又有各種鐵管長短輕重不同而所用甚便利也○
避心唧筒供於汲乾修船渠水或濕田地若汲除汚
水等之用而最適當矣其製造容易修繕故卽崩解
一二處可得檢視內部使用之也蒸氣器械或水車

與皮車通而迴轉運動矣○又有一種唧筒汲上潴

水或引入二十尺許之井水於容器之辨便器也然

從井之淺深得以同畫變換器械也○灌園唧筒卽

灌水於庭園草木花卉或洗滌馬車人力車窓戸等

之時其裝置極輕便而使用之亦費一人之力而已

其所噴出之水亦異他器械綿：連續無有斷絶缺

乏之患矣○深井唧筒特用於深井而家屋所用水

武要淸水之際尺以二三人力而得輙汲水于六十

尺乃至廿十尺許之深井兼若欲得數多之水應其

千量而當用濶大者爲故裝置此器械于高地若山

卽上則其功績更著美○運搬蒸氣唧筒供扵灌漑
田園或汲除溜水等之用而最適當美其使用之方
專計運搬之便利卽與直立鑵橫立鑵其運動毫無
差異其浸濕于水中之處不用之際若崩觧爲載于
車而自由運搬爲○漑田器械與運搬蒸氣唧筒同
類也用扵農業之器物二十四馬之力一晝夜間得
楊八萬五千石之水扵一丈之高處者也若以槹或
竹管分泒量水扵四方也以可灌漑五十丁之田園
而深爲一寸也而薪木沸騰之也一晝夜而得量木
大約千貫目石炭沸騰之也雖從石炭之良否而有

121

差與尋常得三百五十貫故於富薪木石炭之地大
便益之器械也〇復動唧筒有三種用於井及坑中
又汲揚水者也而上下其把手即三個之唧筒無間
斷共汲揚水之裝置非通常唧筒之比其第一種備
唧筒一個第二種具唧筒二個第三種裝唧筒三個
也〇空氣唧筒此器械模造佛蘭西國製之空氣唧
筒矣而試驗鐵管之壓力與否適當器械也欲試之
宜先推入於器中而後付護模管於所試鐵管之一
方鐵管二口使之連續者也然而入鐵管於水中而
空氣之際果鐵管有細微穴向者所放之空氣為此

壓力所排出或漏泄管中外部之水為之起泡故欲
試鐵管之粗密者最不可缺之奇器也○潛水器二
唧筒有二種一為英吉利形一為佛蘭形揭示于此
者即佛蘭西形而輕便且廉價也○潛水器械者使
人入水中而動作自在即潛水器也頭被鏊兜身著
堅牢護謨衣服足著堅靴從船中或陸地以唧筒送
空氣以通呼吸故在河中或海底動作自由如在陸
地也其切用引起沈没船或修補船底或取海草貝
蟲等類其益於海港濱灣如此豈可缺之器械哉水
之淺深有使用之法又動作時間緩急者也又有一

種唧筒用於庭園之灘水運轉方向如動手足故雖
園中險厓無難運之患不用之時崩解之運搬於遠
隔地也○彈入器蒸氣鑵之補水器也其動作基於
吹霧之理而以蒸氣吹散空氣汲揚水而彈入其水
於瘀鑵者也水之多少在於壓力試驗記而有量器
之設使工人簡便爲○消防唧筒專用於灌田與火
災而實簡畧廉價之物或防猛烈火災或用於大旱
田圃其功不可枚舉有車臺故便於輸運又以木臺
亦無不可故商舘製造其他大廈製造最不可缺之
器也此筒又有英佛形之二種其運轉之迅速彼此

無優劣皆有水函之備於遂處亦可供用也佛形之
筒運動之際人力甚少而其功多故所以英形讓一
步也○葎草榨壓器麦酒釀造之器也七百目葎草
之糟得三千之新麦酒也以其廢棄之物得此美酒
也使此壓氣去其水汁而乾之用於牛馬藁或用於
薪其功大矣其所裝鑄鐵造爲而付鐵函葎草入於
函中堅覆然後以蒸氣或人力迫之其所水汁流出
去此水後再入函中取出凝固物也○水壓鑿器由
水力而穿金屬完者也先開上水靠下第一鐵鈑水
自然通於溝渠壓迫鑿錐雖金硬立得穿完然後開

彼水靠而下第二鐵鍵扵鏧鉅上甚容易矣既出穿

穴之金屬換以他金○荷搾機械數多函荷搾也使

用為其減樹皮綿毛等之積使水壓力搾縮與通常

荷搾機械同而有便易矣第一函壓固附着扵器中

決不他散又有鐵路之設為總得前後自由押之或

引出之也苐二函用板皆橫組織之故比扵尋常物

其嚴格四倍錐壓力甚強無破裂之患故樹皮綿毛

之類運搬也減其荷物之積持運之便可知至扵運

貸之費亦得便益也○水壓機械用扵搾綾亞麻仁

菜種撒攬等之脂油或生蠟也其裝置使用之法建

四圓柱以堅牢鑄鐵為上下臺容油柞其間後逼入
水柞下部之圓槽從其水力漸次壓榨油種既充分
榨而畢也復水柞故處引出油槽及柞次回之業此
器大約一度而容一斗五升之油種以一人力三十
分間得一回榨之也欲運搬柞他處不崩解各部無
障礙運轉爲只入水柞檣中以鐵鎚上下而已極
簡至辨之器械也○起重器用柞升降運搬材木嚴
石其他重荷等之器也其裝置以左右之鐵鎚卷縮
鎖也雖重幾何容易揚之後漸次落之置之所望之
地又欲動其全體廻轉可運爲其便利如斯矣故要

127

用於木材廢停車場或石土其他製造所器械也○

又有一種起重器用於陸運會社之驛塲其他荷物或

塲也裝置於煉化壁或柱以在端之車升降荷物或

積替之際大助人力之辨利器械也○又有一種器

械不要支柱或壁錐何地得用爲又其價甚廉運搬

亦容易故建等塲等時：欲自由持運爲升降鐵石

或重量之木材眞不可缺之器械也○又有一種起

重器用於鐵路又爲車道之起重器也裝置於車臺

上使用之法亦居於車臺上或執把手而卷舒銷或

迴轉其脘積替荷物如輕量之荷物不及積替爲與

車臺共令牛馬牽之而自在運搬焉○又有一種起
重器用於滊車路鐵道荷物塲滊鏲製造塲鑄物塲
其他運搬重荷之塲麂機械也裝置於樑間而居於
樑上迴轉把手得運送車臺於左右者也又有裝置
於建築中央使用者在其左右為之運搬皆從建築
塲所之廣狹就其便宜之處而可撰製作也○水溜
器自水溜至於水槽迄汲移水之機械也其形有種
種而通常別為二種一曰旋水器一曰圓水器旋水
器如其稱能旋轉至於水槽之間以護謢管達水焉
能得充滿於槽中至於圓水器則以不能動於裝置

場故自非運送車中之水横柈器械製造場而来不
能汲滿柈横中且又雖依水源之位置與裝置場所
之形勢有差異以兩至便利之器多有爲瀛車設置
柈鐵道者矣○二種器屈曲用柈線路之鐵器或直
矯之適用器也固建等曲道鐵路之必用器也○鐵
路水横以堅固之鑄鐵作造爲其裝置爲無瀛車之
障害充分高建等柈鐵路上以側傍所備之啣筒時
時汲入水而應柈瀛車之需欲使用之引長鎖以開
管口之水靠以護謨管注入瀛車中之水溜器也此
器未嘗有横中溢洩之患何以謂之有木製之浮標

及指示器之備于傍以知水槽之深淺是等器爲鐵
道會社之最不可缺也○水壓卸貨機械移石炭或
礦石於蒸氣車者之他處所用之卸貨者也其裝置
甚簡易有實效每置于車道中央備水壓喞筒于傍
而機關總裝置於鐵圍中故無外物之觸傷焉○空
氣壓搾機械附屬于鑿岩機械之空氣使之聚集於空器而裝
置坑外以蒸氣力運轉壓搾空氣使之聚集於空器
鏪泛鐵管分派於護謨管而運動傳於鑿岩機械者
也○鑿岩機械如礦炭隧道窄開岩石之際不可無
之器也運轉用空氣力其所以然者坑中空氣之流

涌濃烟籠絡且火氣稀薄殆不能營業然此機噴出
之空氣大氣與空氣異稱而同類能助工人之呼吸且吹去坑中
之烟因此裝置鑛山省人勞費事業迅速真可保薦
之良器也○數均轉輪鏃道路公園地競馬場草庭
及數沙又割栗石平均轉運之器械也其圓搗最以
堅固鑄鐵製造錐運轉於多石地少摩減之患每用
時圓搗沉水增其重用畢減却水使輕便其運轉矣
牛馬牽之人力用之却便也圓搗大小重量等列于
左轉運之徑二寸四方之數三十或三十六四十二
也同上之長短二寸四方之數三十或三十六四十

二也量目八十三貫目或八十四貫目百三十五貫
目也撮量目百七十五貫目二百二十八貫三百二
十三貫也大小之別也 ○鏃床有三種甲乙丙也甲
乙鏃床用於削金又造作螺旋之旋盤其所裝置甚
盡技巧而僅由齒輪之換替不拘大小螺旋左右螺
旋而製作又有盤凹形之供雖大徑者可得削爲又有
變機械運轉之法應適金屬之大小而得速力之度
故諸製造船場等處必用之器也丙種稍似甲
乙種而有變轉遲速裝置又有備櫛形于盤加之有
削螺旋一度使用自運轉而省人之勞力也○踏鏃

機械旋盤之一種常以人力運轉者也用於金屬細
工或木細工故小細工塲不可缺之寶器也〇錐檪
器械穿鑿金屬此類有大小之形裝置於盤机上而
小穴以人力穿之大穴以蒸氣力穿焉又有備萬力
器柊傍蕪用於爐業故小細工塲之用無優於此器
也〇自動作形機械削金屬表面側面之器而其裝
置設二板臺于傍其一備彼萬力器故錐何品容易
保持而不動又此臺能縱橫運轉故自在得削尤要
用於製造塲也〇自働刨床以帶皮運動也各部自
働平面縱橫曲斜之金屬也其自働欲銃進得遷退

欲遲退得銳進故費時僅少減力尤著於金屬細工
師為良機矣○旋盤削溜車兩輪之器也其裝置異
於通常旋盤附板于左右傍有刃物臺之設遵方一
時迴轉以削兩輪故兩輪無一毫之差而平滑矣故
溜車製造塲車輪修繕塲不可缺之良器也○舞鑽
器械穿宂金屬之舞鑽也使用異於通常物穿鐵板
金屬之橫面甚容易以臺有溝渠之設故錐何形之
品物堅固附着於此而無動移加之鑽器自在迴轉
故非他鑽器之比也○板曲器械屈曲或真直鐵銅
鉛板之要用也其裝置先以蒸氣力迴轉二卷軸挾

板之間隙曲直任其所望上部之卷軸以螺旋自由

上下焉又卷軸少撓也崩解其一部分而得加修繕

故便利之器械也○鉸釘機械打貫鉸釘于鐵板之

器也用於製作舩用之鑵陸蒸氣或農具之鑵甚適

當矣此器最優於他者廉價也使用於是者非蒸氣

水壓器也如組織之基礎甚簡易而大省浪費又此

最大者一分時能打一寸二分絞釘於鐵板一寸之

厚者十二箇矣豈非便利之器哉○鑽剪器械堅固

裝置其用也穿金屬完剪截金屬者也不止器械之

運動而能得放宥亦能速斷金屬實一器一動鑽剪

無備不可決於澆鑄製作場矣○豎剪鋸機械豎截
木材也一回而截板十數功用極大縱令用蒸氣在
彼山間以枝葉木屑充其燒焚之費故費用不足算
爲況於有水利之便地哉用之以水車則大辨利實
爲山樵者必用之器也○圓鋸器械割板或橫斷菱
角或圓㐫之材木等利器也其運轉以蒸氣力或水
力也一時間割板通常材厚五寸至一尺者數百枚
矣此器有大小二種大鋸之形稍大而臺亦随廣大
鋸之回轉共操出木材之裝置故比於小鋸更便利
也○帶鋸器械自由板割角材或截屈曲之模形甚

便利車輪職不可缺也○削材機械削木材且穿溝
渠又不關木性何形何狀表裡同時離刻也其迅速
一分時間畢二十尺至四十尺離刻豈非至寶哉○
鋸磨刃機械作造大小鋸齒之適用器也有突出全
軆之鐵棒其端有鐵針若欲裝刃圓鋸通彼鐵針於
其中央而不使鋸得自由廻轉且動搖又作齒器容
易得崩解以便於修繕○枘鑿機械穿堀枘於木材
之器其裝置能竭心焦膽而作造故雖童兒使用其
成功速於壯丁六人各手執銳鑿合力而穿枘矣○
又一種有大小種焉其大者有裝置蒸氣或水力得

穿深二寸四方許之柄此類只穿穴而已若逢堅木
如樫槻者先以此器穿穴後以鑿作柄所以優於他
也○蒸氣鉅以蒸氣力運轉之鉅而要於鍛錬鐵等
之器也其用打延堈鐵或鍛鐵而一變其質也故比
於通常之鉅鍛錬之鐵其質之緻密最著矣此器中
之吸子及唧子棒即以彼鐵作造而堅固也○金屬
縱削機械縱削金屬之器也其板臺依自動之力裝
置而橫或環形運轉故臺上物只一筋削而已所謂
圓形亦得削爲豈非奇器歟○又一種作出螺旋於
鐵管或鐵銓之器也其用先少鐵打堅締鐵管或鐵

銓後廻轉大鐵挺得作螺旋長短自在其速非他之

比且輕便故便扵持運也〇又一種傳運動之最要

驟略也元来機械之寸尺有差異扵運動力故雖難

一定有欲設機械等者猶有説焉〇又一種唧筒装

置扵通常壁或木臺而用扵家中暖室之器也有堅

固之空氣室附着故送水扵階上甚容易極便利之

器也〇飲用噴水器用扵飲水之器其装置清潔無

塵埃之入欲水之時以傍側之水吞押一点器中之

水霏自開清水逆出忽然滿溢于水器如此使用只

一手足矣故若設此器為暑侯通行人及車夫等便

140

益之器也○扇風器用於鑄鐵所鍛冶所鑛山等要
風流空氣之器也比於他種甚簡易也又廻轉送風
於他也以器中機関之工巧為無進路障碍之物比
於他器風之容量亦遙勝矣加之運轉機関之力反
於他風器減少又此器雖為運轉之迅速不響而甚
静損害亦鮮矣○回轉旋風器用於凝鐵溶觧爐者
其利益掲于下苐一従此器所出之風規定其有力
非普通之風器所及也苐二一分時間自百至四百
迄廻轉與通常扇同時間自二千至四千迄之回轉
相比較有勝而無劣苐三半燒石炭之焚燒完全故

所費從而減却第四器械堅固堪久且機關之組織

工巧與運轉甚速故帶革車其他回轉之部分無耗

損之憂○第五此器所用半燒石炭雖下等得用之

是實他器之所不及也第六依此器鑄物鐵質化為

善良且為柔軟半毬爐中半燒石炭焚燒無偏之故

也○煉石灰混合機稍似壓塊機械者也此小形之

機械以他力廻轉者鐵盤而已轉輪只自轉也又大

形之器械鐵盤轉輪相對而為廻轉之裝置也混合

煉石灰或煉合粘土之時用此器械第一混合物得

充之粘度而大關於煉化建等保存故不可缺之器

也〇壓塊器械用於碎油石灰又雜碎亞麻仁或種

菜者也其動之大緊轉二個之重轉輪於鐵盤上交

換碎石塊細微之部分落從皿之宂揚之復入皿通

篩碎末之部分入桶小塊残于篩再入鐵盤其動如

此油石灰製造不可無之器也〇杭打器械從二十

尺高處達四十尺堅固梯于梓而置鎮車於其頂上

卷揚一百十貫乃至二百貫之鐵塊而從頂上落為

以打入材於地中也雖此種有用蒸氣之器械只要

三四人力而已橋杭或建等之際作地盤之時必用

之器也〇卷揚器械卷揚打材器之鐵塊或汲上石

油於井中又引揚鑛石於鑛穴等之起重器也以此

引揚重量之際有齒止裝置加之以斷動器之備雖

工人誤有緩手之時可得支重量物之墮落故此機

械實難全無也○穿井器械器具種々各用於穿堀

扶井又檢查鑛物之地下有無其他試驗建等地盤

質等之際要用之器也此同種之機械以蒸氣力有

用於石油穿井者矣○油石灰試驗器用於試驗石

灰之着粘力之器也製造建等受員會社之良器也

○煉化石製造機械以蒸氣力或水力爲運轉故有

益於得天然純粹之場所矣又崩解而運轉於他其

輕便一日間所製造之額平均不下於一萬本欲作
煉化石者尤必用之器也○挾碎器械撞碎鑛石之
具也先入鑛山所出石^木如腮之間以蒸氣或人力廻
轉於車依其動於鐵腮與鐵腮之間自然糜粉為細
粉矣又欲運搬於深山崩解各部而載于馬運送之
鑛山器之便利無過於此也○取玉蜀黍實之器械
逆分穀之設也其運轉甚速且損耗極鮮若使此械
搬他或船送亦不要結束裝置儘便各部堅牢加修
繕甚少故農家最要之器也○集草機械聚藁或枯
草之器而使馬牽之人在其後自由執鐵把雖有凸

凹之野田自動力不失其位置得上下相加減者也

此器與乾草器械梱便之農具也○乾草器械使牛

或挽之用於擴藁又枯草以乾之器也其裝置雁木

形之鐵把六組於車軸運動無不同能分泒枯草等

又異軸車之裝置鐵把之運動為前後又依場所鐵

把亦得上下爲故便利於農家也○挽磨器備二對

之砥石尤加修整以之磨穀也製造堅牢運搬甚為

輕便僅用蒸氣力或水力運轉又不起喧響於機關

運動中故以木製之齒車大小麥與他穀連為細微

也實農家及市中關此業者之所有器也○又一種

碎亞麻仁莖分離度之器也又一種器打落莖後以
鐵櫛選分之作綱罟等要用也是三種者試於北海
道有實功也○又一種篩亞麻仁用于種子選別上
中下三等之器也上二種用於分離莖之器也○精
米器械模造米國之物更加一二之改正矣欲運轉
之假蒸氣又水車之力以帶革從受帶車移之於全
車以米臼中之螺旋急轉焉由是迴轉臼中之米而
壓之中央則粒〻交升降抵觸於周圍而受磨擦甚
矣故不經三十分而得精磨五斗之米實便利之器
也佀要五實馬力運動器械而已又米中等而減不

過一分故不可缺柞精米營業場也○除糠器械用
柞取米麥等精糠器也欲運轉之取蒸氣或水力以
帶革通柞受帶車迴轉所備一方鐵綱之圓搘又一
方數多運器之帶也又使米如漏斗函緩底之板無
間斷少落而滿一合也入柞運器而運之至頂上盡
投入柞中央烈抵觸柞圓搘之內部從其磨擦所舍
之糠散失真精米以其質重下落而出函外如此不
費人力而速得數斗之精米非他器之所及也○甘
蔗液蒸發鑵使甘蔗之濃液蒸發其水分之銅鑵也
其裝置先以液汁從右之溜漸次注入柞鑵中後通

蒸氣於鑵中數本之銅管即其液汁沸騰水亦忽蒸
發左流入凝縮器而收縮者也其側有空氣唧筒之
備以排出空氣蒸發氣故減鑵中之壓力自為空所
故蒸發亦随速也試驗鑵中之熱度及液汁之濃淡
各有適宜之器却說得液汁之度也直從鑵底流移
再從精製器得純白之結晶糖也此器砂糖製器中
最要便利也○甘蔗壓壞器械模造米國製異於左
種稍單簡而以牛馬使用者也故於高處難運大器
械裝置數多器械於適宜之地以省畧甘蔗或蘆粟
之運送費比之蒸氣或水力頗便利也○一種壓壞

甘蔗或蘆粟而榨出其液汁之器也此要之部分如

左一種器有三條之卷軸互相平行假蒸氣或水力

運轉焉使其軸間通甘蔗即所舍之液汁為強壓力

直送出而集此液汁精製至得純粹之砂糖○一種

不用蒸氣等而依馬力用於絞出甘蔗或蘆粟之砂

糖者其理雖稍如曾前所用之器械不豎置卷軸横

之當揷入草莖不及用二人之手其便利有優且此

器最單簡故不要運送甘蔗蘆粟榨製造場直就其

地有得絞出液汁之便○甘蔗液蒸發器煮造甘蔗

液汁之大鍋也其長通常用從三十尺至四十尺其

深從二尺至二尺五寸矣橋懸之從下焚木炭或炭

煖爲此器中有備水扉數多之分界要時開其水扉

使液汁從一至二從二至三順序移之故省古法以

柄子汲替之勞液汁之費造既得其度從嘴管流出

也此熱度華氏寒、温儀二百二十四度而比古熱度

少減故未嘗有變液汁之色矣○鑵肉蒸鑵用於魚

肉鳥獸野菜鐵葉鑵造爲防其腐敗之器也鑵縱三

尺五寸經三尺者其中容如鐵格子之籠其底面亦

格子也此籠出入自由又鑵中入水也却說其蒸法

先積重造肉類之鐵葉筒於籠納之於鑵而密閉蓋

而後以蒸氣使沸騰鑵内之水也〇稿切器械用於
細斷稿麥稈之器也其裝置簡易且堅實而多帶齒
之轉輪鐵臺之上使之出送稿稈而以利刀得剪長
短如我所欲也又其動輕便故只一人而童兒能回
轉之即時得數多之額故要用於畜飼戲類所也〇
綿操機械雖何種類之綿好得操之器也其裝置由
粗嶇平刃於上下分採綿實而操出綿部于前也其
迅速其裝置精工不毫損害於纖緯且此器依水車
之力而廻轉之也一晝夜間厄得操六七十貫以上
之綿故最不可缺於農家也〇撒種器械用於農家

152

之撒種也欲用之以馬力或人力運轉爲自然穿穴

柊地下從上之種溜菜種適宜落穴此時爲卷軸之

在後能家着柊地中是促萌芽之至要件也此罨最

適用柊甜菜胡蘿蔔葱無菁種類之物也○有門墻

製造之法以鐵製而堅固美麗柊歐米各國商館每

戸用之能堪于雨露霜雪寒暑而無朽傷之憂也夜

點燈柊左右柱頂使行人便利此燈雖暴風雨之夜

無滅火之慮亦避盜之一助不可缺之物也○帽子

掛懸帽子又挿蝙蝠傘或杖也其種類有大小爲○

椅子以鐵造作爲左右臺用柊公園地或有木造爲

○廁西洋各國皆以鐵製而此邦以木造扵街路上
又室屋中○避雷竿附着扵家屋中最高處及烟突
筒者也金屬爲最而以價之太高以銅爲通常其高
從六尺至十尺以防落雷之間隔則塲所之廣狹以
此高之一倍半爲周圍故尖處數多家屋分偹于適
宜諸針委以導線可結合爲○煖房器有二種第一
種通蒸氣或溫水扵鐵鑵而煖之者也第二種使空
氣一度煖扵鑵中後導送房所者也要水之物用扵
官舍銀行旅店暨商舘之大者次器用扵通常之家
屋及寺院等處者也第一器關係水之便不便又價

154

稍貴第二器價歇而清潔非煖爐之比也○尼斯燈
鍮製而點火於室內光線無所不至故於歐米諸國
專用之器也○二燈器平常置於机上從上或橫以
護謨管導尼斯而點火自由動燈火故於讀書處便
利也○又燈器裝置於柱或壁而晝置於疊夜延之
點火故於點場甚便利也○又燈器用於客室或食
堂甚美麗而分上下二部下部以二或三之重鉤爲
故點火之際引下而押上於適宜處結合爲縱令外
物所觸而無傷也○上項器械並有圖式而縣論其
所用便利不言其製造規矩苟非習於見聞積以日

月則實難悟解○其製器之法初以紙摸型再以木
刻形次以土為板鎔鐵鑄出用於公用於私而大抵
外國人貿去多役徒則随其事之多少緊漫或付四
五百名或付一二百名而每日每名雇錢為三十四
戔一即鐵圓○置工作分局於長崎製造器械等節與
本省所在無異而又有造船一所方造大瀛船執役
之徒都是洋人船亦米利堅人所造云
學校之法在校修業期以六年新募生徒之資斧可
以自當者任其擕来名曰私費生徒如或不然自官
捐助名曰官費生徒掲于誓書保單卒業後準報當

官而進于官職者計月金除之〇生徒所處舘內置

約束官常在舘中督責生徒行事一食料自官定給

不令生徒劈來食物嚴禁吃酒肴別置吃烟之房使

不得在二吃烟一校裏使役之僕官是定給生徒之

私與勞錢切禁一生徒有故自午後五時至六時之

間欲出門者告約束官可受其准許到九時鎖門此

限前必要還入若無准允而連夜在他家寢食者即

使退校一堅守時限之規則導奉約章執持樞要而

或有視為文具者從輕重懲戒之或使退校破毀居

室牖户之徒辨償以修繕之室中灑掃須使生徒交

番為之若不整頓淨潔則當直者任其責有犯國法
者令退校而送于警視署或地方官稟示其犯罪之
事由退校之時記載其族籍姓名行事刊行日誌須
布○學課雖以英語修習工業成就為名又設本朝
學課之名擇生徒才氣之優劣亦教訓以本朝文字
蓋非特教其工術勸以學文而已又運動身體自意
遊戲以養血氣自至健康云故受業之暇特許數時
歇息名曰教習標體角抵虓踘之戲無所不至此亦
有教貢一人使禁難戲揀其優等賞以勉勵蓋此教
習始於通洋之後工師多以泰西人勾管

東京名勝聞者木下川之松日暮里之桐龜井戸之
藤小西湖之柳堀切之菖蒲＝田之梅花目黑之牧
丹瀧川之丹楓皆良辰美景遊展之所也三月花時
公卿百官皆給暇賞花香車寶馬士女雜還擧國若
狂云
善於種樹合抱之木動輒遠移多有花時移来花時
移去者遂并其花木竹石一二布置如舊泰西樹藝
養育之法皆翻其書有勸養局
地震月或數回甚則墙壁棟宇皆動搖先聞泌＝聲
如大風鼓浪屢月不震土人反疑數十年必大震至

有瘂死人畜

官府所屬皆有病院有養病者花木竹石陳列雅潔

萃醫於其中以調治之其不治之病往：送太醫院

剖驗其疾病之源亦西法云

贅婿為子遂冒其姓俗好武多養姓以固黨又恐絕

血屬遂妻以女以奉先祀後倭國無嗣而思襲繼遂

踵成風俗或妻死繼室以妹細民之家亦多娶以妹

為婦者後禁之云

士大夫以上舊皆佩刀長短各一出門橫挿腰間登

席則執於手就坐置其傍好死輕生一語睚眦輒拔

刀殺人亦時：自殺令禁帶刀而刺客俠士猶多縱

橫云

水雷砲已埋水底末見其形而有線施崖上傳火線

末少頃天崩地塌一聲响哓一團火塊直衝上天而

波翻浪倒一陣驟雨宣洒俄而簷溜滴：開戶視之

上天無雲水面尚沸也

有喪舊多用火葜木棺直立如佛龕令死者合掌趺

坐外糊以紙書南無阿彌陀佛或書南無玅法蓮花

經葜之日前列紙幡二三十亦書如棺和撒錢而行

曰買路錢編竹為化人城主人多置草麼會葜省易

革屨入城出易屨歸喪家初用白衣白巾喪易綵衣

而歸學西法後國有大喪則懸國旗以告京他國亦

如之以示吊喪日放礮如其官級一等官二十二礮

會喪皆大禮服如吉禮無三年之喪丁憂者亦不鮮

仕以喪重輕給暇日多寡喪家名刺以黑爲緣

生子初逢五月制幟如鯉魚高插門楣以祝多子或

曰取鯉登龍門之義

女子新嫁以五綵縷結鬓着新屨入婿家姊妹兄弟

送之嫁女臨行易衣凡十三色先白最後黑三衣畢

則出門矣女子不着袴褌有圍裙褸前分歧爲二數

一欵容捴指一欵容衆指

其所謂萬國公法者諸國締盟如六國連衡之法而

一國有艱萬國救之一國有失萬國攻之無偏爰憎

無偏攻擊此西人之法而方規三奉行不敢有失

有專權大臣專權公使之名一受其君命苟有利于

國者專之可也凡其管下之生殺黜陟凡其幹事之

便否疾徐皆可以專之所以謂專權非專權畩毫之

謂也

火輪船製樣大小各自不同而盖小者可長為三十

步廣為四間許大者可長為八十步廣為五間餘設

為三層最下則載物第二層則中間排置火輪罷栽

鐵杆銅機自運上下眩耀難測下安一大銅敱名曰

蒸氣釜撚石炭感水熱之則其機自運其輪自轉船

行如飛不拘風勢如何一時刻可行百餘里若值好

風則亦掛帆而随其船之大小或一或二或三焉高

暨烟筒以銅圓鑄露出船上丈為四五丈船行時黑

焰蔽天臭惡難聞輪則或一或二而船小則一輪懸

其尾船大則二輪懸于兩傍房屋則設置上中兩層

每一間使庚二人而粉壁雕窓錦衾綿褥極其精後

宜乎售價之太高：雖十丈掛鐵索以便上下焉

琉求國本在日本薩摩州西南海尚姓創國已久而
中古日本人源為朝者遍至琉求娶大里按司之妹
生一男名為尊敦幼有器識年甫十五國人推為浦
添按司是時琉求國王德徵為其利用所害尊敦乃
募義起兵討利用逐之國人大悅遂推為王歷三世
尚氏復興是以其王族並稱源尚二姓皆以時來貢
于日本至 大明洪武始受封爵衣冠悉用明制遂
絕日本至康熙又封為王使之間歲納貢然畏日人
侵伐亦頻年來貢至壬申臺灣之役琉求王尚泰遣
使來聘畫歸版圖遂封為藩王一等官列于華族以

其國為沖繩縣送從五位上杉茂憲為縣令畫書記

官等屬

交聘通商凡十七國魯西亞〔俄羅斯〕稱帝三世○北米

利堅合衆國〔北亞米利加〕稱大統領○英吉國女王○佛

蘭西稱大統領○荷蘭稱王○葡萄牙稱王○獨逸

稱帝一世○瑞西稱大統領○白義耳稱王○丁抹

稱王○伊太利稱王〔已上並歐羅巴〕○西班牙稱王○瑞典〔入威稱〕

王○墺地利稱王○大清〔日本稱日支那〕○哈哇〔細亞〕

亞稱王○秘露〔南亞米利加〕稱大統領蓋於京都則送置

公使港口則送置領事以存外交之義且管通商之

務並爲等地架屋率眷居住或有做官食祿逐隊往

來蓋以巧藝奇技布在工作處所及汽船火車之上

非其國人莫可主張

開港通商凡六處橫濱一年收稅金一百二十萬

三千八百零九圓○神戶一年稅金三十一萬七千

六百四十四圓○大坂一年稅金五萬一千零十二

圓○長崎一年稅金十二萬二千八百四十二圓○

函舘一年稅金二萬六百八十三圓○新潟一年稅

金三百七圓稅金多少年各不同故舉其近歲最多

者如是而稅法則値百抽五而又或有値十抽一者

此非原額也

伊呂波

加幾久計己　　奈仁寸禰乃　　多知津天止

가기구게고　　나니느네노　　다디드데도

カキクケコ　　ナニヌ子ノ　　タチ𫝶𫝶ト

라리르레로　　마미모메모　　사시스세소

ラリルレロ　　マミムメモ　　サジスセソ

良利留禮呂　　末美武計毛　　左之不世曾

아이요에요

アイオ主ヲ

하히호헤호

パビプベボ

阿伊於江與

波由和返保

와요우이야유오

口ヨ穴井ヤユ丶

宇井也惠

日本讀字之音如東冬庚青燕之韻則呼以二音東

字曰都于陽字曰要于青字曰世伊江字曰乂伊真

文寒刪等韻與我國音畧同而天千泉等字皆曰仙

其它蕭看豪韻及入聲亦用三音

遊覽朝士隨行人員

趙準永 癸巳景翠 松澗恭判 豐壤人

隨員李鳳植 戊子元岡 小隱恭奉 金義人

徐相直 乙未士溫 仁樞 達城人

下人文順錫　崔允伊

朴定陽 辛丑致中 竹泉恭判 南人

隨員王濟膺 壬寅稚受 小巖恭奉 濟南人

李商在 庚戌季皓 肚軒南 韓山人

通事金俊　下人李壽吉

嚴世永 辛卯 允翼 承旨 尼齋 寧越人

随貞嚴錫周 巳亥 景教 同果 北蘭 寧越人

崔成大 土圻行 甲午 五衛將 雲皐 隋城人

通事徐文斗 下人朴春奉

姜文馨 辛卯 德甫 蘭圃 承旨 晉州人

随貞姜

邊宅浩 甲申 養音 原州人

通事金順伊 下人劉福伊

趙秉穆 致癸巳 蒼惠 承旨 楊州人

随貞安宗洙 巳酉 敎尊 士人 起亨 廣州人

俞箕煥景範 戊午 士人 仙人杞溪人

通事金基文 下人林錫主

関種黙玄卿 澤吉翰山 驪興人

随貟閔載厚 景坤 庚戌 士人石南 驪興人

通事金福圭 下人李正吉

朴會植乙巳 季老 密陽人

李鑑永景庶 乙未 承吉東蓮 完山人

随貟李爾永汝良 己酉 五衛將養齋 完山人

閔達鎬聖魯 癸卯 海隱 洞果 驪興人

通事林基弘 下人金五文

沈相學 德初 蕭洺 青松人

隨員李鍾彬 華卿 鄭堂 井邑人

通事金永得 下人尹相龍

俞鎮泰 辛卯 重岩 進士 杞溪人 杞溪人

洪英植 仲育 乙卯 琴石 希藏 南陽人

隨員高永喜 己酉 子中 主簿 兩亭 濟州人

咸洛基 庚之戊 玉波奉 希藏 江陵人

全洛雲

通事白福周 下人鄭用石

李元會 丁卯敗 中承谷 廣州人

随負宋憲斌 文辛丑 士人 恩津人

沈宜永 命子汝母 武科 青松人

通事李壽萬 下人金鴻達 李順吉

魚允中 戊申 璽帆 校理 一齋 咸從人

随負俞吉濬 聖武丙辰 士人 杞溪人

柳定秀 而靜丁巳 士人 全州人

尹致昊 聖欽乙丑 士人 海平人

黃天彧 癸卯

下人金永根

金鏞元 善長壬寅 虞候 薇史 清風人 (

174

隨貞孫鵬九（壬子錫奎）
通事金大弘

附詩錄

與仁門偶得情字

一出都門萬里程駐車幾度望王城滑泥為是關心
悶滄海何期似掌平老婦雖疎真惜別稚孫鍾愛難
為情強憑酒力消千事快道安過舉袖輕

嶺南樓

春日人登第一樓眼窮千里意悠〻新羅山色空青
東都謢城根淡翠頣梵唄曉鍾来古寺漁歌晚笛下

長洲最憐叢竹荒祠屋澆酒幾添旅客愁

次俞上舍鎮泰望海韻

此涯之外更無涯上下天光一色斜徐市樓船空盡　紀伊州有

外徐市廟　蝦夷島國自皇家　漁外島夷莫不稱皇帝　岬嶸峨

猶恨扶桑遍

作千峯雪頂刻灪成萬朵花可笑吾身溯柁栗回頭

聞日本有花溪女史能詩善書畫今年四十餘尚

不嫁人但以詩酒自娛有女弟子幾十人云

工於翰墨潔其身歷數男兒有幾人聞道花溪女史

氏千秋無愧錢蓮因

與蘭圃令公邊忍叟共次洪琴石韻

繞來渡口便思歸冒雲離家花已稀近日緣何多賊
浪此身恨不學鵬飛慣從浦女觀魚箔每與隣翁訪
酒靠萬事不如十居八逍遙海上盡春衣

復用前韻詠漁村即事

欲去不能又不歸慣看漁戶生涯稀逐波拾藿全無
畏衝颶行舟疾若飛工補踈籬多與網巧圍纖竹半
斜靠斯人都是岑張類緩步橋西雨滿衣

題傳語官武田邦太郎詩帖

豆毛山路橫馳過下馬相逢情更多況復同舟滄海

外今當分別意如何

題辨理公使花房義質詩帖

三百年交鄰五千里遠客層溟知不避來去一空碧

贈邊忍叟宅洁

聞道尋幽卜築家自是蓬萊鎖烟霞半生盡閱人間

事六載重浮海上槎庭曬新稻雞子大溪添晚漲魚

睨嘉閱窓朗讀西廂記記賀去西廂故云滿酌香醪帽任斜

出絶影島

繞離釜山浦便望釜山関南去是馬島向東直赤間

資船非自意迈回長崎灣知信一日内千里江陵還

178

又

夜發赤關日正午萬重已過一輕舟中流暫泊蓬頭

望南抹青山伊豫州

船中次魚學士一齋韻

陣々南風海不驚此行無恙到新城故鄉雲斷三千
里隔嵒猿啼兩三聲白日步虛快吾目中宵倚斗憶
君情嗣今誰有能言水所謂江河視瀆輕

題中田生詩帖

東海聲名子是真圖書滿架一堂春郊寒島瘦吾常
恨始到中田見可人

又

臨別先思去後情桃花潭水幾尋清停雲一瓦蒼茫

際叫雁應令夢不成

故書應

信濃人小林溫来訪店舍示書畫一帖要求書

後橋柳街陰去∷思

震賤嵐字兩相竒来遠多時恨晚知信濃美酒三杯

要堂李鍾彬求伴行江戶人詩筆要作屏障即

臨發也走草二絕

芳草萋∷四月天泛舟滄海坐如仙火輪一轉行千

里誰識扶桑在眼前

又

梧葉一飄大火流崢嶸頓覺添覊愁不須異域留連

久日下長安夢想悠

書贈外務省官中野許多即詩帖

各生萬里外便作一舟人世事元無定相見即相親

贈秋田士人

五千里客一樓間把筆論交語不關人地似同孔北

海風流空羨謝東山（此人居北妍詩酒）相逢綠樹橋頭店因

作黃槐夢裡顏莫說秋田如蜀道重溟吾亦日將還

書贈上野敬助便面

滄溟萬里共君濟不偶之行不偶緣況復西京佳麗

地綠陰如水草如茵

題櫻井園詩軸

萬里来看廿五景 家有二
十五景 景非在物在枉情王維別

鑿今傳美楊子一匦古有名大抵浮生空自急元来

人事素難管卿知君我天涯隔近日従客樽酒傾

又

有子山家宜有子非徒有子又多孫心忕職事常邀

友居在城都返勝村雲樹東江詩滿篋風流北海酒

182

盈樽前宵岨唔何時忘却恨同文不共言

擬人贈和

晚學遠遊到日東所過三府果稱雄繁華自在非新

制强冨專由變舊風交道有源如水淡世情太薄歎

雲空憐君白首窮經志萬里扶桑初旭紅

又

榴開枕熟亦佳辰何恨吾行末趁春千古難逢暖伯

子一時快士數蘇秦久聞江戶繁華地豈料扶桑渡

涉津莫謂豪談其無味濃陰正值雨餘新

和內務大輔土方久元

閱歷風霜已中身便作從今蘊籍人間對棋枰觀勝

頁更論蘭契訂踈親歸家應戲斑衣舞奉職常稱大

輔臣靜養軒邊綠樹棠邦知黃鳥喚聲春

代人贈和

生寒雲天漠：他時恨已夢長勞細竹冠

散無風鈴閣鳥聲歡握手重滇知不遠清心陋卷覽

為君惜別更盤桓近日相從司法官如水公庭梶影

流頭夜與邊忍叟宅浩共吟

居然東渡久林下莎難飛人着丌形屐路多井字扉

樓臺来眼好衣履劍心非惟有天邊月無私四海輝

靜養軒醉中書贈內務記官櫻井勉便面

綠樹陰濃夏日長池邊井館倍清涼諸公高會期難

再麁笑轟談又溢觴

夜飲櫻井樓

文章名世傳家久古畫新書滿壁間多謝主人不俗

志公餘邀友惝還開

走次服部元彰

蒼海相逢已白髮恨末當年蠹魚間莫說風塵辛苦

事今宵只可談月閑

走次櫻井別詩

夢裡相逢夢裡別生平都是夢翻々沒稱江樹新詩

句浪道臨池舊酒仙三月市樓煩貨貝半宵懸屋纊

雲烟殷勤贈話多君意萬里情留此一編

又

千條離緒萬言兩地長思此意存滄海何殊行陸

路角輪船提猶迟轉車轅交修鄰國為唇齒翰墨君

家傳子孫使君家多有信輸故云他日葭蒼露白夜半簾那見

月生痕

臨發贈店主古田甚内十八東京神田區連崔町番地萬代屋

萬代橋邊連崔町濃陰如織草青々臨街高閣從今

186

後對客應傳我馬停

跋

此余弟芝圃遊覽日本時所記也還國踰年復遊嶺
湖莵輯未半歲諸巾衍者拊爲一紀其書雖存其人
不在見書想人寧不悲哉余若不一續而成書遠遊
之蹟無所徵矣嘔心之勞將歸泯矣由是繕其未畢
遺願兜孫俾識得日東觀海之始終云壬辰正夏石
荷山人題

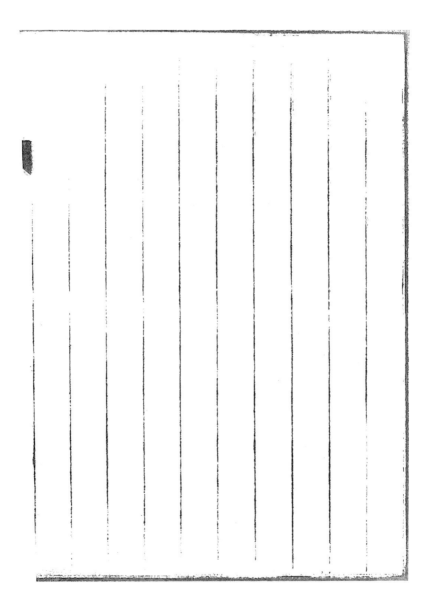

【영인자료】

日東錄

일동록

구지현

연세대학교 국어국문학과 및 동대학원 졸업
선문대학교 국어국문학과 교수

조사시찰단기록번역총서 1

일동록

2021년 8월 30일 초판 1쇄 펴냄

지은이 강진형
옮긴이 구지현
발행인 김흥국
발행처 보고사

책임편집 이경민
표지디자인 손정자

등록 1990년 12월 13일 제6-0429호
주소 경기도 파주시 회동길 337-15 보고사 2층
전화 031-955-9797(대표), 02-922-5120~1(편집), 02-922-2246(영업)
팩스 02-922-6990
메일 kanapub3@naver.com / bogosabooks@naver.com
http://www.bogosabooks.co.kr

ISBN 979-11-6587-216-8 94910
      979-11-5516-810-3 (세트)
ⓒ 구지현, 2021